民事诉讼规范与实证研究丛书

当事人
真实义务研究

王　玲◎著

厦门大学出版社　国家一级出版社
XIAMEN UNIVERSITY PRESS　全国百佳图书出版单位

图书在版编目(CIP)数据

当事人真实义务研究/王玲著.—厦门:厦门大学出版社,2020.5
ISBN 978-7-5615-7796 7

Ⅰ.①当…　Ⅱ.①王…　Ⅲ.①民事诉讼-当事人-义务-研究-中国
Ⅳ.①D925.112.4

中国版本图书馆 CIP 数据核字(2020)第 081955 号

出 版 人　郑文礼
责任编辑　甘世恒

出版发行　厦门大学出版社
社　　址　厦门市软件园二期望海路 39 号
邮政编码　361008
总　　机　0592-2181111　0592-2181406(传真)
营销中心　0592-2184458　0592-2181365
网　　址　http://www.xmupress.com
邮　　箱　xmup@xmupress.com
印　　刷　厦门兴立通印刷设计有限公司

开本　720 mm×1 000 mm　1/16
印张　13.25
插页　2
字数　235 千字
版次　2020 年 5 月第 1 版
印次　2020 年 5 月第 1 次印刷
定价　75.00 元

厦门大学出版社
微信二维码

厦门大学出版社
微博二维码

目　录

引　言

一、问题的缘起

民事诉讼中是否允许当事人虚假陈述，可否要求当事人履行真实义务，如何规制虚假陈述、诉讼恣意？诸如此类问题不但涉及辩论主义的修正、当事人处分权的限制，也关系到一国民事诉讼目的、程序价值和基本原则。当事人真实义务首先是在德国民事诉讼法中规定的。[①]　德国学者认为，真实义务是指诉讼中的当事人"不能为加重对方负担而主张已知的不真实或自认为不真实的事实，并且不能在明知相对方提出的主张与事实相符或认为与事实相符时，仍进行争执"。[②]　其包含真实陈述和完全陈述，旨在禁止当事人说谎。当事人真实义务主要规制诉讼中当事人的虚假陈述和诉讼恣意，有利于法官查明案件事实，避免了过度对抗所造成的诉讼拖延，对于规制司法实践中的虚假陈述、虚假诉讼等问题都具有重要价值。当事人真实义务的立法思想和具体规则在域外民事诉讼法中都已有体现[③]，反观我国，对于真实义务的研究视角、范域及成果都极为有限，并且在我国现行民事诉讼法中没有真实义务的明确规定，对于当事人的虚假陈述也并未设置相应的具体制裁措施。

之所以探讨当事人真实义务，主要源于两方面的思考。

一方面，我国司法实践对既有法学理念的触动，引发笔者内心的追问。在针对当事人真实义务进行实证考察时发现，近年来在司法实践中当事人虚假陈述的情形日益增多，且有愈演愈烈之势。当事人实施的虚假陈述行为主要

[①]　《德国民事诉讼法》第138条第1款规定："当事人应就事实状况为完全而真实的陈述。"参见：《德意志联邦共和国民事诉讼法》，谢怀栻译，中国法制出版社2001年版，第36页。

[②]　[德]奥特马·尧厄尼希：《民事诉讼法》，周翠译，法律出版社2003年版，第253页。

[③]　在德国、奥地利、意大利等国家的民事诉讼法中都明确规定了当事人真实义务，日本在法解释学意义上也确立了当事人真实义务，且研究成果颇丰；而英美法系国家的事实声明、意见确认等规则也可以在一定程度上看作真实义务的体现。

表现为故意陈述虚假的案件事实、虚假否认、虚假自认及矛盾陈述等情形。而我国审判实务中是如何规制当事人虚假陈述的？江苏省徐州市鼓楼区法院在一起涉及当事人虚假陈述的案件中，对当事人以其虚假陈述属于伪造重要证据的诉讼妨害行为，对其处以 10 万元罚款，这也是该院对虚假陈述的首张罚单。然而对当事人虚假陈述的这一处罚，却引起了各方褒贬不一的讨论。① 由此可见，囿于我国立法并未明确规定当事人真实义务及违反真实义务的具体法律后果，造成了司法审判实践中并不能有效地规制当事人的虚假陈述行为。而在虚假陈述泛滥的我国审判实践中，当事人真实义务的确立看来是有迫切的现实需要的。当事人真实义务在我国的设立，不但需要有坚实的理论基础，而且需要对虚假陈述的认定依据与程序事项作出具有可操作性的规定。在这一点上，江苏省无锡市中级人民法院已经走在了改革的前列，其于 2014 年 10 月 8 日公布了《无锡市中级人民法院关于规制民事诉讼虚假陈述行为的若干意见》，这对于研究当事人真实义务提供了很好的指引。

另一方面，从我国 2012 年《民事诉讼法》对诚实信用原则的规定来看，亟待将原则予以规则化，从而使得诚实信用原则在民事诉讼中得以具体适用。我国《民事诉讼法》第 13 条明确规定了诚实信用原则，使得我国民事诉讼基本原则体系日趋完善。但基本原则不同于直接适用于个案的具体规则，原则作为一种指导思想，需要通过设置具体规则来实现。"将原则转变为——能被用作裁判基准的——规则。"② 我国台湾学者黄茂荣也指出，法律原则在尚未具体化以前，不具备直接适用性。③ 我国于 2015 年 2 月 4 日公布了《最高人民法院关于适用〈中华人民共和国民事诉讼法〉的解释》，该司法解释对于贯彻诚实信用原则作出了具体规定。但在有关规制当事人的虚假陈述方面，司法解释仅规定了人民法院在询问当事人之前，可以要求其签署据实陈述保证书，但对

① 反对对当事人虚假陈述进行罚款的一方认为：由于案件结果与当事人有直接利害关系，不能强制要求其真实陈述，且我国法律中并未规定真实义务，其仅为道德上的要求。当事人的陈述是否真实很难认定，诉讼中当事人的陈述不仅仅表现为一种证据形式，通常还是一方的事实主张，因而笼统地以当事人虚假陈述属于伪造重要证据，而对其施以妨害民事诉讼的强制措施是欠妥当的。肯定对当事人虚假陈述进行罚款的一方则认为：当前我国社会诚信萎靡，当事人之所以在诉讼中虚假陈述，就在于对其惩罚机制的立法缺失，当事人不会因说谎而承担不利后果，甚至还可能因此取得不当利益，因而必须对当事人的虚假陈述进行法律制裁。

② ［德］卡尔·拉伦茨：《法学方法论》，陈爱娥译，商务印书馆 2003 年版，第 293 页。

③ 黄茂荣：《法学方法与现代民法》，中国政法大学出版社 2001 年版，第 492 页。

于当事人违反保证书的内容而作出虚假陈述的,却并未规定相应的法律后果。[1] 既然我国民事诉讼立法中已经确立了诚实信用原则,那么就需要通过原则规则化这一立法技术,促使该原则在民事诉讼法中具体落实。禁止当事人虚假陈述是当事人真实义务的主旨,也是诚实信用原则的最初表现形态和重要内容。[2] 翁晓斌教授也指出,引入当事人真实义务是我国诉讼诚信原则规则化的重要内容。[3] 因而从立法技术上对诚实信用原则予以规则化,设立当事人真实义务即是题中应有之义。通过设立当事人真实义务形成更加完备的规则,从而将诚实信用原则予以具体落实。

基于上述两方面的考虑,笔者立足于"中国问题",以当事人真实义务为选题来进行研究。本书的探讨主要涉及以下问题:当事人真实义务的内涵是什么,其因何得以在诸多国家确立,理论基础何在,域外存有哪些关于真实义务的立法与规则,我国司法实践中当事人虚假陈述的情况如何,我国体现当事人真实义务要求的现有立法存在哪些不足,我国设立当事人真实义务的思路是什么及如何定位,如何在我国进行具体的制度构建。简言之,亦即针对我国当前的司法现状,如何借鉴域外经验,在我国民事诉讼法中构建真实义务这一具体规则。从学理层面来讲,本研究将有助于深入了解当事人真实义务,在一定程度上弥补我国对于真实义务研究视角、研究范畴及研究成果的有限性之不足,以期本书的浅见拙述能为当事人真实义务的相关问题提供新的理论视域。从实践层面来看,本研究能为规制司法实践中当事人的虚假陈述提供规则性意见。

二、文献综述

对当事人真实义务的研究,首要的要提及德国。在德国立法尚未明确规

---

① 2015 年 2 月 4 日公布的《最高人民法院关于适用〈中华人民共和国民事诉讼法〉的解释》第 110 条第 3 款规定:"负有举证证明责任的当事人拒绝到庭、拒绝接受询问或者拒绝签署保证书,待证事实又欠缺其他证据证明的,人民法院对其主张的事实不予认定。"由此可见,司法解释仅对该种情形下拒绝签署保证书的当事人施以不予认定其事实主张这一不利后果。而对于普遍存在的当事人签署保证书后虚假陈述的,并未规定制裁措施。

② 常怡教授指出诚实信用原则首先是对诉讼中当事人意思自治的一种限制,具体包括:禁止矛盾及反悔行为;禁止以不正当的手段骗取有利于己的诉讼形态;禁止拖延诉讼、滥用诉讼权利;禁止虚假陈述;诉讼上权利的丧失。参见常怡主编:《比较民事诉讼法》,中国政法大学出版社 2002 年版,第 311～312 页。

③ 翁晓斌:《民事诉讼诚信原则的规则化研究》,载《清华法学》2014 年第 2 期。

定当事人真实义务以前,德国学界对真实义务属于法律义务还是道德义务,曾展开过激烈争论。德国学者 Schneider 认为诉讼是斗争关系,要求因激烈利害冲击而陷入斗争状态的诉讼当事人,在双方处于互不信任的情形下,遵守伦理性色彩浓厚的真实义务,显然属于期待不可能。① 德国学者 Nussbaum 从诉讼行为与私法行为本质上的不同来否定真实义务法律化。② 德国学者瓦哈和哥尔特斯密特对真实义务持最为强烈的否定态度,他们通过历史的演变过程来阐明真实义务否定说的理由。而德国学者 Hellwig 认为真实义务是法律义务,即使将民事诉讼理解为斗争,也认为双方当事人必须服从一定的规则,无法排除真实义务。③ 另一德国学者 Sauer 虽未正面肯定当事人真实义务,但却是以承认诉讼上有真实义务的适用为前提来构建自己的理论体系。④ 这场激烈争论最终随着 1933 年《德国民事诉讼法》对当事人真实义务的明确规定而结束,真实义务获得了法律上的认同。此后德国学界对当事人真实义务的研究从立法论转为解释论的范畴,学界开始研究当事人真实义务的基本内容、边界问题及具体适用等。⑤

　　日本从法解释学意义上确立了当事人真实义务,其研究成果也颇丰。日本学者高桥宏志在《民事诉讼法制度与理论的深层次分析》一书中对真实义务从含义到内容作出了简要介绍。⑥ 兼子一、竹下守夫教授在《日本民事诉讼法》一书中也提到应当用真实义务来规制当事人的虚假陈述行为。⑦ 日本学

---

① Schneider, *Treu und Glauben im Civilprozesse und der Streit über die Prozessleitung*, 1928, S.17.

② Nussbaum, Die Prozesshandlungen, *ihre Voraussetzungen und Erfordernisse*, 1917, S.18 m.w.N.

③ Hellwig, *Lehrbuch des Deutschen Zivilprozebrechts*, Ⅱ.band, 1907, S.4lff.

④ Sauer, *Allgemeine Prozessrechtslehre*, 1923, S.27.

⑤ Grunsky, *Grundlagen des Verfahrensrechts*, 2. Aufl., 1974, S. 4.参见 Gaul, *Zur Frage nach dem Zweck des Zivilprozesses*, AcP Bd. 168 (1968), 49;Olzen, *Das Verhältnis von Richtern und Sachverständigen im Zivilprozess*, ZZP 93 (1980), 66.参见 Stürner, *Die Aufklärungspflicht der Parteien des Zivilprozesses*, 1976, S.51.

⑥ [日]高桥宏志:《民事诉讼法制度与理论的深层次分析》,林剑锋译,法律出版社 2003 年版,第 378 页。

⑦ [日]兼子一、竹下守夫:《日本民事诉讼法》,白绿铉译,法律出版社 1995 年版,第 72 页。

者内田武吉在《真实义务》一文中对真实义务的含义作出了与德国通说相似的定义。① 河本喜与之在《论真实义务》一文中从真实义务的理论基础、具体内容方面作出了论述。② 村松俊夫在《真实义务》一书中,从真实义务的起源开始叙述,对其发展、主要内容及与相关概念的比较都作了系统论述。③ 齐藤秀夫教授还专门对违反真实义务的法律后果进行了研究。④ 拇善夫教授在讨论其适用时,提出应排除人事诉讼程序适用之可能。⑤ 此外,中野贞一郎教授在《民事诉讼中的信义诚实原则》一书及"民事诉讼中的诚实信用原则及禁反言"的文章中,都系统论述了当事人真实义务。⑥ 由此可见,虽然日本民事诉讼法仅规定了诚实信用原则,但在对诚实信用原则进行研究时,学界对真实义务的论著也极为丰富。

受德国和日本的影响,我国台湾地区学者也极为关注当事人真实义务。集大成者为姜世明先生的著作《举证责任与真实义务》,其从真实义务的基本法理、内容、与其他程序制度之关联三个方面进行了论述,较为全面。⑦ 何孝元先生在《诚实信用原则与衡平法》一书中,以大陆法系和英美法系诚实信用原则及衡平法的沿革为视角,对我国台湾地区的真实义务作出了详细介绍。蔡章麟先生还论述了当事人真实义务中的"真实"为主观真实,当事人基于善意所作的非真实陈述不应禁止。王甲乙先生则叙述了真实义务的起源,认为其是在辩论主义发展的过程中确立的。⑧ 陈计男先生在《民事诉讼法论》一书

---

① 真实义务是要求当事人在诉讼上,不能主张已知的不真实事实或自己认为不真实的事实,而且不能在明知对方提出的主张与事实相符,或认为与事实相符时,仍然进行争执。

② [日]河本喜与之:《论真实义务》,载《日本法曹会杂志》第 13 卷第 2 号,第 9 页。转引自蔡章麟:《民事诉讼法上诚实信用原则》,载《民事诉讼法论文选辑(上)》,五南图书出版公司 1984 年版,第 25 页。

③ [日]村松俊夫:《真实义务》,有信堂 1967 年版,第 101 页。

④ [日]齐藤秀夫:《民事诉讼法概论》,有斐阁 1969 年版,第 231 页。

⑤ [日]拇善夫:《民事诉讼信义则》,载《民事诉讼法争(新版)》,有斐阁 1988 年版,第 163 页。

⑥ [日]中野贞一郎:《民事诉讼中的信义诚实原则》,弘文堂 1966 年版,第 10 页。[日]中野贞一郎:《民事诉讼中的诚实信用原则及禁反言》,载《民事诉讼法的争点》,有斐阁 1979 年版,第 42 页。

⑦ 姜世明:《举证责任与真实义务》,新学林出版股份有限公司 2006 年版,第 79 页。

⑧ 王甲乙:《辩论主义》,载《民事诉讼法论文选辑》(上),五南图书出版公司 1984 年版,第 360 页。

中,对真实义务的内容和违反真实义务的法律后果都作了介绍。①

　　大陆法系国家对真实义务的研究著述较为丰富,但迄今为止,对于何为当事人真实义务,理论研究尚未达至统一。德国学者奥特马·尧厄尼希认为,真实义务是指不能为加重对方负担而主张已知的不真实或者自认为不真实的事实,并且不能在明知相对方提出的主张与事实相符或认为相符时,仍进行争执。② 日本学者对于真实义务的理解与德国相似。③ 而蔡章麟先生则主张真实义务应扩大至当事人及其代理人、其他诉讼参与人(证人、鉴定人等)在民事诉讼中应负自我陈述真实的义务。④ 我国大陆学者也有对这一观点持赞同者。⑤ 由于真实义务内涵的不统一,也造成对其所包含的基本内容的争议。真实义务是否包含真实、完全陈述义务? 以高桥宏志为代表的学者持否定说⑥,奥特马·尧厄尼希等学者则持肯定说⑦。由此可见,对于当事人真实义务的含义、内容等基本问题在现有的理论研究中仍存有争议。在英美法系国家也存在真实义务的相关规则,诸如事实声明、意见确认、宣誓或具结等规则,

---

　　① 陈计男:《民事诉讼法论(上)》,三民书局 2006 年版,第 96 页。

　　② [德]奥特马·尧厄尼希:《民事诉讼法》,周翠译,法律出版社 2003 年版,第253 页。

　　③ 日本学者内田武吉认为,真实义务是指当事人在诉讼上不能主张已知的不真实或自己认为不真实的事实,并且不能在明知对方提出的主张与案件事实相符或认为其与案件事实相符时,仍然进行争执。参见[日]内田武吉:《真实义务》,有斐阁 1979 年版,第23 页。

　　④ 蔡章麟:《民事诉讼法上诚实信用原则》,载《民事诉讼法论文选辑(上)》,五南图书出版公司 1984 年版,第 25 页。

　　⑤ 真实义务是指当事人及诉讼关系人在民事诉讼上应负陈述真实之义务。江伟:《民事诉讼法》,高等教育出版社 2000 年版,第 35 页。

　　⑥ 高桥宏志认为在民事诉讼中,当事人无论如何都不得违背自己的主观真实。但如果将完全义务纳入当事人真实义务中,必然会要求当事人将案件事实和盘托出,不得有任何隐瞒,甚至对于对方当事人主张并负有证明责任的事实也应当完全陈述,这显然违背了辩论主义和当事人的处分原则。

　　⑦ 奥特马·尧厄尼希认为,当事人违反真实义务不仅是指主张自认为不真实的事实,还包括对事实的隐瞒不说,不完全陈述事实也会导致案件的不真实。由此,在民事诉讼中对当事人提出了更高的要求,当事人对于己不利的事实也要作出真实陈述,但这一陈述应当有必要的界限。

有关这方面的研究成果也不少。①

　　反观我国大陆地区,学界多重视民事诉讼诚实信用原则的研究,却忽略了对当事人真实义务的探讨。② 与之相关的,对虚假诉讼、恶意诉讼的研究较多,而关于民事诉讼当事人在诉讼中虚假陈述的研究却很少。在我国,有关当事人真实义务的研究视角、研究范域及研究成果都极为有限。江伟教授和常怡教授在《民事诉讼法》和《比较民事诉讼法》中明晰了真实义务的含义。③ 学者们多是在对民事诉讼诚实信用原则为主题进行研究时,论及当事人真实义务的。如翁晓斌教授在《清华法学》中的《民事诉讼诚信原则的规则化研究》一文中,对真实义务的含义、特征及违反真实义务的法律后果进行了介绍。④ 刘敏教授在《河南社会科学》的《论诚实信用原则对民事诉讼当事人的适用》一文中,简要地介绍了德国的真实义务。⑤ 唐力教授在《首都师范大学学报》的《论民事诉讼中诚实信用原则之确立》一文中也从侧面介绍了真实义务的内容。⑥ 齐树洁教授在《河南省政法管理干部学院学报》的《当事人陈述制度若干问题新探》一文中也涉及了对真实义务内容的分析。⑦ 而在我国仅有的几篇当事

---

　　① 齐树洁主编:《英国司法制度》,厦门大学出版社 2007 年版。[美]史蒂文·苏本、玛格瑞特·伍:《美国民事诉讼的真谛——从历史、文化、实务的视角》,蔡彦敏、徐卉译,法律出版社 2002 年版。[法]夏尔·阿列克西·德·托克维尔:《论美国的民主》(上卷),董果良译,商务印书馆 1988 年版。何家弘、汤维建主编:《美国民事诉讼规则》,中国检察出版社 2003 年 3 月第 1 版。[美]彼得·G.伦斯特洛姆:《美国法律辞典》,贺卫方等译,中国政法大学出版社 1999 年版。张建伟:《司法竞技主义——英美诉讼传统与中国庭审方式》,北京大学出版社 2005 年版。徐昕:《英国民事诉讼中的当事人》,载《司法改革论评》第三辑,中国法制出版社 2002 年版,第 304 页。

　　② 笔者搜索学术期刊网上学术论文的数据发现,有关当事人真实义务的论文共有 16 篇。有关当事人虚假陈述问题在当事人陈述制度为主题的论文中也多少会有些许涉及。而与之相反,以民事诉讼诚实信用原则为题的论文却多达 251 篇。

　　③ 江伟:《民事诉讼法》,高等教育出版社 2000 年版。常怡主编:《比较民事诉讼法》,中国政法大学出版社 2002 年版。

　　④ 翁晓斌:《民事诉讼诚信原则的规则化研究》,载《清华法学》2014 年第 2 期。

　　⑤ 刘敏:《论诚实信用原则对民事诉讼当事人的适用》,载《河南社会科学》2014 年第 2 期。

　　⑥ 唐力:《论民事诉讼中诚实信用原则之确立》,载《首都师范大学学报(社会科学版)》2006 年第 6 期。

　　⑦ 齐树洁、王晖晖:《当事人陈述制度若干问题新探》,载《河南省政法管理干部学院学报》2002 年第 2 期。

人真实义务的专门性论文中,徐昕教授认为应当建立一定限度的当事人真实义务①;任重对德国的当事人真实义务的边界问题进行了介绍②;柯阳友、吴英旗对真实义务的渊源、我国设立真实义务的理论基础及具体适用问题作出了系统分析③;李伯安也研究了我国当事人真实义务的法律化问题④;王妮妮对我国当事人违反真实义务的责与罚作出了专门的探讨⑤。在这不多的研究成果中,甚至还有反对的声音认为我国不应设立当事人真实义务。

综上,不同于域外国家,对于当事人真实义务的研究,我国还处于比较初级的阶段,对其设置与否仍存有争议,且缺乏对其进行系统化研究的理论成果。在现有的较少的研究成果中,也多为对域外制度的介绍,缺少对当事人真实义务基本内容的深入研究。目前的研究现状中,研究视角很少从我国的司法现状出发,而且并未关注真实义务具体规则的立法构建这一重要问题。我国司法实践中当事人虚假陈述的情形如此严重,而令人惋惜的是,对于当事人真实义务的理论基础和违反真实义务实施的虚假陈述的认定依据与程序事项等问题却并未引起立法与理论界的关注。因而笔者不揣简陋,以当事人真实义务为论题进行研究,以期能对我国的理论研究和司法实践有所裨益。

三、研究方法与创新点

(一)研究方法

1.实证分析法

"法治是一种实践的事业,而不是一种玄思的事业"⑥,对于当事人真实义务的研究,当然离不开中国的实践。倘若单纯从理论和逻辑出发,会使得规则和制度的构建变得极为僵化。因而通过实证考察来还原司法实践中的问题,

---

① 徐昕:《民事诉讼中的真实与谎言——关于当事人的真实陈述义务》,载《人民法院报》2002 年 4 月 8 日。

② 任重:《民事诉讼真实义务边界问题研究》,载《比较法研究》2012 年第 5 期。任重:《民事诉讼诚实信用原则的实施》,载《法学家》2014 年第 4 期。

③ 柯阳友、吴英旗:《民事诉讼当事人真实义务研究》,载《北京科技大学学报(社会科学版)》2005 年第 3 期。

④ 李伯安:《民事诉讼当事人真实义务法律化研究》,载《暨南学报(哲学社会科学版)》2011 年第 4 期。

⑤ 王妮妮:《真实陈述:民事诉讼当事人的责与罚》,载《太原大学学报》2014 年第 2 期。

⑥ 苏力:《送法下乡——中国基层司法制度研究》,中国政法大学出版社 2000 年版,第 107 页。

对于当事人真实义务的构建具有重要价值。基于此,笔者采取查阅文献、数据分析、旁听庭审、发放调查问卷等形式,对近些年来实践中当事人违反真实义务的情况进行了调研,获取了一批实证资料。通过实证考察,笔者对我国实践中当事人违反真实义务实施的虚假陈述的情形进行类型化分析,并在此基础上对其危害及原因进行探析,继而针对我国的司法实践中的具体情形设置我国当事人真实义务的具体规则。

　　2.比较研究法

　　德国学者塞克尔将比较研究法称为"解决问题的仓库"和"真理的学校"①,加之我国对于当事人真实义务理论研究的匮乏,因而这一比较研究方法对于本书而言甚为重要。域外对于真实义务的立法与实践都已有多年历史,在理论研究、具体规则、立法技术上都积累了丰富经验,值得我国学习与借鉴。为此,笔者对大陆法系的德国、日本,英美法系的英国、美国等国家的有关真实义务的规则进行比较分析,并立足于中国本土,以解决我国司法实践中的实际问题为基点来借鉴域外的有益经验。

　　3.历史分析法

　　在学术研究中,历史背景是理解具体法律制度的一个重要维度。当事人真实义务的历史可以追溯至古罗马法时期。在我国,历史上的"诬告反坐"②是贯穿于封建社会的法律原则,其一定程度上反映了对当事人真实义务的要求。而诚信观很早就成为我国传统文化的重要组成部分,也是公民个人的行为准则。设立当事人真实义务,一定程度上得益于我国的传统诚信观为其提供了良好的制度背景。进行历史的分析,力求语境化的理解作为一项长期存在的制度,也是真实义务的历史正当性与合理性之所在。③

　　(二)创新点

　　其一,立足于我国民事诉讼中当事人虚假陈述日益泛滥这一司法现状及诚实信用原则急需规则化这一立法现状,将当事人真实义务单列开来,对其进行系统梳理。我国理论界现今较多关注民事诉讼诚实信用原则的研究,通常是在论述诚实信用原则的具体适用时附带述及当事人真实义务的,对当事人

---

　　① 〔日〕大木雅夫:《比较法》,范愉译,法律出版社1999年版,第69页。
　　② 诬告反坐是指故意虚构事实向司法机关控告某人,致使无罪之人被判决有罪,抑或使罪轻的人被判重罪,告人者就要按照他所诬告他人的罪遭受惩罚。
　　③ 关于语境化的研究法律制度的更多论述,可参阅苏力:《语境论——一种法律制度研究的进路和方法》,载《中外法学》2000年第1期。

真实义务的研究较为局限且十分匮乏。不同于学者们的研究视域与研究内容,在本书中,笔者从当事人真实义务这一论题本身出发,在对真实义务的基本内容、理论基础、历史渊源及域外立法进行介绍的基础上,回归到我国实际,在我国视野下考察真实义务,并且重点论述了当事人真实义务在我国的具体构建问题。

其二,将我国的当事人真实义务定位为当事人事实主张性陈述之真实义务与证据性陈述之真实义务,并在此基础上设置我国当事人真实义务的内容。民事诉讼致力于解决纠纷,因而其不可能忽略最了解案件事实的当事人的陈述。[①] 真实义务要求当事人真实完全地陈述,旨在禁止当事人虚假陈述。而将该规则引入我国民事诉讼中来,基于当事人陈述在民事诉讼法上的双重地位,在当事人的事实陈述层面上,真实义务具备了更广泛的内涵,包含事实主张性陈述之真实义务与证据性陈述之真实义务。因而笔者认为我国当事人真实义务的内涵在于禁止当事人在诉讼中主张虚假的事实,恶意对对方当事人的真实主张进行争执或者在诉讼中实施虚假的证据性陈述。对当事人真实义务作出这一定位后,笔者在后文中对于我国真实义务的具体构建也都是依此而展开的。

---

① 为了解决纠纷,应当看一切可以看的东西,听一切可能了解案件事实者所说的话;每一个人都要去听,但最应当认真听的,也是首先应当去听的,是最可能了解案件事实的当事人所说的话。参见[美]约翰·W.斯特龙:《麦考密克论证据》,汤维建译,中国政法大学出版社 2004 年版,第 13 页。

第一章

当事人真实义务概述

当事人真实义务起源于古罗马法,现今时代以德国为代表的一些国家在立法中确立了当事人真实义务,使得这一制度逐渐为立法所接受并在理论界与实务界扩展开来。但即便如此,围绕真实义务的理论之争在域外学术界仍然不绝于耳。回归到我国,虽然对当事人真实义务的探讨较少,但随着近些年来司法实践中当事人虚假陈述的情形日益严重,以及诉讼诚实信用原则在立法上的确立,对于当事人真实义务的研究也逐渐进入我国民事诉讼理论界的视域。大陆法系的理论研究通常是以对概念的把握与解析为起点的,掌握制度的基本内容,才能在此基础上加以借鉴与适用。对于当事人真实义务而言,亦是如此。鉴于此,笔者以当事人真实义务的概念解析为逻辑起点,对真实义务的基本内容、历史流变、理论基础以及价值与功能作一介绍,从而为制度的学习与借鉴奠定基础。

第一节 当事人真实义务的基本内容

一、当事人真实义务的概念

当事人真实义务看似是一个简单明了的概念,但纵观国内外理论研究,却鲜有对其进行明确且恰当的归纳。究其原因,可能主要在于"真实"这一辞藻上。"真实"看似通俗易懂,却又是极富主观色彩的。然而,正是由于当事人真实义务概念的不明确和不统一,导致在学术研究上极易出现争议和混乱,并进而影响到真实义务在民事诉讼中的具体适用。因而研究当事人真实义务,应当以对其概念的解析为逻辑起点,通过对"真实"的解读与定位来具体剖析真实义务,进而从内涵上准确把握真实义务。

（一）当事人真实义务

对于当事人真实义务的界说，有较多观点。在德国和日本学界多认为，真实义务是指在诉讼中当事人不得主张已知的非真实或者自认为非真实的事实，并且不得在明知对方当事人提出的主张和案件事实相符或认为相符时，仍予以争执。① 高桥宏志教授则主张，真实义务并不以让当事人积极地陈述事实为内容，而仅具有禁止当事人在不知的情况下提出主张或作出否认的消极功能。② 蔡章麟先生认为，真实义务是指当事人及代理人、其他诉讼参与人在诉讼中所负担的自我陈述真实的义务。③

我国大陆民事诉讼法学界，对于当事人真实义务的研究较为匮乏。在少有的一些论述中，对于当事人真实义务的含义也有不同的解读。常怡教授指出，对当事人课以真实义务的要求，是禁止其在诉讼中虚假陈述，这是诉讼诚信原则的最初形态。④ 江伟教授主张，真实义务是指当事人和诉讼关系人在诉讼过程中所负担的真实陈述的义务。⑤ 在刘敏教授看来，真实义务实为真实完整义务，它要求当事人在诉讼中真实、完整地陈述。⑥ 翁晓斌教授认为，当事人真实义务就是指真实陈述义务。⑦ 齐树洁教授则同意杨建华先生的观点，认为真实义务是指当事人在民事诉讼上，负担陈述真实的诉讼义务。⑧

学者大家的观点林林总总，但追根溯源，有关当事人真实义务的诸多界定，大抵都是学者们依大陆法系国家和地区的立法规定而作出的理解和定义。

---

① ［日］内田武吉：《真实义务》，载三月章、青山善充：《民事诉讼法的争点》，有斐阁1979 年版，第 198 页。

② ［日］高桥宏志：《民事诉讼法制度与理论的深层分析》，林剑锋译，法律出版社2004 年版，第 378 页。

③ 蔡章麟：《民事诉讼法上诚实信用原则》，载杨建华主编：《民事诉讼法论文选辑（上）》，五南图书出版公司 1984 年版，第 25 页。

④ 常怡主编：《比较民事诉讼法》，中国政法大学出版社 2002 年版，第 312 页。

⑤ 江伟：《民事诉讼法》，高等教育出版社 2000 年版，第 35 页。

⑥ 刘敏：《论诚实信用原则对民事诉讼当事人的适用》，载《河南社会科学》2014 年第2 期。

⑦ 翁晓斌：《民事诉讼诚信原则的规则化研究》，载《清华法学》2014 年第 2 期。

⑧ 齐树洁、王晖晖：《当事人陈述制度若干问题新探》，载《河南省政法管理干部学院学报》2002 年第 2 期。

依奥地利、德国以及我国台湾地区民事诉讼法的法条表述①,当事人真实义务就是当事人真实、完全陈述的义务。虽然学者大家们对于真实义务的定义各有不同,但精神内旨是相通的,其应有之义为禁止当事人在诉讼中主张明知的或自认为非真实的事实,以及明知或自认为对方当事人提出的主张与事实相符合时,仍无故进行争执。由此可见,当事人真实义务强调的是,在民事诉讼中当事人不得故意陈述非真实的事实,也不得恶意对对方的真实陈述予以争执。用通俗的语言来讲,亦即禁止当事人在诉讼中说谎。②

(二)当事人真实义务之"真实"的解读

制度与规则能否在法律上确立,取决于其本身的正义性。当事人真实义务中对于"真实"的设定,决定了该规则在法律上的正义性与合理性。如何解读当事人真实义务中的"真实",其是主观真实抑或客观真实,违反真实义务的认定标准是客观真实还是法律真实?

1.主观真实和客观真实

从哲学上来讲,真实包含语义学型真实和对话型真实。语义学型真实代表事物的客观存在,与认知主体的主观感受无关,它侧重于自然科学领域以及重现事物的客观存在。但由于自然人的个体差异和认知角度的不同,对于事物的真实表述不可能与客观存在完全一致,这就促成了对话型真实的出现。对话型真实是指对于事物的客观状态,因主体的认知感受而有所差异,真实未必与客观状态相符合。由此可见,在对话型真实中,认知主体对真实的表述居主导地位,事物的客观状态与言谈者的主观认识相互关联。《辞海》关于真实的解释与哲学上的真实含义相仿③,其无关事物客观状态的纯粹再现,也存在主观与客观两种内涵。

具体到当事人真实义务的规定中来,该"真实"是主观真实还是客观真实,究竟当事人真实义务中的"真实"是受陈述者的影响,与其主观认识有关,还是与客观存在相符合?从其内涵来窥探,通过语义分析可知,真实义务含义中所

①　《奥地利民事诉讼法》第178条规定:"当事人据以声明所必要之一切事情,须完全真实且准确陈述之。"《德国民事诉讼法》第138条第1款规定:"当事人应就事实状况为完全而真实的陈述。"我国台湾地区"民事诉讼法"第195条第1项规定,"当事人就其提出的事实,应为真实及完全的陈述"。

②　刘敏:《论诚实信用原则对民事诉讼当事人的适用》,载《河南社会科学》2014年第2期。

③　《辞海》将"真实"解释为"跟客观事物相符合;不假"、"真心实意"和"确切清楚"这几种含义。

包含的"当事人明知的""当事人自认为的"等指称,都表达的是一种主观上的态度,重在规制当事人在诉讼中违反主观认识的恣意行为。蔡章麟先生将真实义务中的"真实"定位为主观上的真实,当事人基于善意所作的非真实陈述不应禁止。① 姜世明先生也指出,真实义务倘若脱离客观真实,其制度目的会遭受一定程度的破坏;但如果过于注重客观真实,那么又会对当事人课以审查事实真相的要求。但我们所知,诉讼法上并不要求当事人在陈述前须审查及确认其所陈述的事实是完全符合客观真相的,因而当事人真实义务中的真实,是和当事人的主观认知相关,而不可能完全符合客观真相的,只能将其定位为主观真实。

从反面来看,若将其定位为客观真实,会产生如下悖论:首先,对于民事案件来说,绝对意义上的客观真实是无法重新展现的,各种外在因素都会阻碍案件的发现真相。法官作为裁判者,其只能依靠当事人的陈述与其提供的证据尽可能地还原案件。因而,在诉讼中判断当事人的陈述是否与客观真实相符,会产生悖论。其次,当事人的陈述还可能作为一种证据形式,其具备较强的主观内容。虽然当事人亲身经历案件,但也会因遗忘、记忆模糊等原因而对陈述的案件事实失真。最后,当事人和裁判结果具有利害关系,人的趋利避害的本性会让其通常陈述于己有利的事实,而往往隐瞒于己不利的事实。如果要求其所陈述的事实符合客观真实,也是不太可能的。因此,当事人真实义务中的"真实",仅为主观真实,它是和当事人主观上的认知相符合的真实。②

2.客观真实和法律真实

真实义务旨在禁止当事人说谎,其意为消极性禁止。那么认定当事人是否违反真实义务就要法官对已获认定的案件事实和当事人所陈述的事实进行比照,而该案件事实的真实评价采取客观真实还是法律真实?

客观真实从哲学上来讲,是指不受自然人意识支配,在评价前已经存在的客观实在。如果法官以客观真实为标准来发现案件事实,那么当事人在诉讼中陈述的事实和法官认定的客观事实相违背,当事人即违反了真实义务。但这显属不可能,因为对于案件真实的发现过程来讲,客观真实仅为应然的一种假想。诉讼证明是依据证据材料、证据、案件事实这一过程层层推进的,在案

---

① 蔡章麟:《民事诉讼法上诚实信用原则》,载杨建华主编:《民事诉讼法论文选辑(上)》,五南图书出版公司1984年版,第25页。

② 李瑞兴:《民事诉讼当事人真实陈述义务研究》,广东商学院2013年硕士学位论文,第11页。

件发生过程中所包含的证据材料反映案件事实信息,这些信息通过法官实施的证据调查与当事人的质证转化为法律事实,并以此来实现从证据材料向证据的转化。可见这一过程属于人的主观认识活动,因而,由于融入了人的主观上的因素,证据所包含的客观性是很难达到绝对客观真实的。那么发现客观、绝对的真实就成为一种幻想,从诉讼规律视角来看,真实义务中的真实指称主观真实,那么认定其是否违反真实义务就不能适用客观真实。

民事诉讼中包含三类事实,民事诉讼前已经存在的事实、民事诉讼中当事人陈述的事实、最终法官确认的事实。[①] 对于民事诉讼前已经存在的事实来说,通常只有亲历案件的当事人知道与清楚,属于客观事实;在民事诉讼中,当事人所陈述的事实真假参半;法官最终裁判认定的事实,属于法律事实,它是经由当事人举证、质证,通过陈述与辩论而确定的,是不同于原始客观事实的法律事实。而法律真实就是诉讼证明合乎实体法和程序法的双重要求,案件事实达到法律层面上认可的真实程度。亦即通过诉讼程序的过滤,由证据证实的事实在法律上被认可为真实。它是由法院认定的产生于诉讼中的,具有诉讼上意义的新事实。但在认定当事人的陈述是否真实时,法律真实和客观真实是有契合点的,存在着内涵与外延的重合之处。因而,从裁判所追求的发现案件真实角度考虑,在诉讼中是以法律真实为标准,但也会顾及客观真实的理想。真实义务中的真实为主观真实,那么在对当事人违反真实义务进行认定时,在以法律真实为判断依据的同时,还要考察当事人的主观心态。若证据证明或者法官经综合判断后发现当事人陈述非真实,并且当事人主观上为故意,那么就认定其违反了当事人真实义务。

(三)当事人真实义务之"陈述"的分析

真实义务要求当事人真实、完全地陈述,自然涉及当事人的陈述。为了对其内涵进行准确把握,还须对"陈述"作一探讨与分析。具体到诉讼中来,其既包含当事人的书面陈述和口头陈述,还包含利己性陈述和利他性陈述。

1.书面陈述和口头陈述

依据陈述形式的不同,分为书面陈述和口头陈述。书面陈述是指当事人将相关案件的事实与情况,以书面的形式向法院作出的叙述。典型的如当事人向法院提交的起诉状与答辩状中对于事实的主张和陈述。口头陈述是指当事人对于案件事实通过口头、言词的形式所作的陈述。

---

① 李浩:《论法律中的真实——以民事诉讼为例》,载《法治与社会发展》2004 年第3 期。

真实义务旨在禁止当事人在诉讼中说谎,重视其对言词事实所作的真实陈述,因而口头陈述是当事人真实义务规范的重要内容。现代民事诉讼法上的直接言词原则要求审判活动主要以言词方式进行,而在诉讼中,当事人的陈述通常以言词形式进行。口头陈述不但含有语言因素,而且还会有一系列非语言因素,诸如当事人的情绪、眼光以及动作等。诉讼中法官在认定当事人陈述事实的真伪时,除关注当事人陈述的内容本身之外,还会观察其一系列的非语言因素来认定陈述的真实性。并且对方当事人在诉讼中还可以追问当事人所陈述事实的具体情节,进一步检验其真实性。所以当事人的口头陈述能够成为真实义务规范的重要内容。但同时,当事人口头陈述具有可靠性差、不容易固定等缺陷,其又成为真实义务规范的难点。而书面陈述通常是当事人在考虑加工后将其陈述予以固定化的,反而有利于法官对其是否违反真实义务的审查。

2.利己性陈述和利他性陈述

依据陈述的倾向性的不同,分为利己性陈述与利他性陈述。前者包含确认性陈述与否认性陈述。确认性陈述,指当事人作出的,意在宣示某事实主张或者展示某事实过程的主动陈述。它主要表现为当事人在审前和庭审中向法院主动阐明案件事实、提出支持其主张和请求的事实以及证据的说明。确认性陈述主要存在于起诉状与答辩状中,以及庭审的证据调查和辩论阶段中。否认性陈述,是指当事人对于对方当事人不利于己的事实陈述所作的否认。利他性陈述则是承认性陈述,是指一方当事人对于对方当事人所提的于己不利的事实予以承认,亦即自认。

当事人陈述以主体对于事实的感知为内容,而当事人作为法律关系的直接参与者,又和案件结果有直接利害关系,这种诉讼地位决定了其陈述具备实与虚、真与伪并存的特征。当事人是案件事实的亲历者,从应然层面讲,当事人的陈述更能反映案件事实,更有利于发现真实。然而从实然层面来讲,当事人作为裁判结果的承担者,相互间具有利益对立性,基于趋利避害的心理,其陈述常常具有片面性与主观性。为了胜诉,当事人可能故意夸大于己有利的事实,而掩盖、隐瞒于己不利的事实,甚至捏造、虚构事实。当事人的特殊的诉讼地位,决定了当事人陈述的真与假共存。由此可见,无论何种陈述,不管是利己性陈述还是利他性陈述,都存在真实和虚假并存的特征。而尤其是当事人作出的利己性陈述,其出于胜诉目的的考虑,更易违反真实义务,故而是真实义务规制的重要内容。

（四）当事人真实义务的外延

真实义务是当事人真实、完全陈述义务,包含广义和狭义。狭义的真实义务即指当事人真实陈述义务,广义的真实义务包含当事人真实陈述与完全陈述义务。真实陈述义务,禁止当事人在诉讼中故意为非真实陈述,并且恶意对对方当事人的真实陈述作无故争执,意在禁止说谎。完全陈述义务要求当事人在陈述基础事件时应当完整、充分,不得只陈述于己有利的事实,而隐瞒其他事实。①

1.狭义的当事人真实义务

狭义的当事人真实义务,即当事人真实陈述义务,它是真实义务的典型形态。虽从字面理解,其要求当事人须在诉讼中真实陈述,但学界普遍认为其主旨在于,当事人不得在诉讼中主张已知的或自认为非真实的事实,并且不能在明知对方提出的主张与事实相符或认为相符时,仍恶意争执。② 可见,狭义的真实义务具有消极性特征。在这一层面,真实义务仅对当事人课以不得在诉讼中虚假陈述的要求。

就真实陈述义务而言,其禁止当事人故意为非真实陈述以及禁止对对方当事人的真实陈述作恶意争执。但对当事人的陈述是否符合客观真实则在所不问,因此即使违背客观真实,但当事人认为其真实并予以陈述的,也不构成违反真实义务。在德国,真实义务是指对主观真诚(诚实)的义务,有禁止故意错误陈述的意义存在,并及于事实情况的主张或争执。论者也认为这一规定仅对于故意说谎予以禁止,若法律要求当事人对于其难以得知的权利发生事实予以主张,如相对人之恶意等,则难认为有真实义务的违反。③ 真实陈述义务禁止当事人说谎,但对于当事人怀疑的情事和事件经过,也可以无视于其自己主观的盖然性估计而为主张或者争执,亦即当事人对于事实的真实性与非真实性有所不明而进行推测的,也可以为主张或争执。

2.广义的当事人真实义务

广义的当事人真实义务包括当事人真实陈述与完全陈述义务。除禁止当事人说谎外,其还要求当事人在诉讼中进行完全、充分的陈述。对于真实义务

---

① 〔德〕罗森贝克等:《德国民事诉讼法(上)》,李大雪译,中国法制出版社2003年版,第448页。

② 何孝元:《诚实信用原则与衡平法》,三民书局1977年版,第74页。

③ Zoller/Greger,ZPO,23.Aufl.,§138 Rdnr.2.转引自姜世明:《举证责任与真实义务》,新学林出版股份有限公司2006年版,第527页。

是否包含完全陈述义务,在理论界仍存在争议。以高桥宏志为代表的学者持否定说。其认为在民事诉讼中,当事人无论如何都不能脱离主观真实,但如果对当事人课以完全陈述的义务,必然会要求当事人将案件事实和盘托出,不得有任何隐瞒,甚至对于对方当事人主张并负有证明责任的事实也应当完全陈述,这显然违背了辩论主义和当事人的处分原则。因此,在其看来,并不存在当事人完全陈述义务。① 徐昕教授也指出,如若当事人履行绝对的真实义务,那么将会呈现出一幅难以想象的图景:所有的当事人都讲真话、完全且真实地陈述,则无需任何诉讼规则,最终还会导致包括法官、检察官、律师、学者在内的整个法律体系的崩溃。②

与少数学者的否定说不同,大多数学说持肯定说,认为当事人真实义务包含完全陈述义务。在肯定说看来,当事人的不完全陈述会歪曲事实关系并且不符合真实,会和积极的不真实陈述产生相同的后果,因而将完全陈述义务视为广义上的真实义务。完全陈述义务要求当事人对作为判决基础的事实就可预见之点予以陈述,不得对于己不利的部分保持沉默以致歪曲案件事实。③在奥特马·尧厄尼希看来,当事人对事实的蓄意隐瞒也会导致案件的不真实。因而,在民事诉讼中对当事人提出了更高的要求,当事人对于己不利的事实也要做出真实陈述,但这一陈述应当有必要的界限。④ 由此可见,完全陈述义务应作为真实义务的辅助形式,旨在禁止当事人明知而保持沉默造成违反真实的漏洞。但其并不要求当事人在诉讼中忽视主张责任与举证责任分配法则而对于全部事实予以陈述,因当事人主张和诉讼资料的提出是集中审理原则的规范对象,若依此完全陈述则集中审理的相关规定就会沦为虚设。

笔者也赞成肯定说,认为当事人真实义务应当包含完全陈述义务。在诉讼中,如若当事人仅陈述部分事实,对其他情况予以隐瞒,那么经其省略加工后的事实就可能不能完全展现案件事实,进而会阻碍发现真实并影响法院的正确裁判。由此可见,当事人完全陈述义务是积极层面上的真实义务,它有效地避免了当事人对事实真相的刻意隐瞒。真实陈述与完全陈述是从正反两方

---

① ［日］高桥宏志:《民事诉讼法制度与理论的深层分析》,林剑锋译,法律出版社 2004 年版,第 379 页。

② 徐昕:《民事诉讼中的真实与谎言》,载《人民法院报》2002 年 4 月 8 日,第 B01 版。

③ MunchKommZPO-Peters,§138Rdnr.5..转引自姜世明:《举证责任与真实义务》,新学林出版股份有限公司 2006 年版,第 529 页。

④ ［德］奥特马·尧厄尼希:《民事诉讼法》,周翠译,法律出版社 2003 年版,第 141 页。

面来诠释当事人真实义务的,构筑了完整意义上的广义的当事人真实义务。

但应当注意,苛求当事人在诉讼中对案件事实完全陈述,难免过于苛刻,并且会严重违反辩论主义与当事人处分权原则的要求。诚如奥特马·尧厄尼希所言,当事人完全陈述是具有边界的,只有在其蓄意隐瞒部分事实,从而总体上造成违背主观真实时才应当认定为违反了当事人真实义务。即便如此,在司法实践中仍然会出现困境。如果当事人没有提出主张或者进行了不完全的陈述,法院能否强制要求或者主动援引呢?笔者认为对于己方有利的事实,当事人作出了不完全陈述,此时法官应当行使释明权,促使当事人完全陈述。如果当事人隐瞒了部分于己不利的事实,若法院主动调查会违背辩论主义主旨,此时可由法官向对方当事人释明由其主张,因为此种事实一般是有利于对方当事人的。在对方当事人主张后,隐瞒部分事实的当事人就应当履行真实义务。

3.当事人真实义务的两面性

广义的当事人真实义务包含两面性,即消极真实义务与积极真实义务。前者亦即真实陈述义务所指称的"禁止",后者亦即完全陈述义务所指称的"命令"。据此可知,其包含禁止功能和命令功能。禁止功能对其课以不得进行非真实的主张或争执的不作为的消极要求,命令功能则对其提出完整充分陈述的要求。有学者将真实义务与完全义务二者相较为等同于实体法上的禁止恶意诈欺(积极行为)与恶意沉默(不作为),亦即,诉讼法上不仅禁止说谎,亦禁止漏洞。①

完全陈述义务虽有存在的必要,但真实义务仍然应当在主张责任和举证责任之下运作。而真实义务和非负举证责任一方当事人的说明义务也不相同,完全陈述义务并不必然得出非负举证责任一方当事人应负一般事案解明义务的结论。但有疑问的是,若真实义务是在主张责任和举证责任之下运作,那么在债权人请求返还借款的诉讼中,原告未主动陈述其曾受清偿的事实,能否被认定为违反完全陈述义务,就可能产生疑问。该清偿事实应由被告主张和举证证明,那么原告自始未说明,可否认为违反完全陈述义务,则仍存有疑问。如果基于真实陈述义务是为杜绝虚假陈述和诉讼欺诈,那么原告明知已获部分清偿,其自始就应当自行计算而不应对该受偿部分债权起诉主张;但如

---

① Vgl.Hackenberg,Die Erklärung mit Nichtwissen(§138IV ZPO),1995,S.43m.w.N.转引自姜世明:《举证责任与真实义务》,新学林出版股份有限公司2006年版,第530页。

果原告没有主动陈述清偿事实,则此阶段似无违反狭义真实义务的问题;但若被告已经抗辩,原告仍作不实争执的,则违反狭义真实义务。对于完全陈述义务来说,这一抗辩事由在被告抗辩后,若原告仍故意争执,则违反狭义真实义务。但有争议的是,在原告起诉时并未扣除清偿部分而予以全额主张,未同时陈述已受部分清偿的,是否被课以违反完全陈述义务的效果?若要使诉讼在诚实及有效下运行,此处当采肯定说。

当然,从真实义务的两面性来看,消极性的"禁止说谎"和积极性的"完全陈述"在对当事人的"真实"的程度要求上,显然前者低于后者,但是二者都体现了当事人真实义务的要求。如前所述,完全陈述义务仅是当事人真实义务的辅助形式,它是作为补充真实义务的不足而存在的,其主旨仅在于禁止当事人明知而以沉默造成违反真实的漏洞。因而可以看到,虽然广义上的当事人真实义务具备两面性,但其主要发挥真实陈述义务的禁止功能,其完全陈述义务的命令功能只是依附于禁止功能而存在的。因此,当事人真实义务主要发挥消极性的禁止说谎功能。

二、当事人真实义务的性质

(一)理论争议

真实义务,是对当事人课以在诉讼中真实陈述的要求。在民事诉讼中,当事人陈述为其权利,真实陈述为其义务。然而,当事人真实义务的性质究竟是什么?其是负担还是义务,是法律义务还是道德义务,是原则还是具体的规则?诸如此类问题,一直以来都存有争议。

1.负担或义务?

负担说主张,当事人真实义务虽名为义务,但实则为一种诉讼上的负担。所谓负担,是指当事人以自身的利益为考虑,非基于法律的强制性要求而作出一定的行为。其不属于法律所强制的,行为人没有必须作为的义务。义务说则认为,从外观来看,当事人真实义务毫无疑问属于义务,而非负担。义务是指法律所强制要求的当事人应当作一定行为或者不作一定行为。义务和负担都属于当事人自我责任的一部分,但负担一般仅关乎当事人一方的利益,而义务则涉及多方利益,并且当事人违反义务将会产生一定的法律责任。

那么,真实义务到底是负担抑或义务?民事诉讼当事人处于平等地位,享有充分的自由处分权与诉讼权利。在诉讼过程中,当事人通常可以为一定的行为且承担行为后果,由此看来,其所承担的是负担而非义务。但负担一般只涉及当事人一方利益的处分和行使,而不涉及其他诉讼主体的利害关系,当事人真实义务则并非如此。当事人违反真实义务所实施的虚假陈述直接对双方当事人和法院都产生影响,可见其涉及多重利益关系,不仅涉及双方当事人的诉讼利益,也涉及司法公益与司法权威的维护。因此,当事人真实义务并非负担。

当事人在诉讼中的陈述是多元化的,依言词辩论与程序参与原则的视角看来,当事人的陈述是诉讼权利,可以予以放弃;依民事诉讼证明的视角看来,当事人的陈述在特定的诉讼阶段又是用来对案件事实予以证明的,表现为履行举证负担。但是,从发现真实和促进诉讼来讲,当事人的陈述必须真实,不得为虚假陈述,此时更倾向于强制性规范。在德国,理论界认为真实义务是一种公法义务,违反真实义务会被施以程序法上和实体法上的不利后果。当事人的陈述产生的实体和程序后果已经超越自我责任的范围,对其陈述附加了法律上的强制性义务。当事人在诉讼中违反真实义务,不仅损害当事人的私益,也侵犯司法的公益,法律应当对其课以实体与程序、民事与刑事的双重法律制裁。因而,当事人真实义务毫无疑义是一种义务。

2.法律义务或道德义务?

长期以来,对于当事人真实义务究竟是道德义务还是法律义务,学界曾存在很大争议。在主张道德义务者看来,当事人使用民事诉讼法所许可的手段并未触犯一般法律原则,当事人在诉讼中享有提出于己有利的主张和证据的权利。若当事人实施拖延诉讼、迟延提出证据等行为,法官不能以违法进行排斥,只能驳回。而对于当事人真实义务来说,也只是道德义务,造成的损害不能产生法律上的后果。德国学者巴哈指出,当事人在诉讼中实施的虚假陈述、诉讼欺诈等行为虽然背离了诉讼的理想,但是却不能运用法律规范来规制。究其原因,在于法律进化的大势所趋是道德制约取代法律直接干预,从亲子关系、婚姻关系等规定中即可明了。倘若将当事人真实义务设定为法律义务,当事人就会成为发现真实的工具,辩论主义也会遭受破坏。主张真实义务是法律义务的观点认为,设置诉讼制度的目的就在于保护私权,诉讼绝不能成为当事人随意玩弄手段就能取得胜诉的一项制度。为了发现真实、实现正义,就必须在法律中规定真实义务。有学者还指出,如果民事诉讼允许当事人虚假陈述的话,那将是一种耻辱。① 这一争论在很大程度上是与民事诉讼目的相关的,民事诉讼目的具有多元化,结合一国的国情和法律发展过程来看,民事诉

---

① 王甲乙:《辩论主义》,载杨建华主编:《民事诉讼法论文选辑》(上),五南图书出版公司 1984 年版,第 361 页。

讼目的又同时具备倾向性。从这一层面来讲,当事人真实义务属于法律义务,原因在于:

首先,这是人类社会的法律思潮演进的结果。在 19 世纪早期,随着市场化与工业化的发展,人们逐渐认识到极端自由主义的缺陷,其会造成社会的不公。此时就需要司法的介入来协调当事人间的利益,公正成为一种价值追求。当事人真实义务作为实现公平正义的手段,也理所当然被纳入法律规则之中,具备了法律属性。

其次,实体公正越来越受到重视。从 19 世纪末开始,诉讼从关乎当事人自身利益向直接关系社会公共利益转变。这一理念不但要求在民事诉讼中要协调双方当事人的利益,而且要兼顾社会公共利益。追求形式真实不再是民事诉讼的唯一价值,实质真实日益受到重视,实体公正逐渐成为民事诉讼的重要价值目标。这些变化反映到民事诉讼中来就要求:当事人在诉讼中履行真实义务,规范其陈述行为,协助法官发现真实;法官在诉讼中要协调双方当事人的力量对比,创造公平的诉讼环境,努力维护当事人、第三方及社会公共利益。

最后,当事人真实义务违反辩论主义意旨的说法并不能成立。对辩论主义的内核进行分析就能看到,当事人真实义务并未抛弃辩论主义。诉讼程序的启动和运行都需要当事人的意思表示是辩论主义的要件之一,但真实且有效的意思表示才能形成法律所认可的法律关系,当事人非真实的意思表示会造成法律后果无效。在民事诉讼中,虚假陈述行为属于当事人非真实的意思表示,对方当事人可主张其无效,其法律关系也会由于不具备诉权存在要件而不发生法律效力。因而,当事人违反真实义务所实施的虚假陈述行为自始无效,法院也无需受无效法律行为约束。

综上所述,当事人真实义务属于法律义务。作为法律义务,则意味着违反该义务将会生成法律责任。当事人之真实义务一方面对国家为之,另一方面又对对造为之。[①] 一方面,民事诉讼当事人寻求法律救济是期盼通过法院能够获得公正的结果,从此种意义上来讲,发现真实是民事诉讼的重要内容。程序正义是民事诉讼的一大追求目标,但实体正义却仍然是民事诉讼的最后依托。要实现民事诉讼的实质正义,需要耗费包括时间、金钱、人力、物力等大量的诉讼成本。由于当今时代面临着诉讼爆炸以及资源的稀缺性问题,国家更加注重诉讼主体间的合作,对诉讼当事人的行为自治也提出更高要求,禁止当

[①]　张永泉:《民事证据采信制度研究》,中国人民大学出版社 2003 年版,第 41 页。

事人违反真实义务,采取虚假陈述来妨碍民事诉讼的正常运行。这是从国家的角度在民事诉讼中对当事人提出的要求,从这一意义上可以看出,真实义务是对国家为之的,违反当事人真实义务,应当受到公法制裁。另一方面,真实义务又是对对方当事人为之的。民事诉讼是由处于平等地位的双方当事人的私益纠纷而导致的,归根结底,当事人进入诉讼是为了维护自身的民事权益。一方当事人由于民事权益受到侵害而诉诸法院,诉讼具有私利性。如若当事人一方违反真实义务,则会侵害另一方当事人的权益。因此而造成对方当事人损害的,还应当承担民事损害赔偿责任。

3.原则或规则?

在德国民事诉讼法的教材中,很少有将当事人真实义务作为一项原则来介绍的,但也有部分教材将当事人真实义务和处分权主义、辩论主义等内容并列在程序基本原则中予以分析的。① 将当事人真实义务作为一项原则来讨论,笔者认为是没有必要的。原因在于:第一,诚实信用是民事诉讼法的一项基本原则,而真实义务若是作为其项下的具体化规范,那么其仅能为一项具体规则,而并非民事诉讼法的一项原则;第二,辩论主义作为民事诉讼法的基本原则,而当事人真实义务的部分内容未与辩论主义完全相洽,若将真实义务看作是对辩论主义的修正,就难以认为真实义务是民事诉讼法的一般原则。

而当事人真实义务要想成为一项规则与制度,需考虑四方面的要素。② 首先,当事人真实义务能否作为评价的标准? 可以看到,通过考量当事人的主观真实来对诉讼中当事人的虚假陈述作出否定评价是可能的,真实义务可以作为评价标准。其次,当事人真实义务能否指导人的行为? 真实义务旨在禁止当事人说谎,其明确的内涵和要求能够指导当事人在诉讼中进行真实的陈述。再次,当事人真实义务是否得到理论与制度支持,对于违反者是否设置法律责任? 当事人真实义务作为对辩论主义的修正,是与民事诉讼目的相契合的,并且得到诚实信用原则的支持。而其作为一项法律义务,对于违反者也可设置程序性与实体性的不利法律后果。最后,当事人真实义务能否被立法者创设,为国家的立法所规定? 对于这一点,从域外国家与地区的立法可以看

---

① Jauernig,a.a.O.,S.84ff. 转引自姜世明:《举证责任与真实义务》,新学林出版股份有限公司 2006 年版,第 501 页。

② 一种强制性的规则有四个观念起了很大作用:(1)评价的标准;(2)能够指导人的行为;(3)受到标准的服从理由的支持,其形式是为不遵守法律的行为描述一种可怕的后果;(4)是由意在创造规范的人们的行为所创造的。具体内容参见[英]拉兹:《法律体系的概念》,吴玉章译,中国法制出版社 2003 年版,第 148 页。

出,其已获得相关国家与地区立法的支持。综上所述,当事人真实义务符合这四方面的要素,它之于当事人而言,属于行为规范,是一项法律上的规则与制度。

(二)性质界定

1.双重性质

真实义务的设置不但是为了保护一方当事人的诉讼利益,而且也涉及对方当事人诉讼权益的维护,除此之外,还承担着维护司法公益和司法权威的重任。从司法实践来看,对违反真实义务进行的法律制裁,包含实体与程序、民事与刑事的双重惩戒,这不仅维护了当事人的诉讼权益,也保障了社会公益,它远远超过了负担所涉及的一方利益。所以,当事人真实义务的内在属性毫无疑义是一种义务。

(1)当事人真实义务具有私法性质

民事诉讼是由处于平等地位的双方当事人的私益纠纷而导致的,当事人进行诉讼是为了维护自身的民事权益。一方当事人由于民事权益受到侵害而诉诸法院,诉讼具有私利性。如若当事人一方违反真实义务,则会侵害另一方当事人的民事权益。例如,一方当事人进行恶意诉讼①,并通过伪造证据等行为获得了胜诉,此时会严重侵害对方当事人的民事实体权益;如若一方当事人恶意申请回避,会不当延长诉讼周期。此种情况下违反真实义务,对于造成对方当事人损害的,应当承担民事损害赔偿责任。由此可见,当事人真实义务具有私法上的法律性质。

(2)当事人真实义务具有公法性质

民事诉讼当事人寻求法律救济是期盼通过法院能够获得公正的结果,从此种意义上来讲,发现真实是民事诉讼的重要内容。程序正义是民事诉讼的一大追求目标,但实体正义却仍然是民事诉讼的最后依托。要实现民事诉讼的实质正义,需要耗费包括时间、金钱、人力、物力等大量的诉讼成本。由于当今时代面临着诉讼爆炸以及资源的稀缺性问题,国家更加注重诉讼主体间的合作,对诉讼当事人的行为自治也提出更高要求,禁止当事人违反真实义务,采取不正当手段拖延和妨碍民事诉讼的正常运行。这是从国家的角度在民事诉讼中对当事人提出的要求,当事人若违反此真实义务,应当承担公法上的制裁。从社会的角度考虑,当事人作为公民,具有协助法官发现真实和正确裁判

---

① 恶意诉讼,是指当事人以虚假的事实提起诉讼,利用诉讼获取自己不正当利益的诉讼行为。

的义务,从而实现社会的公平正义。因此,当事人的真实义务是一种公法义务,违反此义务需要受到公法制裁。

2.真正的法律义务

长期以来,对于当事人真实义务究竟是道德义务还是法律义务,学界都存在很大争议。主张道德义务者认为,当事人使用民事诉讼法所许可的手段并没有触犯一般法律原则,当事人享有提出于己有利的主张和证据的权利。民事诉讼法上并没有禁止滥用权利的具体规定,所以当事人的真实义务只能定性为道德义务。若当事人实施拖延诉讼、迟延提出证据等行为,法官只能驳回,而不得以违反真实义务对当事人进行制裁。而主张真实义务是法律义务的学者们认为,民事诉讼是为保护权利而设立的一种制度,并非偶然因为当事人玩弄技巧或泯灭良心的行为就能决定胜败的制度。① 实现正义一直都是民事诉讼的理想,为了发现真实,就必须在法律中规定真实义务。违反真实义务作出的裁判,不但违背社会公益,而且还会严重损害司法权威。在反对者看来,真实义务违反辩论主义,但绝不能给予当事人虚假主张和陈述的机会,致使以此为基础做出错误裁判。正如赫尔维希所言:"如果民事诉讼法容许当事人作虚伪陈述的话,那就是一种耻辱。"②

上述争论在很大程度上与民事诉讼目的相关,民事诉讼目的具有多元化,结合一国的国情和法律发展过程来看,民事诉讼目的又同时具备倾向性。在笔者看来,当事人真实义务是真正意义上的法律义务,原因在于:首先,这是人类社会法律思潮不断演进的结果。19 世纪的工业革命时期的到来,经济与科技飞速发展,迅速积累的巨额财富使得保护私有财产的愿望逐渐增强,由此确立了"私人财产神圣不可侵犯"规则。这种个人自由的理念也波及法律中来,人们被允许采取一切手段维护个人利益并不被干涉,此时的诉讼在一些人眼中被视为单纯的技术手段。随着市场化与工业化的发展,人们逐渐认识到极端自由主义的缺陷,绝对的自由会造成私人权利的缩减和社会的不公,这就需要国家力量的介入来填平裂痕。此时司法力量作为正义的第三方来协调双方当事人的利益,公平正义成为根本的价值追求。真实义务作为实现公平正义的手段,也理所当然被纳入法律规则之中,具备了法律属性。

---

① 王甲乙:《辩论主义》,载杨建华主编:《民事诉讼法论文选辑》(上),五南图书出版公司 1984 年版,第 361 页。

② 王甲乙:《辩论主义》,载杨建华主编:《民事诉讼法论文选辑》(上),五南图书出版公司 1984 年版,第 361 页。

其次,实体公正越来越受到重视。从 19 世纪末开始,诉讼从关乎当事人自身利益向直接关系社会公共利益转变。这一理念不但要求在民事诉讼中要协调双方当事人的利益,而且要兼顾社会公共利益。追求形式真实不再是民事诉讼的唯一价值,实质真实日益受到重视,实体公正逐渐成为民事诉讼的重要价值目标。这些变化反映到民事诉讼中来就要求:当事人在诉讼中履行真实义务,规范诉讼行为,协助法官发现真实;法官在诉讼中要协调双方当事人的力量对比,创造公平的诉讼环境,努力维护当事人、第三方及社会公共利益。

最后,当事人真实义务违反辩论主义意旨的说法并不成立。分析辩论主义内核就会发现,真实义务并没有完全抛弃辩论主义。程序的启动和运行都需要当事人的意思表示是辩论主义的要件之一,而只有当事人真实且有效的意思表示才会生成法律认可的法律关系,非真实的意思表示必然会导致法律后果无效。在民事诉讼中,恶意诉讼行为都属于非真实意思表示,对方当事人可主张其无效,而因意思表示而产生的法律关系也会由于不具备诉权存在要件,因此不发生法律效力。所以,违反当事人真实义务的诉讼行为从一开始即是无效的,法院也无需受无效法律行为约束。

三、当事人真实义务的适用范围

(一)适用的主体

1.适用主体的范围能否扩大?

有关真实义务的适用主体,蔡章麟先生认为应当包含当事人及代理人、其他诉讼参与人等。在他看来,诉讼上的真实义务与私法中的诚信原则相似,二者名异实同,在诉讼中真实义务的适用主体应扩张至全部诉讼参与人。这一观点夸大了真实义务中适用主体的范围,在笔者看来,证人、鉴定人、律师在诉讼中所履行的相关诉讼义务与当事人的真实义务是不同的,不应纳入真实义务的适用主体范围。

证人如实陈述的义务是指证人在诉讼中必须向法院如实陈述了解的案情以及回答提出的问题。其要求证人应当客观和如实地陈述案件事实,不得虚假陈述和作伪证。虚假陈述表现为证人故意隐瞒或者虚构案件事实,作出与事实真相不相符的陈述。作伪证则是指证人伪造与案件情况不相符的书证、物证等证据。了解案件情况的人都有出庭作证的义务,它是公法义务,必须履行。但在现今社会,基于社会伦理道德、社会公共利益、法律价值选择等因素的考量,都规定符合一定的情形,证人享有作证豁免权。① 鉴定人,是指取得司法鉴定人执业证书,在司法鉴定机构中执业,运用专门技能来对诉讼等活动中的技术问题作出科学鉴别与判定的专业技术人员。② 与证人不同,鉴定人是具有鉴定资格的人,它向法院陈述的是关于案件的专门问题,经过研究分析得到的科学的判断意见,鉴定人不具有不可替代性和唯一性,可以申请回避。因而在一般情况下,不存在鉴定人可以不出庭的合法理由,也不存在有如证人的作证豁免权,因为鉴定人是可以选择和替换的。鉴定人在诉讼中如实鉴定和陈述的义务包括以下内容:(1)在规定时限内,依法如实提交鉴定意见。鉴定人应当忠诚地履行职责,作出公正且客观的鉴定意见,并对鉴定意见负责。(2)依法出庭陈述。鉴定人依法院通知按时出庭作证,陈述鉴定意见并如实回答与鉴定有关的询问。

通过以上介绍可知,证人所负担的如实陈述义务、鉴定人所负担的如实鉴定与陈述义务在内容和具体要求上与当事人真实义务存在很大区别。此外,他们还存在以下不同:一是不论是证人的如实陈述,还是鉴定人的客观公正的鉴定,都是和法院之间的一面性的关系,属于公法性质;而当事人真实义务则不同,其既向对方当事人为之,又向法院为之。二是对证人与鉴定人违反相关诉讼义务的制裁措施,通常是采取妨害民事诉讼的强制措施,甚至还会处以刑事制裁;但真实义务则不同,因其涉及与法院和对方当事人两方面的关系,故而当事人违反真实义务不仅可能承担民事程序法、刑法上的责任,还可能承担民事损害赔偿责任。由此可见,证人、鉴定人所负担的相关诉讼义务与当事人的真实义务是存在很大区别的,不能将其简单等同并纳入当事人真实义务的规范中。

此处较难理解的是律师是否应当受到真实义务的规制? 律师作为诉讼代理人,收集证据材料、反驳对方当事人的主张,并在此基础上提出利于委托人的辩护意见,使法官兼听双方的意见作出裁判。其作为诉讼中的法律专业人士,应当恪守公平与正义,在调查事实的基础上帮助法官发现真实。此外,律师在诉讼中代表当事人行使诉讼权利,若允许其虚假陈述,那么产生的效果就

---

① 英美法著名学者威格莫将一般拒绝证言权的基本原则归纳为四项要件:其一,其所拒绝陈述的内容,必须基于相互信赖所得知的消息,而不愿泄露的;其二,此项信赖,必须为维持双方关系之重要因素;其三,此项关系,基于一般公众意见,有审慎维持之必要;其四,因泄露之结果给双方关系造成的损害,须大于因其所给司法上造成的损失。参见李学灯:《证据法比较研究》,五南图书出版公司 1992 年版,第 588~589 页。

② 田平安主编:《民事诉讼法学》,法律出版社 2013 年版,第 109 页。

和当事人违反真实义务的行为效果相同,同样危及诉讼公正,因而律师也应真实陈述。但对律师有关真实陈述的要求是不同于真实义务的,因此律师这类诉讼代理人也不是真实义务的适用主体。这是因为,在律师代理的诉讼中,可能会出现以下问题:当律师知悉某对于当事人不利的事实,其能否在当事人未同意的情况下,向法庭为真实陈述? 在笔者看来,律师的本职工作是最大限度地维护当事人的利益,这就决定了其在知晓案件事实后,不得主动向法院陈述未经当事人同意的案件事实。面对当事人和法庭,律师在对二者的博弈过程中,基于律师执业要求以及当事人权益保护等考虑,此时律师应当优先保障对于当事人的忠诚,不得向法庭如实陈述其所知悉的未经当事人同意陈述的案件事实。由此可见,对律师的相关要求并不同于真实义务的要求。但同时,也应对律师的忠诚与保密义务作出一定限制。参照我国《律师法》第 32 条第 2款和第 38 条第 2 款有关律师的拒绝辩护与代理和有关保密义务例外的规定①,在民事诉讼中,应当给予律师解除委托关系的选择权,在一定程度上来保障对律师在诉讼中陈述真实要求的落实。

2.真实义务的适用主体

依照当事人真实义务的含义,其义务人明确指向"当事人"。因而民事诉讼当事人,包含原告、被告(亦包括第三人、共同诉讼人、诉讼代表人),是真实义务的适用主体。对于自然人主体,毫无疑义。那么针对法人与其他组织,情形如何? 由于当事人真实义务是以存在对话情境为假设,其规范对象也应具备表达陈述能力,就此而言,法人和其他组织该如何履行真实义务? 众所周知,虽然法人和其他组织具备独立的主体资格,但具体到民事诉讼中来,是由法定代表人与主要负责人来进行诉讼的。他们依法行使诉讼权利、履行诉讼义务,是法人和其他组织人格的具体化,对外体现了被代表的法人和其他组织的意志。因而在民事诉讼中,应当由具体承担主张和举证的法定代表人和主要负责人来履行当事人真实义务。

在未成年人为当事人的诉讼中,由法定诉讼代理人代为进行诉讼,其地位相当于被代理的当事人,其与被代理的当事人的诉讼权利义务也大致相同,当

---

① 《律师法》第 32 条第 2 款规定:"律师接受委托后,无正当理由的,不得拒绝辩护或者代理。但是,委托事项违法、委托人利用律师提供的服务从事违法活动或者委托人故意隐瞒与案件有关的重要事实的,律师有权拒绝辩护或者代理。"第 38 条第 2 款规定:"律师对在执业活动中知悉的委托人和其他人不愿泄露的有关情况和信息,应当予以保密。但是,委托人或者其他人准备或者正在实施危害国家安全、公共安全以及严重危害他人人身安全的犯罪事实和信息除外。"

然应负担真实义务。但未成年人对于事实的发生能有所陈述,并且法定诉讼代理人通常是经由该未成年当事人的陈述才能就事实经过有所陈述,因此在未成年人为当事人的诉讼中,该未成年人和法定诉讼代理人都应当负担真实义务。

(二)适用的客体

真实义务,即当事人真实、完全陈述,其客体通常指向事实,而不包括法律的讨论。因为适用法律属于法官的职责,"法官知法"是构建诉讼法则的基本假设。在诉讼中,对于案件裁判有重要关系的法律主张,虽然法官会给予当事人辩论的机会,但这涉及法官阐明义务的问题,而与当事人真实义务没有直接关系。还有德国学者认为法律主张也属于真实义务的适用范围。[①] 若对于直接将法律主张充当事实的陈述标的的,似乎没有问题;但若是一般事件,则没有将法律见解认为是真实义务客体的必要。此处涉及外国法问题,对于在诉讼中援引的外国法,究竟是法律还是事实,在学术界存在着争议。一说认为外国法较于本国法就是事实,它不属于法官职务上应该知悉的范畴;一说认为本国法与外国法在地位上是完全平等的,因此外国法理所当然属于法律,在适用问题上同于本国法;还有主张认为属于特殊的法律事实,既不同于法律,又不同于事实,是折中说。尽管众说纷纭,但在笔者看来,外国法无论如何都不是单纯的事实问题,因此不属于当事人真实义务的适用客体。

事实的范围十分广泛,作为真实义务的适用客体的事实,是对案件有法律意义的需要当事人提供证据予以证明的事实,包含要件事实、间接事实和辅助事实。要件事实也称为直接事实,是直接导致民事法律效果发生、妨碍、阻却或消灭的事实,也是诉讼证明的核心内容。它是原告用来"直接支持"自己诉讼请求的权利发生事实,也是被告用来"直接推翻"原告诉讼请求的抗辩事实。[②] 包含权利发生事实、权利妨碍事实、权利阻却事实和权利消灭事实。间接事实是不能直接导致民事法律效果发生、妨碍、阻却或消灭的事实,而是借助经验和逻辑法则来推导和证明要件事实的事实。一般而言,多个间接事实能够证明直接事实的存在。辅助事实,是用来证明证据能力有无与证明力大小的事实。在诉讼中,当事人对于事实的陈述,无论属于直接事实、间接事实还是辅助事实,都应当属于真实义务的客体。

---

① Vgl. V. Hippel, *Wahrheitspflicht und Aufklärungspflicht der Parteien im Zivilprozess*, 1939, S.124ff.

② 江伟主编:《民事诉讼法学关键问题》,中国人民大学出版社 2010 年版,第 172 页。

在当事人所陈述的事实中,若是对将来发展的估计与推测,尤其是在损害赔偿诉讼中,不能认为该事实是真实义务的客体;但如果是对于过去事实的假设事实(hypothetische Tatsachen)①,则被认为是真实义务的适用客体。② 在证明责任分配原则的约束下,原告对于诉讼请求的权利发生事实负主张责任,应当履行真实义务;被告对于推翻原告诉讼请求的抗辩事实也应当负担真实义务。但问题在于,在原告主张被告抗辩以后,原告是否仍须真实陈述。姜世明先生认为,对于如免除、清偿及无效事由等足以令权利消灭或者不存续的事实,要求原告首先应自我审查,若明知有该类事由,则不得起诉或者全额起诉,此时应无苛刻,并且属于当事人真实义务的目的所在。但如果是固有的抵消或者撤销的权利存在事实,那么除非被告在诉讼之外已经主张,而为原告所明知或者不争,否则很难认为原告负有主动陈述提醒之义务。而对于有关诉讼时效或者同时履行抗辩等权利抑制事实,除非被告已在诉讼之外曾主张,也应认为只有在被告抗辩之后,原告才负担真实义务。

(三)适用的阶段

当事人真实义务,是对于当事人在民事诉讼过程中的要求,其适用于民事诉讼的整个阶段。在诉讼过程中,双方当事人在法院前经言词辩论的裁判程序是真实义务主要发挥作用的阶段。在德国,对于在缺席裁判程序中是否适用当事人真实义务,还存在一些争议。在对原告予以缺席裁判时,对于被告而言,是否仍有真实义务的适用? 依德国法的规定,法官对于未在言词辩论期日到庭的原告作出驳回判决。在此情形下,法官并不进行实体审查,而只是以原告的缺席作为裁判的重点。如此一来,对于当事人的事实陈述似非审查重点。但有德国学者认为,于此情形下仍应适用真实义务。在其看来,此种情况下,在言词辩论期日前以及对缺席裁判的异议程序中,对于真实义务的要求和一般的情形没有不同,因此应当适用真实义务。③ 笔者也赞同这一观点,诚如该学者所言,在此情况下,除法官作出的驳回判决程序外,其余诉讼程序,诸如言词辩论期日前、异议程序等,仍存在真实义务的适用必要。对于被告作出的缺席裁判,德国法上的审查重点在于原告主张的一贯性(Schlüssigkeit)。该一贯性审查是指法官自原告所主张的事实可在不进一步审查真实的情况下,就可将其归摄于原告声请范围中的某请求权基础;原告的陈述如果不具备权利

---

① 假设事实是德国法上的概念,是指对于若存在特定条件下,应为如何发生的叙述。

② Vgl. Roth, *Die Wahrheitspflicht der Parteien im Zivilprozess*, 1997, S. 52.

③ Vgl. Roth, *Die Wahrheitspflicht der Parteien im Zivilprozess*, 1997, S. 42.

发生要件事实或者自其陈述存在权利妨害、消灭要件的,而未存在抗辩事实的,即不具备一贯性。[①] 由此可见,德国法上对被告的缺席裁判中,主要审查的是原告主张的一贯性。这一做法是否合理,首先涉及对于缺席裁判的认识。缺席裁判的诉讼促进功能是其正当化与合理化的基础,但由于缺席裁判在一定程度上抑制了言词辩论主义与直接审理主义,而且其对于合法听审权的保障也被削弱,对于真实的发现也有相对化的倾向。因而,要使缺席裁判得以正当化与合理化,就需要构建一系列前提要件,诸如一般诉讼要件的具备、合法的送达和传唤、一贯性审查等。而其中一贯性审查的密度,就直接影响到缺席裁判和真实间的距离,因而如何强化要求原告的主张不得违反真实义务,就成为缺席裁判所重视的问题。而上述德国法规定的在对被告的缺席裁判中,只审查原告主张的一贯性,对于真实义务未考虑,这一做法欠妥。与其相反,笔者认为此时应当加强当事人真实义务的要求,使得裁判更加接近正义。

(四)适用例外

任何一项法律制度都有界限和范围,当事人真实义务的适用也概莫能外。真实义务禁止当事人在诉讼中主张和争执非真实的事实,要求当事人真实、完全地陈述,从而协助法官发现真实,维护当事人的诉讼权益和司法权威。发现真实虽然有助于实现实体公正,但在有些情况下,发现真实的手段会与其他价值相冲突。而且民事诉讼皆因双方当事人“利之所在”,如果一味要求当事人主动陈述包含不利于己的全部事实,就会违背自然人趋利避害的本性,并且在实践中也很难达到预期效果。因此在规定真实义务的同时,赋予当事人一定的拒绝陈述权是十分必要的。在言词辩论过程中,双方当事人互相提问与回答,对于一方当事人的提问,他方若拒绝陈述,则可能无法达致查明案情、正确裁判的效果。但对于他方的提问,要求当事人事无巨细必须回答,又会违反辩论主义,甚至导致绝对职权主义的回归。因此在规定当事人如实陈述义务的同时,也规定了当事人陈述的例外。一般情况下,当事人不必提起使自己蒙上耻辱的事实或者惹出刑事追诉危险的事实,同样不必引证可能帮助对方当事人提起反诉或者胜诉的事实。对他方的提问,下列情形可以拒绝回答:(1)与本案无关的;(2)回答后有导致本人、配偶、本人或配偶的三代以内直系血亲有受到刑事追究的可能性的;(3)回答后将使自己窘困难堪的;(4)属于自己知悉

---

① Musielak/Stadler,ZPO,3.Aufl.,2002,§331 Rdnr.7.转引自姜世明:《举证责任与真实义务》,新学林出版股份有限公司 2006 年版,第 522 页。

的国家秘密、他人商业秘密、第三人隐私,未经国家有关机关、他人、第三人同意的。①

四、与当事人相关义务的辨析

在民事诉讼中,除了当事人真实义务之外,还存在一系列当事人的相关义务,诸如当事人诉讼促进义务、当事人协力义务、当事人具体化义务和当事人的事案解明义务。它们相互区别又相互联系,共同发现真实,保障当事人的诉讼权益和诉讼公正目标的实现。

(一)当事人诉讼促进义务

当事人诉讼促进义务,是指为了保障当事人的程序利益和诉讼经济,当事人应当履行在诉讼期限内迅速及时地进行诉讼的义务,使得诉讼高效、迅捷地进行。质言之,诉讼促进义务即要求当事人在诉讼过程中尽自己最大努力和善意推动诉讼程序的进行。② 如果当事人因可归责于自己的原因致使诉讼迟延的,应当承担不利法律后果。诉讼促进义务最早是在德国 1976 年的《简化及加速法院程序法》中确立的,是为了实现程序集中和集中审理的目标。它要求当事人在诉讼中积极地完成诉讼行为,协力与法官和对方当事人共同推进诉讼,禁止当事人滥用权利来拖延诉讼。当事人诉讼促进义务的核心就在于禁止诉讼拖延。诉讼促进义务包括一般诉讼促进义务和个别诉讼促进义务两种类型,前者是指当事人在言词辩论终结前适时地提出攻击防御方法,是一般性义务;后者是指当事人应当在法官所指定的期间之内提出攻击防御方法③,它是对于诉讼中的重要情形具体规定最晚提出诉讼资料的时点,如若违反,则产生失权的不利后果。当事人诉讼促进义务在诉答程序、审前证据交换和意见交流程序、庭审程序中都有具体的要求,违反的法律后果一般表现为失权制裁。

当事人真实义务和诉讼促进义务拥有相同的产生背景,它们都是在司法改革过程中产生的。19 世纪末,民事诉讼制度所包含的公益性质逐渐受到重视,社会本位观取代了个人本位观,民事诉讼从当事人之间的相互对立逐渐转

---

① 陈界融:《民事证据法:法典化研究》,中国人民大学出版社 2003 年 7 月第 1 版,第143 页。

② 陈桂明:《论当事人在诉讼中的促进义务》,载陈光中:《诉讼法理论与实践》(下册),中国政法大学出版社 2003 年版,第 57 页。

③ 王甲乙:《自由顺序主义之检讨》,载杨建华:《民事诉讼法之研讨:三》,三民书局1990 年版,第 336～337 页。

化为协力式的公平诉讼。它要求民事诉讼应当保障双方当事人的程序公平，确保双方当事人拥有平等的法律地位和平等的对抗。由此加强法院的程序管理权以及强化当事人的诉讼促进义务、真实义务、举证义务等逐渐成为司法改革强调的手段，诉讼促进义务和真实义务逐步得到确立。除此以外，二者在内容方面也有一定的重合。诉讼促进义务不但要求当事人遵守诉讼程序规定，而且在实质上要求双方当事人尽最大诚意协力促进诉讼，这就与当事人真实义务相联系，对当事人借助程序漏洞，恶意拖延诉讼的不正当行为予以禁止，以此来保障当事人的程序利益。

当事人诉讼促进义务旨在促进诉讼经济和提高诉讼效率，推动民事诉讼迅捷地进行，防止诉讼拖延。而当事人真实义务则更为关注实体公正和发现真实，二者在价值考量上的侧重点有所不同。由此也决定了诉讼促进义务主要规制当事人因归责于己的原因迟延主张或举证而造成拖延诉讼，损害对方当事人的诉讼利益；而真实义务则主要禁止当事人虚假陈述、恶意诉讼等滥用诉权的行为。

（二）当事人协力义务

当事人协力义务，是指当事人在诉讼中对法院和对方当事人提供协助，要求不负举证责任的一方当事人在满足条件的情况下，对查明案件事实所负有的阐释、提交和容忍义务。20世纪初在各国纷纷对传统辩论主义进行修正时，英国于1998年在《民事诉讼规则》中率先要求当事人具有协助法院的义务，鼓励当事人相互合作，从而较少对抗。在理论上讲，大陆法系的社会诉讼观①理论对合作主义的要求更高。当事人协力义务是当代民事诉讼发展的必然结果，它强调武器平等和实质正义，是对形式正义、个人权利至上的一种突破，而且对于降低诉讼成本、提高诉讼效率也有相当大的作用。

当事人协力义务包括阐释义务、提交义务和容忍义务。阐释义务是阐明、解释案件事实的义务，包含了陈述、说明、答复等义务。这些义务是基于这样一条原则之上的：处于显著的事实过程之外的，本身负有陈述责任的当事人，可以期待另一方知情的当事人超出简单的争辩而进行详细的陈述、答复或说

---

① 奥地利学者弗朗茨·克莱茵指出，社会诉讼观要求诉讼是不可或缺的国家福利设施，诉讼绝不是供个人仅出于自身利益和为了实现权利而使用的设施，国家的行为涉及保护社会的福祉，民事诉讼应当在个人主义和公共福祉之间架构起一座桥梁。

明。① 陈述义务是指当事人对与案件相关的事实应要求进行陈述的义务;说明义务是指当事人对具体事实应要求进行的解释说明的义务;答复义务是指当事人对于提问进行的口头与书面的回答义务。提交义务主要是对文书等证据的提交,是指当事人应法官或对方当事人的要求对其所控制的文书等其他证据材料进行提交的义务。它补充了当事人收集证据的不足,体现了对弱者的保护。容忍义务是指当事人向法院申请,对于勘验物是由对方当事人持有时,对方当事人承担的忍受勘验的义务,它表现为消极的不作为。当事人协力义务的构成要件包括:负担举证责任的当事人对于主张与抗辩的事实已经做出了具体详细的陈述;该方当事人仍在主张和举证方面客观不能;对方当事人对案件事实和证据提供具有可期待性。

当事人协力义务与当事人真实义务存在以下相同点:第一,二者都是在追求社会诉讼观、倡导合作主义诉讼理念的背景下提出的,意在通过当事人的协力来帮助法官发现真实、正确裁判。第二,二者都具有实质公正和武器平等的价值追求。古典辩论主义完全是当事人间的竞技,而在现代社会,随着现代型诉讼和诉讼爆炸的出现,消极公平逐渐演变为真正的不公平。法院的介入和当事人义务及责任的导入的根据,是实现双方当事人进行诉讼的地位实际性的平等所必要的。② 由此,当事人协力义务与真实义务的设置有助于达致当事人间力量的平衡,并促进发现真实和实质公正。第三,二者在性质上都属于义务,违反义务都会受到不利法律后果的制裁。稍有不同的是协力义务属于公法上的性质,而真实义务则具备公私法双重属性。第四,二者都有一定的适用界限。任何法律制度都有一定的适用范围,不论是当事人真实义务还是协力义务,都应当有一定的界限,才能平衡各种价值和双方当事人的权益。

当事人协力义务与真实义务的不同点则主要在于协力义务是对真实义务的有益补充。当事人真实义务虽包含真实、完全义务,但其重在强调当事人的真实陈述,对于要求当事人开示证据材料的意义不大,因而也就不能很好地防止当事人隐藏于己不利的证据,致使负担证明责任的当事人无法接近证据材料。当事人协力义务克服了真实义务的有限性,包含法律要求当事人进行的行为,具有互补性。真实义务重在禁止行为,贯穿于整个民事诉讼过程,不以

---

① 魏玉辉:《民事诉讼中当事人协助义务探析》,载《江西科技师范学院学报》2006年第5期。

② 〔日〕上田彻一郎:《当事者平等原则的展开》,有斐阁1997年版,第10页。转引自唐力:《民事诉讼构造研究》,法律出版社2006年版,第140页。

当事人请求、法院要求为要件;而协力义务重在积极作为,当事人没有主动履行的义务,需以当事人请求和法院要求为要件。

（三）当事人具体化义务

当事人具体化义务是从法律解释学上命名的,它来源于德国的民事诉讼法理论。具体化义务是指当事人关于事实之陈述应该对于细节加以剖析,该事实主张应被特定地陈述。① 它包含三层含义:其一,是有关当事人对案件事实进行陈述的要求;其二,当事人应当具体详细地陈述案件事实;其三,当事人的陈述应当依据一定的证据和线索。当事人具体化义务初现于德国,但却没有具体的法律条文对其予以规范,而日本最早在民事诉讼法中规定了具体化义务。总体来说,当事人具体化义务都是零散规定在法律条文中的,各国均没有系统直接的明确规定。

当事人具体化义务能够维护对方当事人的防御利益,在一方当事人提出具体细致的主张和陈述后,对方当事人能够以此为明确的抗辩和防御。当事人对争议事实作出具体陈述后,有利于法官尽早确定证明主题和证据调查的范围,维护法院的审判利益。当事人具体化义务促进了诉讼效率,有利于诉讼经济的实现和审理集中化。在适用上,具体化义务的主体包括原告和被告,原告须具体陈述所主张的权利发生要件事实。被告对于权利妨碍、权利阻却和权利消灭等事实进行具体化抗辩。具体化义务的客体包含当事人的主张性和争议性陈述以及证据声明。由于案件具体情况、诉讼阶段以及主体的差异,当事人具体化义务的程度具有多元化,通常而言,负担主张责任的当事人一方的具体化义务的程度应当依据保障辩论主义实现的目的来确定,另一方当事人的具体化义务的程度则依据负担主张责任的当事人的具体化义务的程度而定。对于负担主张责任的当事人一方来说,如若违反具体化义务,则其主张将不被法官所考虑;对于不作具体争执的被告而言,将会被认定为自认;如果证据声明未被明确化,则极有可能被视为摸索证明②而予以驳回。由于证据偏在、武器不对等问题而造成的举证困难在诉讼中比比皆是,如果盲目要求当事人履行具体化义务,则可能导致诉讼不公。所以应当确立在一定条件下的具

---

① 姜世明:《举证责任与真实义务》,新学林出版股份有限公司 2006 年版,第 259～274 页。

② 摸索证明是指当事人在无法获知待证事实与相关证据方法的详细关系时,仅就证明主题进行一般性抽象性的主张,从而期待通过法院的证据调查从对方当事人处获得相关证据资料的行为。在古典辩论主义下,大陆法系原则上禁止摸索证明。

体化义务的缓和,允许当事人抽象地提出主张和陈述。

当事人具体化义务与真实义务的产生背景不同,具体化义务是由传统辩论主义所衍生的。在辩论主义背景下,法官裁判基础的事实和证据是由当事人提出的,当事人没有主张的事实,法院不能作为裁判的基础。因此对于负担主张责任的当事人来说,只有向法院作具体详细的陈述,才能完成主张责任,法官才能依辩论主义进行裁判,具体化义务顺应而生。而古典辩论主义追求的形式平等造成了当事人的实质不平等,随着社会民事诉讼理论的兴起,在对古典辩论主义进行调整和修正的过程中产生了当事人真实义务。真实义务包含真实与完全义务,完全义务在一定程度上也要求当事人具体陈述案件的基础事实,是对真实义务的理论延伸,所以在此种意义上来讲,当事人具体化义务是以真实义务为存在基础的。

(四)当事人事案解明义务

事案解明义务是由德国学者最早提出的。它是指当事人对于事实厘清负有对于相关有利及不利事实之陈述(说明)义务,及为厘清事实而提出的相关证据资料(文书、勘验物等)或忍受勘验之义务。[①] 依其定义可知,双方当事人均有事案解明义务,但由于负担证明责任的当事人一方承担事案解明是证明责任的基本要求,所以一般情况下关注的是非负担证明责任的一方当事人的事案解明义务。事案解明义务缓和了双方当事人间的对抗,有利于当事人协力查明事实,发现真实。它能够克服负担举证责任的一方当事人收集证据不足的劣势,实现双方当事人的地位和机会平等。通过事案解明义务发现案件事实,能够减少事实真伪不明的情形,削弱了证明责任在诉讼中的作用范围。

对于当事人事案解明义务存在着一般性和例外性的争议。主张一般化的学者认为应当将当事人事案解明义务规定为一般性原则,当事人在例外的情况下才可以拒绝适用。而例外化观点则主张当事人事案解明义务应当规定为例外规则,严格限定其适用。相较而言,例外化观点更能让人信服。一般性的事案解明义务对于不负担举证责任的当事人也要求无限定的提出义务,禁止其隐匿案件事实,这会在一定程度上推翻辩论主义和证明责任规则。而例外化则能在坚持辩论主义和证明责任规则的前提下,兼顾双方当事人的武器平等和实现实质公正。事案解明义务是当负担举证责任的一方当事人发生举证困难时,为了查明事实而进行的活动。它的适用包含以下两个要件:负担举证责任的当事人因不可归责于自己的事由导致客观上的举证不能;非负举证责

---

① 姜世明:《举证责任与真实义务》,新学林出版股份有限公司 2006 年版,第 110 页。

任的当事人更易事案解明,且不会损害其权益,具有期待可能性。对于不负举证责任的当事人违反事案解明义务的,应当推定对方当事人的主张事实为真实,但应给予非负举证责任的一方当事人反驳的机会。

当事人事案解明义务和真实义务都是在对古典辩论主义进行修正和调整时产生的旨在实现当事人之间的武器平等与机会均等,促成当事人协力厘清案件事实,从而发现真实,实现实质上的平等与正义。事案解明义务的适用要求当事人具有期待可能性,这如同真实义务的适用例外,均受当事人隐私权、避免受到刑事追诉等情形的制约。真实义务要求当事人双方真实且完全地陈述案件事实,极尽可能提供诉讼资料,协力发现真实。从这一点来看,它也是非负担举证责任当事人履行事案解明义务的理论基础之一。但二者的不同之处也是相当明显的,真实义务着重于强调当事人在消极意义上的不作为,事案解明义务则要求当事人通过作为来解明事案。在法律后果方面,如果当事人明知案件事实而作出不实陈述,则违背了真实义务;而当事人在明知案件事实的情况下拒绝陈述的,违反了事案解明义务。

第二节　当事人真实义务的边界

一、当事人真实义务与自认

自认是民事诉讼理论的重要内容,它是以辩论主义为基础的一项证据规则,现代大多数国家都在立法中规定了自认制度。民事诉讼中的自认,是指当事人一方对他方所主张的不利于己的事实承认其为真实的意思表示。[1]它包含明示与默示自认、先行与后行自认、完全与限制自认等分类。自认的理论基础是当事人主义诉讼模式下的辩论主义。[2] 民事诉讼处理私权纠纷,自认是

---

① 赵钢:《我国民诉证据立法应当确立、完善自认制度》,载《法商研究》1999 年第 5 期。

② 辩论主义包括:(1)法院不得以当事人没有主张的事实和证据作为判决的事实依据。(2)对当事人双方都没有争议的事实,法院不仅没有必要用证据加以确认,而且也不容许法院做出相反的认定。(3)法院对证据的调查只限于当事人双方在辩论中所提出来的事实。对于当事人没有在辩论中主张的事实,即使法官通过职权调查已得心证,仍然不得作为裁判的基础。——参见张卫平:《诉讼的构架与程式——民事诉讼的法理分析》,清华大学出版社 2000 年版,第 420 页。

双方当事人对自认的事实达成了一致意见,从而排除了法院的干预与审查,以此来保障当事人充分的处分权。自认制度在民事诉讼中发挥着独特的价值与作用,对于法院来说,有利于简化民事诉讼程序、节约司法成本;针对当事人,自认制度则可以减少当事人间的对抗,加速民事纠纷的解决。

自认制度最为核心的内容是其效力问题,它对当事人和法院均产生一定的效力。首先,自认对法院的效力表现为法院应当以自认的事实作为裁判的事实基础,无需其他证据证明。其次,自认对当事人而言,要求作出自认的一方当事人受其自认的拘束,非经法律规定的条件和程序,不得任意撤销。最后,自认对对方当事人产生免除其举证责任的效力。但自认的效力并非绝对的。自认作为辩论主义项下的一项规则,通常来讲,应当尊重当事人的自认,排除法院的职权。有学者因此而认为,既然排除了法院对事实的认定权,也就必须容忍自认事实的非真实性,即使以法官的自由心证得出该事实可能有伪时,法院也不得否定该自认的事实。[①]这一观点过于绝对化,只考虑到了辩论主义,而并未关注诚实信用原则与当事人真实义务。随着诚实信用原则和真实义务在各国的确立,自认的效力也应当受到一定的限制。当事人的自认与当事人真实义务具有一定的交叉,真实义务规制辩论主义项下当事人的非真实行为,那么必然会涉及对自认制度效力的约束与限制。

(一)真实义务与虚假自认

虚假自认是指在民事诉讼中,一方当事人对于对方主张的对自己不利的虚假的主要事实予以承认,意欲发生诉讼上自认的效果的行为。虚假自认是当事人滥用诉讼权利的行为,其侵害了对方当事人,甚至案外人以及社会公共利益。虚假自认主要分为两类,一类是针对对方当事人的虚假自认,另一类是针对案外第三人的虚假自认。第一类主要表现为当事人通过虚假自认来制造陷阱,扰乱对方当事人的攻击防御策略,使其疏于收集和整理证据资料,待虚假自认人的目的达成后,其又以自认非真实申请撤销,致使对方当事人陷入混乱,处于不利的诉讼境地。针对案外第三人而实施的虚假自认在司法实践中十分常见,一般是由双方当事人恶意串通,由一方当事人虚伪起诉,另一方当事人在诉讼中作出虚假自认,合力骗取法院的确定判决,以此来损害案外第三人的利益。在诉讼中通常表现为双方当事人利用虚假自认来转移财产,躲避案外第三人的追索,从而逃避债务。虚假自认极易导致虚假事实在诉讼中被

---

① 张卫平:《诉讼的构架与程式——民事诉讼的法理分析》,清华大学出版社 2000 年版,第 420 页。

真实化,阻碍发现真实。虚假自认人滥用诉讼技巧,借助于法院的判决,侵害对方当事人和案外第三人的合法权益,损害司法的公正和权威。

虚假自认的核心问题在于,当事人所做的虚假自认效力如何。根据不同的诉讼观,会得出截然相反的答案。古典辩论主义实行自由主义诉讼观,其主张诉讼是双方当事人依据诉讼规则进行的争斗,法官仅能作为旁观者居中裁判。庞德将这种诉讼观念称为"司法竞技理论"。[①] 依据古典辩论主义原则,法院应当受到虚假自认的拘束,即应当限制法官的职权调查权,肯定虚假自认的效力,法官应当依据虚假自认的主要事实进行裁判。

20 世纪以后,古典辩论主义由于有违诉讼的公平与正义而逐渐受到批判,在批判的基础上各国都逐渐加强了法官的职权,社会的诉讼观逐渐兴起。在社会诉讼观的指引下,古典辩论主义得到了修正。修正辩论主义强化了法官的职权,强调法官与当事人的协同关系,规定了法官的释明权和当事人的真实义务来对古典辩论主义的弊端进行补救。当事人真实义务要求当事人真实、完全的陈述,禁止当事人主张明知非真实的事实或者故意对对方当事人提出的真实事实进行争执。当事人真实义务是发现真实、实现公正的一种手段。它禁止当事人故意虚伪陈述,而虚假自认是当事人对非真实事实的承认,它违背了真实义务的要求。因此,在坚持当事人真实义务的同时,必须否定虚假自认的效力,其不产生拘束法官的效力。当事人虚假自认不产生自认的效力,这是否意味着对当事人自由处分权的否定。并非如此,虚假自认意在防范对自认的滥用,保障当事人在法律规定的范围内自由行使处分权,实为对处分权的保护。虚假自认会侵害对方当事人、案外人的合法权益,甚至损害和动摇司法权威,因此当事人不享有虚假自认的处分权。

真实义务强调当事人不能积极说谎,但对于疑虑的事实,允许当事人主张与争执。违反真实义务的认定应在当事人开始相信存在着不真实的地方界定界限。[②] 同理,认定虚假自认,也应当限定在自认人已知其自认的事实为虚假而仍然做出自认之时。当自认人将非诚信想法付诸实践,意欲进行虚假自认时,其行为的性质在此刻发生了变化,从不法意图转变为违法行为。此时虚假自认开始侵害法律保护的合法权益,那么法律责任便开始发挥作用,对虚假自

---

① [意]莫诺·卡佩莱蒂等:《当事人基本程序保障权与未来的民事诉讼》,徐昕译,法律出版社 2000 年版,第 136 页。

② [德]奥特马·尧厄尼希:《民事诉讼法》,周翠译,法律出版社 2003 年版,第141 页。

认人进行法律规制。具体来讲,针对对方当事人和案外第三人的虚假自认,法官应当在真实义务原则的指导下,否定其自认的效力,其对当事人和法院都不产生拘束力。

在认定虚假自认时,法官不能主观臆断,应当根据经验法则、生活阅历来查明当事人自认中的非真实,并分析案件的证据资料,依据理性进行自由裁量。在裁判中法官也应当对虚假自认的认定理由公开心证,并在判决书中予以列明,以防对当事人进行裁判突袭。同时应当赋予当事人一定的程序异议权,以此来维护当事人的程序权利和司法权威,避免对于客观真实极度化的追求。

(二)真实义务与拟制自认

拟制自认是指当事人在诉讼过程中对对方当事人所主张的事实不争执、作不知陈述或作出其他应当认定为有承认意思的行为所构成的自认。① 拟制自认不同于明示自认的特殊之处就在于表现形态上。明示自认是由当事人清楚地将于己不利的事实予以承认,拟制自认则不然。它是当事人对相对方主张的于己不利的主要事实不置可否,态度模糊。依据"模糊"的表现形态,拟制自认分为三种类型。

第一种是当事人不争执型拟制自认,是指一方当事人对于对方当事人提出的事实不作表态和任何争执所形成的拟制自认。它是最普通的类型,被各主要国家纳入立法中。《日本新民事诉讼法》第 159 条第 1 款规定:"当事人在口头辩论之中,对于对方当事人所主张的事实不明确地进行争执时,视为对该事实已经自认。但是,根据辩论的全部旨意,应认为争执了该事实时,则不在此限。"②《德国民事诉讼法》第 138 条第 3 款规定:"没有明显争执的事实,如果从当事人的其他陈述中不能看出有争执时,即视为已经自认的事实。"③加拿大《魁北克民法典》第 2851 条规定:"自认可明示或默示进行。除法律特别规定的情形外,沉默不得推定为自认。"我国《最高人民法院关于民事诉讼证据的若干规定》第 8 条第 2 款规定:"对一方当事人陈述的事实,另一方当事人既未表示承认也未否认,经审判人员充分说明并询问后,其仍不明确表示肯定或

---

① 廖永安,胡军辉:《试论民事诉讼中的拟制自认》,海南大学学报(人文社会科学版)2007 年第 4 期。

② 白绿铉:《日本新民事诉讼法》,中国法制出版社 2000 年版,第 79 页。

③ 《德意志联邦共和国民事诉讼法》,谢怀栻译,中国法制出版社 2001 年版,第 36 页。

者否定的,视为对该项事实的承认。"

第二种是当事人不知陈述型拟制自认,是指一方当事人对对方当事人主张的事实回复不知道、不清楚等所形成的拟制自认。当事人作不知陈述,并不等同于不争执,可能是当事人客观上不记得,也可能是当事人有意隐瞒,此时较难判断当事人的真实意图。由于情况的复杂性,各主要国家对这一类型也存在较大的立法差异。

《德国民事诉讼法》第 138 条第 4 款规定:"对于某种事实,只有在它既非当事人自己的行为,又非当事人自己能亲自感知的对象时,才准许说不知,否则承担自认的不利后果。"①《日本新民事诉讼法》第 159 条第 2 款规定:"对于当事人主张的事实,已作出不知的陈述的,则推定为争执了该事实。"②我国台湾地区"民事诉讼法"第 280 条第 1 款规定:"当事人对于他造主张之事实,为不知或不记忆之陈述者,应否视同自认,由法院审酌情形断定之。"比较以上各国和地区的立法可知,日本立法否认当事人不知陈述为自认③,德国和我国台湾地区有条件地推定当事人不知陈述为自认。但具体而言,德国在法条中明确规定不知陈述的范围为当事人自己行为之外和认识之外的对象,限制得较为苛刻;我国台湾地区在立法中并没有明确规定当事人不知陈述的要件,而是由法官依据自由心证酌情裁量是否构成自认,较为合理。

第三种是当事人消极行为型拟制自认,主要是指当事人在法定期日无正当理由不到庭,又未提出书状进行争执,除法定事由外,将此消极行为视为自认。这一类型的拟制自认在一些国家和地区也都做出了规定。《德国民事诉讼法》第 331 条第 1 款规定:"被告在言词辩论期日不到场,原告申请为缺席判决时,原告所为关于事实的言词陈述,视为得到被告的自认。"④《日本新民事诉讼法》第 159 条第 3 款规定:"本条第一款的规定,准用于当事人在口头辩论的期日不出庭的情况。但是,对该当事人以公告送达进行传唤的,不在此

---

① 《德意志联邦共和国民事诉讼法》,谢怀栻译,中国法制出版社 2001 年版,第 36 页。

② 白绿铉:《日本新民事诉讼法》,中国法制出版社 2000 年版,第 73 页。

③ 但也存在例外:己方当事人做出了不知道的陈述,其表达了否认的意思,但是如果这种否认的意思存在不合理的情形时,应当将其排除。至于不合理情形的表现形式有哪些,范围有多大,则应当由法官在证据调查结果的基础上,根据自由心证来进行判断。

④ 《德意志联邦共和国民事诉讼法》,谢怀栻译,中国法制出版社 2001 年版,第 82 页。

限。"①我国台湾地区"民事诉讼法"第 280 条第 3 项规定:"当事人对于他造主张之事实,已于相当时期受合法之通知,而于言词辩论期日不到场,亦未提出准备书状争执者,准用第一项之规定。但不到场之当事人系依公示送达通知者,不在此限。"

拟制自认对对方当事人和法院的效力与明示自认无异,特殊之处就在于对拟制自认人的效力,即作出拟制自认的一方当事人是否享有追复权。对这一问题只有我国台湾地区作出了明确规定。我国台湾地区"民事诉讼法"第447 条第 2 项规定:"在第一审就事实或证据所为之陈述,得追复之。"而理论界对拟制自认的追复问题存有十分大的争议。从真实义务的角度来看,对于不争执型拟制自认,真实义务要求当事人不得对对方当事人主张的事实故意保持沉默,加之法官对法律后果进行了释明,在此种情形下,当事人就应受到不争执拟制自认的规制,而不得在其后的诉讼中进行争执和追复。对于不知陈述型拟制自认,法官对当事人的不知陈述判定为拟制自认后,其自由裁量所依据的法理基础并不牢靠,当事人很可能存在确实遗忘案件事实的情形。加之当事人的不知陈述并不代表不作任何争执,而是一种反对力弱小的争执,故而此种不知陈述不能认定为是对真实义务的完全违背而一经作出即由自认人承担不利后果。因此为了发现真实,减少错案的发生,应当赋予拟制自认人一定程度的追复权。同时,考虑到自认制度功能的有效发挥,应当将自认人的追复权限制在一审范围。当事人在言词辩论期日不出庭型拟制自认,由于当事人的这一消极行为严重背离诚实信用和真实义务,影响了诉讼秩序和程序公正,所以应当受到拟制自认后果的拘束,而不得追复。

一直以来,当事人真实义务都是作为拟制自认的法理基础来讨论的。上文已经提到广义的真实义务包含真实义务与完全义务,廖永安教授对此进行了精辟的概括:狭义的真实义务旨在禁止当事人撒谎;广义的真实义务旨在既禁止当事人撒谎,又禁止当事人沉默。②依照狭义的真实义务的要求,它禁止当事人在诉讼中主张非真实的事实或者对对方当事人提出的真实事实予以争执。但是这一要求并不强求当事人必须陈述于己不利的事实,当事人对于对方当事人主张的事实不争执、不知道、为消极行为,这和狭义的真实义务的精神内涵并不冲突,当事人是否进行争执,要结合真实情况进行考察。当事人所

---

①　白绿铉:《日本新民事诉讼法》,中国法制出版社 2000 年版,第 73 页。

②　廖永安、胡军辉:《试论民事诉讼中的拟制自认》,载《海南大学学报(人文社会科学版)》2007 年第 4 期。

作出的不争执、不知道、消极行为这一系列表现,依据对真实义务的理解,可以看作是当事人既不认为对方当事人所主张的事实非真实而随意加以争执,也不能恶意作出非真实的陈述进行争执,因此只能通过这一系列的不争执表现来表明态度。由此可以认为拟制自认并不是因当事人这一系列不争执表现违反真实义务而赋予其不利后果,而是依据当事人真实义务的主旨,当事人双方在各自遵守真实义务的前提下对争议事实作出的特殊的真实认定。

完全义务乃要求当事人就判决基础之生活事实就所有可预见重要之点加以陈述,而不得就其不利部分沉默而致扭曲事件发生之图像。[1] 在很大程度上完全义务可以看作拟制自认的理论来源之一。在不争执型拟制自认中,当事人的沉默态度是对完全义务的违反,因而要受到拟制自认不利后果的拘束,完全义务是不争执型拟制自认的理论基础;但对于不知陈述型和消极行为型拟制自认,由于当事人作出不知道的陈述或在言词辩论期日不出庭都不属于完全沉默的行为,并未违反完全义务,因而完全义务不能作为二者的理论来源。

(三)真实义务与认诺

认诺是在区分自认客体的基础之上而产生的,理论界通常将对事实的承认称为自认,对诉讼请求的承认称为认诺,也有将其称为事实自认与权利自认的。按照赵钢教授的观点,认诺是指被告(反诉被告亦同)对原告的诉讼请求,即某种实体权利义务关系之主张予以承认。[2] 依定义可知,认诺的主体限于被告;认诺的客体是诉讼请求,包括被告的反诉请求;认诺应当以积极明示的方式向法院作出,不以对方当事人收受为要件;认诺须在民事诉讼过程中作出,包含一审、二审和再审阶段。通说认为认诺不是私法行为,而是能够直接引起民事诉讼法律关系发生变更的诉讼行为,它会对当事人和法院产生一定的拘束力。认诺一经作出,便会对认诺人产生消极拘束力,不得任意撤回认诺。对于对方当事人会带来诉讼上的利益,能够免除其对相关事实的举证责任,轻而易举取得胜诉。认诺也会免除法院法律判断的义务,法官直接依据认诺作出裁判。

认诺和自认存在以下相似点:(1)二者都是对对方当事人的诉求予以承认;(2)二者都是由当事人在诉讼过程中作出的;(3)认诺人和自认人都不能任意予以撤销;(4)都免除了相对方相应的举证责任;(5)都禁止法院对认诺或自

---

① 姜世明:《举证责任与真实义务》,新学林出版股份有限公司 2006 年版,第 405 页。

② 赵钢、刘学在:《试论民事诉讼中的自认》,载《中外法学》1999 年第 3 期。

认的诉讼请求和事实再行审理,法院只能依相应内容作出判定。二者也存在着极大的不同,具体表现在:(1)对象不同。认诺针对的是具有裁判终局目的的诉讼请求,自认的对象是于己不利的事实;(2)主体不同。作出认诺的只能为处于被告地位的当事人,自认则是双方当事人均可作出;(3)认诺不能附带条件,自认则可以附带条件;(4)认诺是诉讼行为,一经作出,则产生诉讼法上的效力,而相当多的学者则认为明示自认的成立须具备效果意思要件;(5)后果不同。认诺排除了法院对诉讼请求的判定,直接判决认诺方当事人败诉,而法院虽无需认定自认的事实,但仍需依自认事实对诉讼请求作出裁判;(6)自认可以成立拟制自认,但却没有拟制认诺。当事人在法定期日无正当理由拒不到庭会成立拟制自认,但却不能将其拟制为认诺了对方的诉讼请求。

认诺是民事诉讼当事人的一项权利,而且是具有实体内容的利他权,它能够为相对方带来免除举证、获得胜诉的实体利益。剖析其背后的深层含义,可以看出认诺是对当事人真实义务的更高要求。广义的真实义务包含真实、完全地陈述事实的含义,认诺却不限于此。它是认诺人对对方当事人的诉讼请求予以承认的一项自由,一经作出,法院必须依此直接判决认诺人败诉。可以看出认诺源于当事人真实义务,但却是高于真实义务的当事人的一项权利。同样的,源于当事人真实义务的要求,在认诺人作出认诺后,若认诺所依据的民事法律关系事实明显非真实,或与法官司法认知的事实完全相反,或与法院依法查明的事实明显不相符,则认诺不产生任何拘束力。

(四)真实义务与自认的撤销

自认是当事人行使处分权的重要表现,自认人在作出自认后应当受到自认的拘束,不得任意撤销自认。对自认的随意撤销不仅会对对方当事人造成诉讼突袭,难以保障双方当事人的平等诉权,还会破坏民事诉讼程序的安定。但是自认是当事人对于相对方主张的于己不利的事实予以承认,从而创造出不争执的状态,如若在任何情况下都不允许当事人对自认进行有条件的撤销,难免对于当事人过于严苛。同时,基于当事人真实义务的要求,自认也应当在当事人遵守真实义务的基础之上进行,自认的撤销也应当在一定程度上受制于真实义务。

对于自认的撤销,各国在立法上各有不同。日本通说认为符合以下条件可以撤销自认:(1)征得对方当事人许可可以撤销自认。既保护了相对方的信赖利益,又维护了当事人的处分权。(2)因对方当事人或第三人所实施的应受到刑法规制的违法行为所导致的自认。(3)自认非真实,而且是因当事人的认识错误而导致。理论界对前两种情形争议不大,但对第三种情形却存在如下几种分歧。

"不可撤销论"认为自认在成立后即不得撤销,其意在保护对方当事人的信赖利益,防止诉讼突袭。我国澳门地区立法采用了此观点。"不真实一元论"主张自认人如若证明自认的事实非真实即可撤销自认,不要求其认识上存在错误。我国台湾地区在民事诉讼立法上采纳了此观点。① "错误一元论"认为自认人只要证明自认是因认识错误所造成的就可以撤销自认,意在强调自认人在作出自认时是否客观正确地判断对方当事人所主张的于己不利的事实。意大利、法国和菲律宾采这一观点。除此之外,加拿大立法主张"误解一元论",要求自认人证明是由于认识上的误解产生自认。"可撤销二元论"认为必须同时具备不真实和错误两个要件,才能撤销自认。也即自认人应当证明其自认的事实非真实并且主观上存在认识错误,唯有如此才可以撤销自认。

在笔者看来,基于当事人真实义务的考虑,可撤销二元论的主张较为合理。自认人撤销自认应满足以下两个要件:自认的事实不真实;自认人在主观上存在不可归责于己的错误认识。在具体适用上应当注意,当事人自认的事实非真实在主观上的原因可能是出于善意,也可能是出于恶意。出于善意的情形可能是当事人基于诉讼经济的考虑,在某些争点上向对方当事人作出一些让步,在不违反法律的前提下,此种自认是成立的。但是,对方当事人因信赖自认成立而怠于收集证据资料,导致错过最佳举证时机,此时如若允许自认人撤销自认,则会给相对方造成诉讼突袭,导致实质上的不公正。所以,此种情形不允许自认人撤销自认。在当事人出于恶意而自认非真实的事实时,从真实义务出发,无论如何都不允许自认人撤销自认。在对当事人的主观上的认识错误进行认定时,应当注意过错和过失的区别。自认人由于主观上的过错而造成认识错误的,不允许撤销自认。② 这仍然是法律基于真实义务的要求,不允许恶意的虚假自认。在当事人的主观状态为过失时,通常也不允许撤销自认。这是由于在诉讼中当事人负担真实陈述的义务,而且自认是当事人

① 我国台湾地区民事诉讼法修正草案就有关撤销自认之规定,已将"民事诉讼法"第279条第3款的规定中的"错误"要件删除,只保留了"不真实"要件。

② 最典型的例子是,按照自认当事人的预想,如果自认人承认甲事实的存在,对方当事人就会承认乙事实的存在,如果对方当事人承认乙事实的存在,自认人就能胜诉。于是,自认在不能肯定甲事实是否真实的情况下主动承认了甲事实存在(带有设置圈套的意味),但自认后由于对方当事人没有承认乙事实的存在而可能败诉,进而要求撤销自认就不应被允许。引自廖永安,胡军辉:《试论民事自认的效力》,载《中南大学学报(社会科学版)》2006年第6期。

自愿作出的,所以对于没有把握的案件事实当事人可以如实说明,而不必因主观过失而造成认识错误,进而形成自认后又对其进行撤销。笔者认为此处也有例外,自认人由于轻微过失形成自认,其很快发现认识错误并纠正,对方当事人也并未遭受信赖损失的,可以允许撤销自认。而通常情况下的认识错误既非过错,也非过失,一般理解为不能归责于当事人的客观原因,此种情况的自认允许撤销。①

二、当事人真实义务与证明

(一)当事人真实义务与证明妨碍

英国在 1722 年的司法判例中就确立了证明妨碍的概念,体现了"所有的事情应被推定不利于破坏者"的法谚。基于不同的理念和文化,关于证明妨碍的内涵至今仍然没有统一的认识。松冈义正教授认为,证明妨碍是指承担证明责任当事人的对方当事人,故意令承担证明责任当事人不能举证或举证显有困难时,而承担证明责任当事人的主张有反对事实足资证明的,即可推定为真实。② 台湾学者骆永家认为:"证明妨碍者,系指不负证明责任之当事人,因故意或过失,以作为或不作为,使负有证明责任之当事人之证据提出,陷于不可能时,在事实认定上,就举证人之事实主张,作对该人有利之调整而言。"③大陆学者对证明妨碍的理解也各有不同。唐力教授主张证明妨碍,是指在诉讼中一方当事人对他方的立证活动故意实施妨害行为,比如故意毁损证据等行为,从而导致一方当事人立证困难。④ 张卫平教授认为,证明妨碍指不负有证明责任的一方当事人通过作为或不作为阻碍负有证明责任的一方当事人对其事实主张的证明。⑤

在一些国家和地区的立法中也都规定了证明妨碍制度。《日本民事诉讼法》第 224 条规定,"当事人不服从提出文书命令时,法院可以认定对方当事人

---

① 例如,某乘客因飞机失事从 5 000 米高空掉下,经多方寻找未发现任何生还踪迹,按常理该乘客必死无疑,因此某保险公司对其死亡事实作了自认。后该乘客因被树枝挂住而奇迹般地生还,此时,就应该允许保险公司撤销自认。引自廖永安,胡军辉:《试论民事自认的效力》,载《中南大学学报(社会科学版)》2006 年第 6 期。

② [日]松冈义正:《民事证据论》,张知本译,中国政法大学出版社 2004 年版,第 61 页。

③ 骆永家:《证明妨碍》,载《月旦法学杂志》2001 年第 2 期。

④ 唐力:《民事诉讼构造研究》,法律出版社 2006 年版,第 137~138 页。

⑤ 张卫平主编:《民事证据制度研究》,清华大学出版社 2004 年版,第 285 页。

所主张的关于该文书的记载为真实;当事人以妨碍对方当事人使用为目的,毁灭有提出义务的文书或以其他方法使之不能使用时,与前款规定亦同,在本条前两款规定的情况下,对方当事人对于该文书的记载提出具体主张并以其他的证据证明用该文书应证明的事实非常困难时,法院可以认为相对方关于该文书的主张为真实。"[①]《美国联邦民事诉讼规则》第 37 条第 2 款(2)项(A)规定,对不服从法院证据开示命令的,根据对方当事人的申请,法院可以认定当事人所主张的事实为真实,而不必经过法官或陪审团面前的证明。[②] 我国台湾地区"民事诉讼法"第 282 条第一款规定:"当事人因妨碍他造使用,故意将证据灭失、隐匿或致碍难使用者,法院得审酌情形认他造关于该证据之主张或依该证据应证之事实为真实"。

　　虽然关于证明妨碍制度的立法以及理论研究众说纷纭,但探究证明妨碍的法理基础却具有相同点,即都是以当事人真实义务作为基础理论之一。现代民事诉讼越来越注重法官与当事人协力发现真实,从当事人出发,意在强调双方当事人的协同关系,淡化对抗关系。当事人真实义务作为证明妨碍的理论来源之一,尽可能通过发现真实来保护当事人的民事权益,并且通过提升诉讼效率和实现当事人的武器平等来适时维护民事权益。证明妨碍行为导致当事人之间的民事证据利益呈不均衡状态,基于权利义务的一致性和民事诉讼结构的对等性考虑,真实义务作为当事人行为的标尺,对这一不平衡状态进行调控。真实义务旨在要求当事人作出真实陈述以及提供真实的证据资料,即使当事人不承担证明责任,也不得在诉讼中实施证明妨碍行为,致使对方当事人提出证据受阻。在诉讼中当事人实施证明妨碍行为,就是对真实义务的违反,应当承担不利的法律评价。

　　证明妨碍的构成要件主要包括主观和客观两个方面。客观方面主要包括:第一是行为要件,必须实施证明妨碍的行为,包含作为和不作为。作为的证明妨碍行为是当事人通过作为方式来实施妨碍证明的行为,如隐匿或者毁损重要证据;不作为的证明妨碍行为是指当事人有保管证据等义务,但却以消极不作为的方式违反相应义务,如当事人不向法庭提交不利于己的证据。它是证明妨碍的首要要件。第二是结果要件,出现事实处于真伪不明的状态,亦即对于待证事实证明困难或者证明不能。它是最根本的要件,如若没有结果要件,即使当事人实施证明妨碍行为,也不能据此对其作出不利评价。第三是

---

　①　白绿铉:《日本新民事诉讼法》,中国法制出版社 2000 年版,第 88 页。

　②　白绿铉:《美国民事诉讼法》,经济日报出版社 1996 年版,第 101 页。

因果关系要件,证明妨碍的行为要件与证明妨碍的结果要件之间存在直接的因果关系。证明妨碍行为导致了待证事实的证明困难,同时,证明不能的状态也是由妨碍行为造成的。

证明妨碍的主观要件即过错,过错是当事人在主观上可归责的状态,包含故意与过失。证明妨碍的主观要件是故意还是包含故意与过失两种状态,在立法和学界都存在争议。日本、德国和我国台湾地区的民事诉讼立法都将证明妨碍的主观过错限定为故意。但是,由于过失证明妨碍具有高度的实用性,大陆法系的司法实务和诉讼理论并没有拘泥于立法,而是认为任何程度的过失,应均足以充当证明妨碍之可归责性要件。① 笔者以为,从当事人负有的真实义务以及保障当事人间的公平考虑,应当承认过失证明妨碍的正当性。具体理由在于:首先,虽然在主观恶意程度上过失不及故意,但过失证明妨碍也违反了真实义务,造成对方当事人的证明困难。其次,故意与过失心理状态的区分界限较为模糊,如若仅将证明妨碍主观要件限定为故意的话,则会加高适用的门槛,并且容易导致当事人通过过失来规避证明妨碍法律责任。最后,司法实践中存在众多的过失证明妨碍行为亟须法律予以规制。同时也应注意,故意与过失证明妨碍毕竟在主观恶性上明显不同,所以在适用上应当有所区别。过失证明妨碍的当事人须以负有法定或约定义务为前提,并且对于过失证明妨碍的制裁也应当轻于故意证明妨碍。

(二)当事人真实义务与证据失权

民事诉讼证据失权制度,亦称证据失效制度,它是指在法律规定或法院指定的期限内,负有举证责任的当事人没有向法院提出的证据,在期限经过后不得再次提出,当事人因此而丧失证据提出权和证明权的一项制度。② 它具体包含两方面的内容:一为期限,即在法律规定的或者法院指定的期限内;二为后果,承担举证责任的当事人如若在此期间内拒绝提供或不能提供证据,就会发生失权的法律后果,当事人此后即不得提出证据或者提出的证据也不会为法院所采纳,从而丧失证明效力。

证据失权是对当事人非诚实地行使证据提出权而作出的制裁,它是以当事人真实义务作为法理基础之一的。当事人真实义务一方面要求当事人依法行使诉讼权利,禁止通过违法行为损害第三人和社会公共利益;另一方面通过

---

① Vgl. Baumgärtel, *Beweislastpraxis im Privatrecht*, 1996, Rdnr. 122 m.w.N. 转引自姜世明:《新民事证据法论》,新学林出版股份有限公司 2009 年版,第 311 页。

② 蔡虹、羊震:《民事诉讼证据失权制度初探》,载《法商研究》2000 年第 6 期。

平衡双方当事人的诉讼权益来发现真实、实现诉讼公正。真实义务在广义上还要求当事人在民事诉讼中应当依法按时提供证据,禁止逾期提供证据。如若当事人懈怠或者拒不按时提出证据,或者通过玩弄诉讼技巧、隐瞒证据等方式进行攻击防御,致使相对方举证困难的,那么其行为就明显违背真实义务而应当受到制裁。而最有效的制裁方式就是排除逾期证据在诉讼法上的效力,致使当事人失权。同时,基于真实义务对当事人主观过错的要求,证据失权也具有多元性和相对性,其排除了非因当事人主观过错而导致的证据失权后果,增强了正当性。证据失权能督促当事人依法按时举证,主动收集并及时提出证据,从而很好地贯彻当事人真实义务。

当今世界很多国家在立法上都规定了当事人提供证据的期限,逾期提交证据的,则会产生失权的不利后果。大陆法系各国都基本采取证据适时提出主义,德国将证据提交期限限制为法庭辩论终结前,日本则限定为准备程序结束前。但各国都采取了酌定证据失权制度,赋予法官一定的自由裁量权决定是否接纳逾期证据。我国在2012年新修改的民事诉讼法中首次规定了证据失权制度,并借鉴大陆法系国家的做法,采取酌定证据失权制度,是为证据立法的一大进步。

(三)当事人真实义务与证明责任

证明责任包含主观证明责任与客观证明责任,客观证明责任是证明责任内涵的精髓,在一定程度上决定着主观证明责任的存在。客观证明责任即"当诉讼中的一项事实主张最终不能被证明时,也即在法官自己对该项事实主张存在或者不存在始终不清楚的条件下,由何方负担不利后果的问题"。[①] 通常理解为当要件事实真伪不明时应当由哪一方当事人承担不利后果的负担。主观证明责任是指当事人在诉讼中为了避免败诉的风险,而通过提供证据对争议事实予以证明的责任。客观证明责任属于狭义的证明责任,是法律预设的解决案件真伪不明的方法论;而主观证明责任是客观证明责任在诉讼上的"投影",是由客观证明责任决定的,随着法官心证、证明程度的变化在双方当事人之间移转。

辩论主义是证明责任存在的理论前提之一,因为只有在辩论主义的支配下,诉讼资料才是由当事人收集和提供的,也才会产生要件事实真伪不明的情形。但问题在于,证明责任的这一理论前提与当事人真实义务产生了些许冲

---

① 〔德〕汉斯·普维庭:《现代证明责任问题》,吴越译,法律出版社2006年12月第1版,第11页。

突。根据当事人真实义务的要求,当事人应当作出真实且完全的陈述。这一要求是否改变了证明责任的分配,同时也体现出了辩论主义与真实义务的紧张关系。

证明责任和真实义务的紧张关系首先触及对完整义务的理解,即完整义务是否是真实义务的组成部分,是否具有独立的内涵。① 笔者前已述及,完全义务是真实义务不可或缺的一部分,但它是依附于真实义务而存在的,是真实义务范畴内的完全义务。真实义务旨在禁止当事人主观故意的非真实陈述,而完全义务则意在约束当事人故意对事实隐瞒不说、不完全陈述,是从积极的层面来诠释当事人真实义务的。根据德国的通说,完整义务只是禁止当事人只提出某个事实经过的一个片段,而恶意将其他部分隐去以使法官获得错误的认识。沉默并不构成对完整义务的违反。② 由此可知,不论是真实义务抑或是完全义务,都不要求当事人对于己不利的要件事实承担诉讼上的证明责任,完全义务并未触及客观证明责任。如若有所影响,完全义务也只可能在主观举证责任范畴内发挥一定作用。德国理论界将主观证明责任进一步区分为客观举证责任与主观举证责任。客观举证责任立足于要件事实的提出,并不关心其具体是由哪一方当事人提供的。相较主观举证责任而言更具意义。所以,当事人真实义务并未触及民事诉讼证明责任理论,二者并不冲突。

此处还涉及另外一个问题,真实义务是否又是证明责任减轻③的一个因素?众所周知,证明责任分配理论是以规范说的法律要件分类说作为通说的,即便如此,其仍然极富争议。在德国和我国台湾地区,部分学者认为规范说的悖离标准不应当以单纯的个案因素作为考量标准,而应当指称类型化的个案群。此处规范说的适度修正即证明责任减轻理论。从广义上讲,证明责任减轻包含证明责任转换、表见证明、证明度减低、证明妨碍、具体化义务降低或一

---

① [德]罗森贝克,施瓦布,哥特瓦尔德:《民事诉讼法》第 76 节边码 2。转引自任重:《民事诉讼真实义务边界问题研究》,载《比较法研究》2012 年第 5 期。

② [德]罗森贝克,施瓦布,哥特瓦尔德:《民事诉讼法》第 76 节边码 2。转引自任重:《民事诉讼真实义务边界问题研究》,载《比较法研究》2012 年第 5 期。

③ 证明责任减轻理论是德、日等国在现代民事司法实践中相继发展出来,作为传统证明责任分配理论调整实际证明之手段不足这一缺陷的弥补方案。所谓"证明责任减轻",其实是在诉讼过程中根据证明的具体情境,通过一定的证明技术规则来对无充分证据情况下的案件事实判断作出替代认定的制度方案。通过这些制度的运用将以往认为真伪不明而需适用证明责任裁判来处理的情形予以压缩,从而降低了负证明责任当事人的败诉风险。

定条件下加重非负证明责任一方当事人的说明义务等。对于当事人真实义务,学理上通常不将其作为证明责任减轻制度之一环。但我国台湾地区学者沈冠伶却将真实义务作为若干证明责任减轻制度的理由建构基础,用以解释当事人的一般事案解明义务。笔者对此不能认同。要求非负证明责任的一方当事人承担事案解明义务,是基于诚实信用原则,在一定条件下赋予一方当事人的,此时强化非负证明责任一方当事人的说明义务是作为证明责任减轻的方式之一,其法理依据在于诚实信用原则,而并非援引当事人真实义务作为依据。综上所述,当事人真实义务虽然具有诚实信用原则的性质,但通常并不作为证明责任减轻制度的一环,而是被认为是对当事人诉讼上说谎行为的禁止和诚实行为的要求。

三、当事人真实义务与沉默权

沉默权是刑事诉讼的一项重要内容,是指在刑事诉讼中对法官或追诉官员的提问,被追诉者享有拒绝回答或沉默的权利,并且不会遭受于己不利的推论。沉默权源于英国,其继承了英国早期法谚"任何人都没有控告自己的义务"的核心思想,最终于1688年在国王詹姆士二世诉七主教的案件中得以确立。英国于1898年在《刑事证据法》中确立了沉默权这一重要原则,并在1912年将其纳入法律规定中,在《法官规程》中作出了明确而详细的规定。[①]由此可见,沉默权是英国世俗法院和教会法院斗争的成果,最终成为世俗法院反对自我归罪的一项基本原则。

美国最早移植了沉默权,1789年在宪法修正案中即作出了明确规定,任何人都不能自证其罪,通过宪法对沉默权进行保障。著名的"米兰达诉亚利桑那州"一案对于沉默权在美国的发展产生了深远的影响。通过该案确立了"米兰达规则",即要求调查人员询问被调查人前必须告知其享有沉默的权利,被调查人可以拒绝回答,但他的任何话都会成为呈堂证供。

在刑事诉讼中犯罪嫌疑人和被告人享有沉默权,可以拒绝回答,而为什么在民事诉讼中当事人就必须要遵守真实义务?笔者认为有以下几个原因。

第一,刑事诉讼中强调控辩平衡,即要求控辩双方同等对抗,赋予其平等的力量,使双方势均力敌,处于平衡状态,以此实现司法公正。而控诉一方是代表国家对犯罪进行追诉的,启动并推动着刑事诉讼程序的发展。并且国家

---

① 英国《法官规程》共有九条,主要是针对沉默权的有关规定,分别规定了警方盘问和法官审理时犯罪嫌疑人、被告人都享有沉默权。

赋予控诉方相当的权力,提供大量的人力、物力、财力等资源来保障证据的收集。被追诉者相较而言则显得脆弱,他虽是刑事诉讼的主体,但国家仅赋予其一定程度的防御权,此种防御权是远远不能与控诉方的追诉权同日而语的。因此,为了平衡控辩双方的诉讼攻击预防与力量,促使双方力量均衡,必须赋予被追诉方以沉默权。民事诉讼则不同于刑事诉讼,它是在平等的双方当事人间展开的,当事人拥有平等的诉讼地位,不允许任何一方当事人享有诉讼上的特权。既然双方处于诉讼天平的两端,拥有相同的高度和地位,就不会出现刑事诉讼中控辩双方的不均衡状态,因此也就不存在赋予一方沉默权来对抗强势的另一方。在民事诉讼范畴内,双方当事人须履行真实义务,协助法官发现真实、实现诉讼公正。

第二,沉默权对于保障当事人的基本人权和程序公正具有重要意义。刑事诉讼的目的一般表现为惩罚犯罪和保障人权,而赋予被追诉者沉默权是保障人权的有效方法。沉默权的本质就在于对公民诉讼权利的保护,在刑事诉讼中,被追诉方诉讼权利保障的关键在于充分行使辩护权,沉默权就是对公民辩护权的有力保障。在犯罪嫌疑人和被告人没有主动供述犯罪行为时,司法机关不得使用暴力或者引诱其自证其罪。沉默权对于被追诉者而言,是具备道德因素的个人权利。刑事诉讼可能剥夺公民的人身自由甚至生命,因此法律容忍被追诉者在犯罪行为面前保持沉默,这也是立法者作为自然人的人道主义本性以及对自由和生命的尊重。但在民事诉讼中,公民的人身自由以及生命还未处于相当危险的状态,当事人也并没有陷入最后挣扎的困境,而是处在相对均衡的状态之中。民事诉讼是平等的双方当事人之间因民事纠纷而产生的诉讼,通常不涉及当事人的人身自由甚至生命,所以在民事诉讼中很少出现当事人为了人身自由和生命而虚假陈述的情况,较为普遍的是当事人的民事权益之争。此种情形下,并未出现人类的人道主义本性和生命道德所容忍的特殊情形,故而民事诉讼当事人仍应履行真实义务,刑事诉讼的被追诉者则享有沉默权。

第三,刑事诉讼是司法机关对犯罪行为的追诉,国家必然会投入巨大的司法资源,通过充足的证据来证明有罪或无罪。即使犯罪嫌疑人或被告人选择沉默,国家仍可运用强大的司法力量来查明案情、还原真相、实现正义。但民事诉讼涉及当事人的私益,证据的收集和提供是由当事人自己负责的。一方当事人在诉讼中虚假陈述易如反掌,而对方当事人却很难证明此种证据的虚假性,常常需要为此耗费大量的人力、物力和财力。即便如此,对于一些虚假证据,民事诉讼当事人仍不能证明其虚假性。因此,在民事诉讼中设置当事人真实义务可以减少此种情形的发生，促使当事人真实、完整地陈述，从而利于发现真实。

由此可知，刑事诉讼的被告人（犯罪嫌疑人）与民事诉讼的当事人是不同的。刑事诉讼的被告人基于基本人权的保障享有沉默权和不得自证其罪的权利，而民事诉讼当事人则须负担真实义务，对于案件事实作真实、完整的陈述，否则将承担于己不利的法律后果。

在和平建设年代，各法治国家总的来说坚持并发展了沉默权制度，但也有部分国家基于特殊的原因对此进行了一定的修改，对传统的沉默权进行了一定的限制，这些国家主要有新加坡、爱尔兰和英国，其中英国 20 世纪 80 年代后期以来对沉默权的限制引起了国际社会的广泛关注。① 对于沉默权的种种限制，也可以看作是对当事人真实义务一定程度上的借鉴。沉默权发源地的英国于 1988 年通过了《刑事证据法令》，对于沉默权作出了限制，在 1994 年的《刑事审判和公共秩序法》中又进一步限制了沉默权。美国的"米兰达规则"确立的是绝对意义上的沉默权，但此后确立的"抢救例外""公共安全例外"则对沉默权进行了限制。这些都表明在控辩力量不均的刑事诉讼中，基于社会公共利益等考量也须对公民权利的保护进行适当限制。

我国的刑事诉讼立法并未明确规定沉默权制度，《刑事诉讼法》第 43 条体现了犯罪嫌疑人、被告人是否陈述享有不受强迫的权利，但在第 93 条中却又规定了犯罪嫌疑人应当如实回答。一方面禁止刑讯逼供，另一方面又要求如实回答，混淆了沉默权与真实义务的界别，这是存在很大问题的。首先，什么是如实回答、违反的法律后果以及制裁措施是什么，都没有明确的标准，司法机关在实践中难以把握；其次，如实回答强化了口供中心主义的侦查模式，容易导致刑讯逼供；再次，如实回答将本应控诉方承担的举证责任转移给了被追诉人；最后，如实回答也不符合国际社会的刑事诉讼指导思想以及《公民权利与政治权利国际公约》的要求。因此，在沉默权与如实回答的立法选择上，笔者主张应当废除犯罪嫌疑人和被告人的如实回答的规定，并明确规定其享有沉默权。

---

① 孙长永：《沉默权制度研究》，法律出版社 2001 年版，第 55 页。

第三节　当事人真实义务的历史渊源与演变

一、中国古代当事人真实义务的考察

当事人真实义务是渊源于西方国家的一项法律制度,在我国的法律发展史中始终未曾觅得其踪迹。但考察中国的古代法律史,却似能窥见真实义务的影子。"诬告反坐"是贯穿于我国封建社会的法律原则,指的是故意虚构事实向司法机关控告某人,致使无罪之人被判决有罪,抑或使罪轻的人被判重罪,告人者就要按照他所诬告他人的罪遭受惩罚。恶意虚构事实,故意增加普通人的责任风险,不但会严重侵害被诬告者的人身权益,还会破坏司法权威,危及统治秩序。因此,为了维护统治阶级利益,巩固封建阶级的统治秩序,达到统治阶层所期望的"省刑息诬"的状态,封建社会历来都严厉打击诬告行为。

诬告反坐原则在战国末期就初现端倪,在汉朝时演变为刑罚原则,而在唐代更是得以完善,此后的封建王朝都历代传承直至清朝末年。唐律(《永徽律》卷二十三)斗讼篇诬告反坐条载:"诸诬告人者,各反坐。即纠弹之官,挟私弹事不实者,亦如之"。大明令刑令篇载:"凡诬告者抵罪反坐。告二人以上,但诬告一人者,随其轻重抵罪。告二事以上,重罪告实,轻罪招虚,或众事罪等,但一事告实者,皆免罪。若告二事以上,轻事告实,重事招虚,或告一事诬轻为重,答杖徒流,皆反坐所剩"。大清律(卷三十)刑律诉讼篇诬告条的总注说:"捏造虚无事实,告言人罪者,曰诬告。诬告人何罪,即以其罪科诬告之人,曰反坐"。通过历代的律令可以看出,诬告反坐是我国封建社会长久沿袭的特有的一项制度。诬告反坐的实质是刑罚报复主义,对诬告之人的惩处并非按照诬告罪量刑,而是以对被诬告者的伤害程度为标准。反坐通常以被诬告者应判处刑罚的轻重为标准来判定,体现了强烈的报复主义原则。

诬告反坐作为封建统治者惩罚犯罪、巩固政权的一项有力武器,长久以来发挥着不可忽视的作用,深深植根于中国封建社会。反坐所具备的威慑力,虽在一定程度上抑制了诬告行为的发生,但不能从根本上解决问题。加之封建法律法外专横的特性,历史上诬告反坐的冤案比比皆是,也造成对该原则的苛责声不断。但以现如今的眼光审视之,可以看到:鉴于我国古代民刑不分,似可以在一定程度上用当事人真实义务的内核来理解诬告反坐原则。在古代社会,若一方违反真实向官府告发、诬陷他人,则应判令诬告者承受其所诬告人的罪行。在这一点上,诬告反坐可以看作是对当事人真实义务的体现。

二、西方社会当事人真实义务的流变

(一)罗马法上的当事人真实义务

当事人真实义务的确立与发展可谓是源远流长,从法律史的视角来看,对当事人课以真实陈述的义务可以追溯至古罗马法时期。古罗马法规定:当事人负担真实陈述的义务,这一义务是指禁止当事人在法律有争议时刻意为刁难行为,尤其是作为禁止当事人以非正当的诉讼将对方陷入纷争之一般义务的一个部分。[①] 在古罗马法中,诉讼上当事人违反善意的情况主要有以下三类:(1)诉讼上故意主张非真实者;(2)故意违反法律而请求权利保护或作防御者;(3)主张虽真实,或者已经得到法院的允许,但其目的在于使诉讼迟延或者混乱,以致真实发现感觉困难者。从这一描述可知,罗马法时期已有了当事人真实义务的相关规定,它旨在禁止诉讼中当事人的非真实陈述,尤其禁止当事人在无理由的情形下而起诉陷害相对方。并且罗马法还明确规定了对于违反真实义务的处罚:如若违反这一义务,将会被处以虚言罚。在古罗马时期。在其中的誓金诉讼中,先提出要求者要求对方就己方所主张的真实性予以赌誓。后来该赌誓逐渐演变为赌博,若一方当事人所提出的主张被最终确认为非真实,那么输者一方就应当将赌金上交国库;若发现一方当事人实施非真实的陈述,则会遭受金钱罚,其赌金将会被纳入国库。此为古罗马法上最早体现当事人真实义务的诉讼方式。在最初,该种赌誓通常采取双方当事人发誓的形式来体现宗教的特征与神的参与。通常体现为,执法官会让一方当事人首先暂保管该争议物,其须向另一方当事人作出保证:倘若己方最终败诉,则执行裁判并且返还挚息。执法官还会要求双方当事人作出保证:在最终败诉时支付赌誓款额。[②]

法律诉讼时期的诉讼,采取严苛的形式主义。不仅是以《十二铜表法》与市民法来限制诉的范围,而且还要求原告在向法务官提出诉讼请求时,必须采取公式化的语言与象征性的行为。如果原告稍有失误,就可能导致其败诉。由此可见,这一时期的当事人真实义务,不仅要求当事人在起诉时真实陈述诉

---

① 常怡:《外国民事诉讼法新发展》,中国政法大学出版社 2009 年版,第 185 页。
② [意]朱塞佩·格罗索:《罗马法史》,黄风译,中国政法大学出版社 1994 年版,第123 页。

讼请求,还要求其必须遵循严苛的形式主义的语言与行为。在诉讼中,只有当事人遵循严苛的形式化要求予以陈述,才符合法律诉讼的要求,案件也才能脱离法务官,进入到当事人所选择的审判人员主持的诉讼程序。

罗马法上的当事人真实义务以宣誓作为担保手段,强制当事人在诉讼中进行一定的善意宣誓,以此来规制当事人在诉讼中的虚假陈述行为。宣誓的主要内容为,原告须保证其不得恶意地提出主张,被告须保证其不得恶意地否认原告主张的权利等。这一宣誓制度此后逐渐由指向整体诉讼的性质,发展为对于个别诉讼行为的特别宣誓,并为日耳曼法所继承。在这一时期的诉讼中,倘若原告拒绝宣誓,那么其诉权就予以作废;倘若被告拒绝宣誓,那么就等同于自认;倘若实施诉讼欺诈,那么就应负担信义责任。孟德斯鸠指出,在古罗马,誓言占据很重要的地位,因而没有比立誓更好的方法使人们遵守法律了。人们通常为了遵守所立誓言而不畏一切艰难险阻。① 采取宣誓这一制度,对于当事人非真实的陈述给予严厉制裁,以此来保障法律程序中的供述的真实性。

(二)近代当事人真实义务的存废之争

到了近代社会,宣誓制度也发生变化:它要求原告应当保证其起诉并非因为恣意、贪婪、仇恨或者嫉妒,而是原告出于正当的怀疑而提起诉讼;并且这一宣誓是有关原告应相信其所为陈述的真实性和正确性,而并非指涉诉讼进行的整体,所以当时已有主观真实因素的存在。而在此后的符腾堡帝国民事诉讼法和拜昂帝国民事诉讼法中,都规定了当事人真实义务的相关内容。

19世纪资本主义社会的自由主义和个人主义盛行,此时当事人真实义务却遭遇到了发展中的挫折。近代各国在以辩论主义和处分权主义为指导精神的诉讼中,通常认为除法律明文禁止以外,诉讼当事人可以任意地采取任何手段,这使得诉讼等同于赌博。这一变化虽然随着时代的发展具有程度差异,但从古代的宣誓制度到现今的以证据来判断事实的诉讼制度,都是诉讼不可避免的缺陷。虽然在追寻个人自由与平等的过程中,民事诉讼的竞技主义能够鼓舞个人为争取民主权利和自由而抗争,但也会造成权利过度化蔓延,社会的和谐秩序将会被打破。诉讼程序因此面临道德的拷问:"当事人能否毫无约束地滥用诉讼权利? 是否应当接受一定程度的诚实信用的约束?"并进而演变为"在诉讼中是否准许当事人实施虚假陈述抑或当事人是否负担真实义务? 当事人真实义务属于法律上的义务还是道德上的义务?"等问题的讨论。对此学

---

① [法]孟德斯鸠:《论法的精神(上)》,张雁深译,商务印书馆1961年版,第122页。

者们展开了激烈的争论,并形成了肯定说与否定说。

持真实义务否定说的学者并不少。德国学者 Schneider 认为,诉讼是斗争关系,而诉讼法则为斗争法,并提供有限的斗争手段。就实情而言,要求因激烈利害冲击而陷入斗争状态的诉讼当事人,在双方处于互不信任的情形下,遵守伦理性色彩浓厚的真实义务,显然属于期待不可能。因此,与其要求诉讼当事人遵守真实义务,倒不如认为当事人采取法律所赋予的一切攻击防御方法均属正常。换句话说,当事人既然行使诉讼法所规定的权能,那么通常必须以其行使是合法而处理。其还从民事诉讼构造出发,认为有关诉讼法上手段的行使,原则上应当完全委任于当事人自由行使,而不得以真实义务加以限制。[①] 日本学者伊东乾认为,当事人真实义务并不是法律意义上的义务,而是道德上的要求,倘若承认当事人真实义务的法律上的属性,就会和辩论主义相矛盾。辩论主义是私法自治在民事诉讼领域的表现,当事人可以在诉讼中自由地实施攻击与防御,它并不追求实质真实,而在于追求形式真实,因而用当事人真实义务来约束当事人在诉讼中的行为是和辩论主义的要求相背离的。也就是说,只要还遵循辩论主义,就不应当将真实义务纳入立法中。[②]

德国学者 Nussbaum 从诉讼行为与私法行为本质上的不同来否定真实义务。他认为,不同于实体法上双方当事人间的平行共存关系,诉讼上双方当事人是处于各自对于对造主张自己利益的对立立场,不能要求双方履行真实义务。并且在诉讼法要求形式主义的前提下,虽然对诉讼行为的方式作出了严格要求,但对于意思要素的意义,则并不重视,因此,当事人违反真实义务对于诉讼行为的评价并不产生影响。[③] 德国学者瓦哈和哥尔特斯密特对真实义务持最为强烈的否定态度,其从历史的演变过程来阐明真实义务否定说的理由。瓦哈教授认为,首先,从诉讼发展的历程来看,已经从司法干预的方式逐渐转变为对双方当事人以伦理道德进行规范的方式。德国在普通法时期就已经没有了直接干预的方式,现今的诉讼法上已经不存在承认法律义务的依据了。其次,在诉讼中的滥用或者欺诈虽违背诉讼目的,但防止的方法并非采取法律

---

① Schneider, *Treu und Glauben im Civilprozesse und der Streit über die Prozessleitung* 1928, S.17.

② [日]伊东乾:"民事诉讼中的真实义务",《民事诉讼法研究》,有斐阁 1962 年版,第391 页。转引自吴杰:《辩论主义与协同主义的思辨—以德日民事诉讼为中心》,载《法律科学》2008 年第 1 期。

③ Nussbaum, Die Prozesshandlungen, *ihre Voraussetzungen und Erfordernisse* 1917, S.18 m.w.N.

规范进行禁止。真实义务虽符合诉讼目的,但不能凭此就认定其是法定义务,法律演变的趋势是道德约束替代司法的直接干预。再次,如若设置真实义务,当事人对于己不利的事实必须真实陈述,那么当事人会沦为发现真实的手段,由此辩论主义会招致破坏。第四,诉讼代理人的职责在于维护一方当事人,应当准许其对对方当事人的真实陈述进行争执。最后,真实义务若不与法律效果结合,则不具备可操作性,很难将其理解为法律义务。

而持真实义务肯定说的学者则多认为尽可能不将诉讼理解为当事人之间的斗争,即使将其理解为斗争,也认为双方当事人必须服从一定的规则,无法排除真实义务。其中德国学者赫尔维希对否定说进行了强烈的抨击。在他看来,首先,从历史的角度考虑,除暴安良向来是日耳曼法的理想,基于此种目的,理所当然应当设置真实义务。其次,民事诉讼的目的是私权保护,不能因当事人滥用诉讼技巧或手段就决定诉讼的胜败。再次,违反真实义务而作出的颠倒是非的判决,不但违背公益,而且更会损害司法权威。第四,有学者虽主张真实义务与辩论主义存在不相契合之处,但绝不能赋予当事人实施虚假陈述的自由,这可能会使非真实的事实成为裁判的基础。诉讼的目的是实现有理由的诉讼权利,故而当事人应负担不为无理由的攻击防御的义务,被告也可拒绝无理由的攻击。第五,真实陈述作为民事诉讼的基本要求,即使未作明文规定,当事人也不得违反。

另一德国学者 Sauer 虽未正面肯定当事人真实义务,但却是以承认诉讼上有真实义务的适用为前提来构建自己的理论体系。他认为,除本来诉讼的评价(成立与不成立;有效与无效;适法与不适法;有理由与无理由)之外,在诉讼法更高层次的领域中,还有超诉讼的评价——合法(Rechtmässigkeit)与违法(Rechtswidrigkeit)的存在。例如,纵使依诉讼的评价为适法或有理由的行为,如果因为达到其目的的手段违法,则该行为将被评价为不适法或无理由。而成为此一超诉讼的评价基准的原理,则可以诚实信用原则项下的真实义务来加以检讨。①

有关当事人真实义务的存废之争,除在学者间引起巨大争议外,在法官和律师间也存在着不同的见解。法官要求对于诉讼进行能够产生更大的影响,因而多对当事人真实义务持肯定态度;但律师界则惧怕法官对于事实控制力量的加强。对于当事人真实义务应否被纳入民事诉讼中的争论旷日持久,这也构成了真实义务发展史上浓墨重彩的一笔。

---

① Sauer,*Allgemeine Prozessrechtslehre*1923,S.27.

（三）当事人真实义务在立法上的最终确立

对于是否确立真实义务的争论过程，也恰恰反映了当事人真实义务的发展，最终这一争议在 1933 年有了定论。1933 年修订的《德国民事诉讼法》第138 条明确规定：“当事人应就事实状况为完全而真实的陈述。”

相似的立法也先后出现在其他国家。1895 年《澳大利亚民事诉讼法》最早于其第 187 条规定：“各当事人为了使自己的主张具有充分的理由，必须就必要的全部事实根据真实、完全以及明确地加以陈述。”1895 年的《奥地利民事诉讼法》第 178 条也规定：“当事人据以声明所必要之一切情事，须完全真实且正确陈述之。”1910 年的《匈牙利民事诉讼法》第 222 条规定：“当事人或代理人显系故意陈述虚伪之事实，对他造事实之陈述明显的为毫无理由之争执或其所提出的证据毫无必要者，法院得处以 600 克鲁念以下之罚锾。”1930 年的《南斯拉夫民事诉讼法》在第 242 条规定：“各当事人关于其陈述及立证，应就所必要的一切事实情况，逐一依据真实，为完全且明确之陈述。”1942 年《意大利新民事诉讼法典》第 88 条规定：“当事人关于事实上之状况，应完全且真实陈述之。”日本立法上虽没有真实义务的明确规定，但《日本新民事诉讼法》第 209 条和第 230 条规定了对当事人违反真实义务所作的处罚规定，这成为日本通说认为的法解释学意义上的当事人真实义务。

当事人真实义务在历经最初萌芽，肯定说与否定说的激烈争论，再到后来的肯定说占据上风并逐渐在各国立法中明确规定了当事人真实义务，可谓是漫长且艰苦的过程。当事人真实义务在立法上的确立，将崇尚自由主义、滥用竞技手段的诉讼制度拉回到相对公平与理性的状态。从其刚开始确立，立法者就将视野扩展到能否实现当事人的实质平等，争议事实能否被完整、可靠地还原，从而最起码在不妨碍法官获取心证、作出裁判的情况下，来平衡双方当事人的利益关系。而从当前的立法追求看来，当事人真实义务的具体规定都无疑向着该理想的状态而前进。

三、真实义务与辩论主义

（一）真实义务与古典辩论主义

“辩论主义”一词，是由德国学者根那（N kolaus Thaddaus von Gonner）首先使用的，是大陆法系国家用于描述法院与当事人在诉讼中作用分担的一个术语。① 日本学界从德国民事诉讼引入这一原理时，将其译为“辩论主义”，它

———————————

① 唐力：《辩论主义的嬗变与协同主义的兴起》，载《现代法学》2005 年第 6 期。

是大陆法系民事诉讼的专业法律术语。德国学者奥特马·尧厄尼希认为,辩论主义是"当事人双方应当提出判决的事实基础(包括证据手段),因此他们对此负全部责任,即法院的判决只允许以当事人在诉讼中提出的那些事实为基础"。① 张卫平教授主张,辩论主义是"只有当事人在诉讼中所提出的事实,并经辩论才能作为法院裁判的依据的一项制度或原则"。② 理论通说认为,辩论主义是指作为法院裁判基础的诉讼资料由当事人提供,而且仅有如此,才能作为法官判断资料并加以使用的原则。广义上的辩论主义包含处分权主义,处分权主义是指当事人不仅应当提供裁判的依据,诉讼程序的启动、运行以及消灭也应当由当事人控制。

辩论主义的出现是和私权自治紧密相关的,它是市民社会的自由主义思想在诉讼中的体现。辩论主义旨在反对法院的职权干预,意在强调当事人的意思自治。在自由与平等思想指导下的初期的辩论主义为古典辩论主义。依古典辩论主义的思想,在民事诉讼中当事人是否提出诉讼主张,是否履行真实义务,是否承认对方当事人的主张等,完全属于当事人的自由,法官不得干预。

古典辩论主义注重当事人与法官权限的严格区分,法官持中立而消极的立场,恪守不干预原则,事实主张和证据材料只能由当事人提供,法官不得主动收集,并且法官作出裁判所依据的材料仅限于当事人提供的全部资料。奥特马·尧厄尼希教授认为辩论主义包含两方面内容,而日本学者兼子一及韩国学者宋相现都将辩论主义区分为三方面要求。虽然表述各不相同,但核心思想却是相同的。依照通说,辩论主义的内容表述如下:"(1)直接决定法律效果发生或消灭的必要事实(这被称为主要事实),只有在当事人的辩论中出现才能作为判决的基础(换言之,法院不能将当事人未主张的事实作为判决的基础)。(2)法院应当将双方当事人无争议的主要事实当然地作为判决的基础,就这一意义而言,法院也受其约束(自认)。(3)法院能够实施调查的证据只限于当事人提出申请的证据(禁止职权调查)。"③这一理论严格划定了法官和当事人在诉讼中的领域范围,法官居于中立消极地位,当事人享有完全的诉讼资料的处分权。

---

① [德]奥特马·尧厄尼希:《民事诉讼法》,周翠译,法律出版社 2003 年版,第 45 页。

② 张卫平:《诉讼构架与程式:民事诉讼的法理分析》,清华大学出版社 2000 年版,第 153 页。

③ [日]高桥宏志:《民事诉讼法——制度与理论的深层分析》,林剑锋译,法律出版社 2004 年版,第 329~330 页。

私法自治是古典辩论主义的指导思想,理念基础是自由主义与个人主义。它主张私法具备任意性,当事人能够依据个人意志设立具备法律效力的行为。具体到民事诉讼中来,由于它涉及的是纯粹的个人私法争议,属个人可支配的私权领域,故而在民事诉讼中当事人可以依照个人意志处分自己的行为,而不受法官的干预。在民事诉讼中,当事人是否提出主张以及提出何种主张,当事人提出何种证据材料,当事人对他方的主张是否进行争执等问题,都属于当事人控制的领域,在此范围内法官不得干预。

古典辩论主义范畴内,可能会对当事人真实义务有所怀疑。因为真实义务违背了这一基本假设:民事诉讼是双方当事人间争斗的机制,法官仅应以中立裁判的角色出现即可。

(二)社会民事诉讼理论

19世纪末期。当社会正义可能因官僚及资本家的强势而扭曲了自由主义所提倡的平等时,诉讼上会发生倚强凌弱的不平等,这和自由主义所倡导的理念相去甚远,甚至危及个人的生存权。在此种背景下,具有社会主义色彩的诉讼观被陆续提出,很多国家开启了社会和福利立法。最早将社会的思考方法带入民事司法中的是澳大利亚的法学家曼加(Anton Menger)。1895年成立,1898年1月1日开始实施的《澳大利亚民事诉讼法》渗透了社会的诉讼观。① 奥地利1895年的民事诉讼法中也规定了有关民事诉讼的社会福利和教育的内容,并深深地影响了其他国家的民事诉讼立法,由此产生了社会民事诉讼理论。社会民事诉讼理论强调对弱者的救济和公益性,从而实现民事诉讼的实质正义。

依此理论,"法律所创设的单纯的形式上的平等不仅没有根除不正义、不正义、不自由、不人道和不平等,相反却在一定条件下增加了这些现象。如果需要实现人类自由和社会正义,如果应当存在更多的自由和社会正义以及更少的不人道和不平等,那么,就不允许国家只是观望社会冲突,相反它必须积极地干预经济和社会制度,以便针对强者来保护弱者,根据更美好的生活模式来塑造我们的制度以至于所有的社会阶层都会将其视为是正当的。"② 以个人主义和自由主义为指导思想的古典辩论主义中,诉讼当事人仅享有形式上的自由和平等,若不考虑双方诉讼技巧、经济地位等差异,则当事人间的武器平

---

① 唐力:《辩论主义的嬗变与协同主义的兴起》,载《现代法学》2005年第6期。

② 米夏埃尔·施蒂尔纳:《德国民事诉讼法学文萃》,赵秀举译,中国政法大学出版社2005年版,第88页。

等和机会平等并不存在。社会民事诉讼理论正是在对古典辩论主义的此种固有缺陷的批判中发展起来的。

相应的,这一时期的民事诉讼目的从保障个人权利转变为实现公平正义和维持社会秩序,司法是服务于国家统治的,司法机关不应当完全消极。它强调法官介入民事诉讼的重要性,据此,古典辩论主义呈萎缩状态,而从自由民事诉讼发展到社会民事诉讼时,为了修正古典辩论主义所造成的实体不公,需要加强法官的诉讼指挥权,并强化当事人真实义务,以求获得公正裁判。法官的阐明义务和当事人的真实义务是修正古典辩论主义的题中应有之义。

德国这一时期的司法领域也渗入了社会民事诉讼理论,体现在民事诉讼法中则体现为立法取消了当事人的程序支配权,限制了当事人有关诉讼资料的支配权。民事诉讼是解决私人权益纠纷的制度,涉及当事人的私人权利,其是否提出、提出何种以及以何方式提出请求,这都属于当事人自由支配的范畴。但不可否认的是维护当事人民事权益的诉讼制度属公法范畴,这就决定了当事人不能随心所欲地自由行为,而必须受到一定限制。如果在诉讼中任由当事人自由支配和行为,不仅会浪费司法资源,不利于纠纷的解决,也会造成当事人无法接近正义。而国家担负维护当事人民事权益的职责,应当掌控诉讼程序的正常运行,保证诉讼的公正与效率。简言之,受个人主义和自由主义思潮影响,传统的民事诉讼被当作是当事人的个人事务。随着社会民事诉讼理论的出现,逐渐抛弃公法领域的个人主义和自由主义的思想越来越受到认同,只要是社会公共福利所需要的,司法机关就应当对当事人的自由行为进行限制。

(三)辩论主义的新发展

在社会的诉讼观的指导下,辩论主义出现了现代变迁。如果说古典辩论主义是对当事人收集诉讼资料的自我责任的极端强调,则现代辩论主义更突出法院对当事人收集诉讼资料的协助义务,以实现充实审理、妥当裁判的目标。[①] 辩论主义在现代的发展重在强调当事人应当在法官的照顾与指挥下进行诉讼中的合作,主要体现为当事人的真实义务与法官的释明义务。

第一,古典辩论主义的第二命题赋予了双方当事人共同一致固定案件事实,并约束法官的权能。但当事人违反真实义务陈述时,法官能否以其虚伪陈述作为裁判依据?若依古典辩论主义的观点,则不成问题。因为在其项下,当

---

① 熊跃敏:《辩论主义:溯源与变迁——民事诉讼中当事人与法院作用分担的再思考》,载《现代法学》2007年第2期。

事人并不负担真实义务,双方当事人享有完全处分事实资料的权利,法官受到当事人虚伪陈述的约束。在从自由民事诉讼转向社会民事诉讼的过程中,逐渐摒弃了古典辩论主义仅专注于形式真实,随着真实义务的导入,体现出了民事诉讼对实体真实的追求。当事人真实义务立足于主观诚实,禁止当事人虚伪陈述,是对辩论主义和处分权主义一定程度上的限制。

第二,依古典辩论主义,收集诉讼资料是由当事人专属负责的,当事人负责的前提则是双方拥有平等的诉讼能力,而实践中却常常存在双方当事人的实质上的不平等。为了保障双方当事人平等地收集、提供诉讼资料,就需要法官的协助,而此种协助义务,就是民事诉讼法上的法官释明制度。它是指在民事诉讼中,为了发现真实,法官对于事实和法律上的事项向当事人发问并督促其积极主张与举证的制度。释明制度能够均衡双方当事人在诉讼能力上的差异,完善事实资料,最大限度地发现真实。法官释明义务的确立,改变了古典辩论主义法官完全消极中立,由当事人负责提供诉讼资料的做法,代之以法官和当事人在收集诉讼资料方面的通力协作。法官释明义务能够弥补机械适用辩论主义而导致的弊端,是对古典辩论主义的有益补充。

在辩论主义的变迁过程中,学者们纷纷把脉开方。德国学者瓦舍曼提出,社会民事诉讼所包含的当事人真实义务、法官释明义务和法律观点指出义务这三大义务,昭示着辩论主义在民事诉讼中的终结。而普维庭教授撰文对《简化法》条文逐一进行了细致的分析,最后得出结论"以《简化法》为蓝本,辩论主义基础并未丧失"。[①] 与此同时,还出现了另一种声音——协同主义理论。从20世纪80年代开始,由于对法官协助收集诉讼资料的强化,由当事人和法官协同发现真实的协同主义理论日趋发展。

对于协同主义的内容,学界并没有清晰统一的界别。从本质上讲,协同主义和辩论主义一样,均是有关法官和当事人对于诉讼资料的分担,二者存在着相关联系。正如唐力教授所言:"协同主义注重案件实体真实的探知,其所主张的事实探知模式是:从当事人的侧面强调真实义务,从法院的侧面强调释明义务,实际上是强调法院与当事人在案件事实解明方面必须协同的思想,达到实现实体真实的判决。在论及协同主义时并不能完全抛开辩论主义而不顾或者完全否认辩论主义的积极作用。"[②]

---

① 吴杰:《辩论主义与协同主义的思辨——以德日民事诉讼为中心》,载《法律科学》,2008年第1期。

② 唐力:《辩论主义的嬗变与协同主义的兴起》,载《现代法学》2005年第6期。

虽然协同主义具备充足的理论依据，但诚如尧厄尼希教授所言，如果说协同主义"被描述为仅仅是对辩论主义的修改，则更换名字是多余"；如果新概念是更多强调的是对辩论主义的抛弃，则不存在用任何"协同主义"来替代辩论主义的理由。① 大部分学者主张辩论主义改良说，认为随着社会的发展，通过规定当事人真实义务和加强法官的释明义务来实现辩论主义的现代变迁。

（四）真实义务与辩论主义的关系

1.狭义的真实义务与辩论主义

纵观辩论主义的发展历程，可以看到辩论主义在民事诉讼法的发展历史上，呈现出顽强的时代适应力。民事诉讼从自由主义民事诉讼法发展到社会民事诉讼法时，辩论主义也因此发生着适时的变迁。为了克服辩论主义可能导致的裁判上的不公正，当事人真实义务和法官释明义务是必不可少的修正手段。

现今虽较少有人否认当事人真实义务理论上的正当性，但对于真实义务与辩论主义理论上的融合，仍然被视为难题。在德国理论界，对于二者关系存在三种观点：（1）真实义务是对辩论主义的修正和突破；（2）真实义务是对辩论主义的限制；（3）真实义务是为了防止当事人基于辩论主义在诉讼中滥用自由权。在德国实务界，对于辩论主义和真实义务的位阶问题也存在争议。有人认为辩论主义是最高准则，也有人认为真实义务是最高准则。从理论上讲，辩论主义强调法官只能以当事人主张的事实作为裁判依据，那么在当事人违反真实义务而造成该事实陈述不能被法官所审理时，就这一程度而言，真实义务是与辩论主义有所冲突的。但依据辩论主义根据的不同观点，则会得出不同结论。若依辩论主义根据是基于私法自治来考量，则真实义务在结果上构成了对辩论主义的一定程度上的限制；若依辩论主义根据是发现真实的合目的性、技术性来斟酌，则真实义务和辩论主义并不矛盾，真实义务是辩论主义的修正和补充。

辩论主义虽历经百年洗礼，但并未动摇其在德国、日本等大陆法系国家《民事诉讼法》中基本原则的地位，因为辩论主义是法治国家法官保持中立性的有效工具。② 辩论主义主张的当事人对于收集诉讼资料负有最终责任的核

① ［德］奥特马·尧厄尼希：《民事诉讼法》，周翠译，法律出版社 2003 年版，第137 页。

② ［日］敕使川原：《2001—2002 德国民事诉讼法改正》，载《早稻田法学》2002 年第3 期。

心思想具备恒久的生命力,而真实义务仅是其项下的对于当事人陈述和诉讼行为的规范。如若将真实义务视为对辩论主义的限制,则会和处分主义、辩论主义理论相冲突。真实义务是在改良古典辩论主义弊端时,为当事人设定的一项义务,并非对辩论主义的限制,而是对其进行的一定程度上的修正。对真实义务的探讨,也只有放在辩论主义中才有意义,才能更深刻地理解真实义务的本质和内涵。

　　2.完全义务与辩论主义

　　对于完全义务和辩论主义的关系,我国台湾地区学者骆永家认为:"不完全陈述在诉讼上不合法,从而是否违反完全义务,是职权调查事项。法院认为违反完全义务时,将隐瞒之事实与曾经当事人陈述者为相同处理,如此一来,承认完全义务似与辩论主义有抵触。"①在民事诉讼中设置真实义务,难免会产生以下疑问:(1)法院能否以当事人违反完全义务而没有提出的事实作为裁判依据? (2)法院依职权调查证据的界限是什么? 对于第一个问题,仍存在肯定说和否定说。第二个问题,在德国对于家事事件和有关依职权审酌事项的调查,法院可依职权调查证据;在我国台湾地区,对这一问题还存有较大争议。

　　完全义务要求当事人完全陈述。当事人未为完全陈述的,如果是对陈述者有利的事实,那么法院无须自动补全。也就是说对于于己有利的事实,在法官释明后当事人仍不主张和陈述的,法官则不应当依职权调查审理,而应在辩论主义之下运作。如果一方当事人对有利于对方当事人的事实不完全陈述,那么法官应当充分释明,要求其完全陈述。法官在诉讼中发现一方当事人故意隐瞒于己不利的事实,此时该如何处理? 如果法官依职权调查审理,就会和辩论主义发生较大冲突。笔者认为,为了平衡完全义务和辩论主义的冲突,此时可由法官释明并由对方当事人主张,如对方当事人主张后,那么陈述方当事人应当负担完全义务;若其故意沉默或者说谎,则法官可依自由心证进行证据评价或者进行其他证明责任减轻等方式的处理。

---

① 骆永家:《民事诉讼法Ⅰ》,五南图书出版公司 1999 年 3 月修订 9 版,第 124 页。

第四节　真实义务与诚实信用原则

一、诚实信用原则并非真实义务的法基础

当事人真实义务和诚实信用原则的理论关系问题,是民事诉讼法的难题之一。在 20 世纪初对于民事诉讼法上能否适用诚实信用原则存在争议,此后通说承认了诚实信用原则在诉讼法上的运用。但对于真实义务的法理基础是不是诚实信用原则,学界仍存有疑义。对于这一问题的明晰,首先需要探究诚实信用原则在民事诉讼法上的缘起。

(一)诚实信用原则在民事诉讼法上的确立

诚实信用原则起源于罗马法中的诚信契约和诚信诉讼。[①] 依徐国栋教授的观点,"诚信契约与诚信诉讼"是与严格契约及严法诉讼对应来说的,严格契约的债务人只需要严格按照之前的约定履行相关义务即可,凡是契约没有明确约定的内容,债务人在法律上都不需要履行。但是诚信契约的当事人则不同,不但需要履行契约明确约定的那些义务,还必须秉持着公正、诚实、善意的心态履行与契约相关的补充义务。易言之,债务人不仅要承担契约规定的义务,而且要承担诚实善意的补充义务。[②] 其后它从罗马法转入现代民法,成为近代以来各国民法典上的基本原则,并被民法学界尊为"帝王条款"。1804 年的《法国民法典》第 1134 条规定:"契约应善意履行之。"1896 年的《德国民法典》第 242 条规定:"无论何人行使权利,履行义务均应依诚实信用为之。"日本于 1947 年修改《民法典》时也增设了"行使权利及履行义务应恪守诚实信用原则"的规定。[③]

依张卫平教授的观点,民事诉讼中的诚实信用原则直接缘起于民法中的诚实信用原则。民法对诚实信用原则的确定,尤其是《瑞士民法典》将诚实信

---

①　徐国栋:《民法基本原则解释》,中国政法大学出版社 1992 年版,第 80 页。

②　徐国栋:《民法基本原则解释——以诚实信用原则的法理分析为中心(增删本)》,中国政法大学出版社 2004 年版,第 79 页。

③　徐国栋:《民法基本原则解释——成文法局限性之克服》,中国政法大学出版社 2002 年增订版,第 79 页。

用从法国、德国债法中的权利义务领域推广适用于一般权利义务领域,这就很自然地影响到了民事诉讼法领域对这一原则的适用,即不仅包含一般实体权利义务,也应包含诉讼权利义务,由此,通过实体权利与程序权利的联系,顺理成章地推导出民事诉讼法应确立诚实信用原则。[①] 但对于这一原则能否适用于民事诉讼,学术界长久以来存有激烈的争议,肯定说与否定说各执一词,踌躇许久。虽然学界对民事诉讼诚实信用原则存有争议,但立法却先于理论对其予以肯定。1911 年的《匈牙利民事诉讼法》、1933 年的《南斯拉夫民事诉讼法》、1933 年的《德国民事诉讼法》和 1942 年的《意大利民事诉讼法》都先后规定了当事人真实义务,其中尤以德国法的规定对大陆法系民事诉讼的影响最大。

通说认为,19 世纪初,诚实信用原则作为民事诉讼法的一项基本原则首先在大陆法系国家得到确认。它以 1933 年的《德国民事诉讼法》"真实义务"的规定为代表。[②] 德国在 1933 年修订民事诉讼法以前,有关民事诉讼上是否适用诚实信用原则的问题,以否定说为主;但 1933 年在民事诉讼法第 138 条增设了当事人真实义务的内容后,此举却成了肯定民事诉讼诚实信用原则的契机,理论界和实务界一改常态,纷纷承认诚实信用原则在民事诉讼上的适用。由此可见,诚实信用原则在民事诉讼法上的出现和确立,最初体现为当事人真实义务的规定。以真实义务概念和理念的确立为标志,诚实信用原则进一步在大陆法系国家和地区的民事诉讼法中得到承认,并作出明确的法条规定。[③] 1990 年修订的韩国《民事诉讼法》第 1 条明确规定:"法院应为诉讼程序公正、迅速以及经济地进行而努力;当事人及诉讼关系人应当诚实信用地进行诉讼。"[④]其后日本也于 1996 年修订民事诉讼法时规定了诚实信用原则。

(二)诚实信用原则不是真实义务的法理基础

厘清民事诉讼诚实信用原则的确立与发展轨迹后,仍存有一大疑虑:德国 1933 年修法所增订的当事人真实义务的法理依据是不是诚实信用原则的体现? 对于这一问题,如果从真实义务的立法理由来看,德国 1933 年关于民事诉讼法的修订及其他国家对于真实义务的规定,大多是从民事诉讼目的和辩

---

① 张卫平:《民事诉讼中的诚实信用原则》,载《法律科学》2012 年第 6 期。

② 杨建华:《民事诉讼法论文选辑》,五南图书出版公司 1985 年版,第 375 页。

③ 张卫平:《民事诉讼中的诚实信用原则》,载《法律科学》2012 年第 6 期。

④ [韩]孙汉琦:《韩国民事诉讼法导论》,陈刚译,中国法制出版社 2010 年版,第 40 页。

论主义的修正相关观点来切入的,而较少从诚实信用原则的角度来加以说明。从这一点来讲,诚实信用原则并不是真实义务的法理基础,而且将其作为真实义务的法理基础的话,会造成当事人真实义务的虚化,会和民事诉讼中的保障程序运行的其他制度发生混淆。另外,从真实义务的精神主旨来看,它具有防止当事人在诉讼中说谎和滥用司法资源等目的,这又和诚实信用原则存在一定的契合。因此,辩证地看,诚实信用原则虽不是真实义务的法基础,但却是当事人真实义务的重要依据,可以看作真实义务的一个坐标或者方向。

二、民事诉讼诚实信用原则的基本内容

(一)含义

诚实信用原则作为民法的基本原则,是指人们在市场活动中讲究诚信、恪守诺言,诚实不欺,在不损害他人利益的前提下追求自己的利益①。在民事诉讼法上,则是采取约束民事诉讼法律关系主体的诉讼行为的方式,从而调整主体间的权利义务关系和诉讼利益。张卫平教授曾指出,民事诉讼法上的诚实信用,是指法院、当事人、证人、鉴定人等其他诉讼参加人在审理案件和参与诉讼时必须公正、善意、诚实。诚实信用原则在私法和诉讼法上的实质内涵是相同的,区别主要在于适用领域的不同。现今很多国家都将诚实信用原则适用于民事诉讼法,在立法中作出了明确规定。即使在英美法系国家,也通过判例和诉讼规则体现了诚实信用原则的要求。

(二)具体适用

由诚实信用原则的定义可知,其在民事诉讼上适用于当事人、法院和其他诉讼参加人之间。

首先,在民事诉讼中诚实信用原则的雏形最初体现为真实义务,是对当事人意思自治的一定程度上的限制,所以诚实信用原则首先体现为对当事人的诉讼行为的约束。具体是从以下五个方面进行规制的:第一,禁止以不正当行为恶意制造于己有利的诉讼状态②,主要体现在诉前和诉中。第二,禁止当事人滥用诉讼权利,主要规制当事人滥用起诉权、上诉权、回避请求权、管辖异议权、申请强制执行权等诉讼权利和恶意拖延、阻挠诉讼等滥用诉讼程序权的行为。第三,禁止当事人虚伪陈述影响法官正确裁判。第四,禁反言,即当事人

---

① 梁慧星:《民法解释学》,中国政法大学出版社 1995 年版,第 301 页。

② 日本学者谷口安平、我国台湾学者石志泉等都将以不正当的方法形成有利于自己的状态的行为列为违反诚实信用原则的不正当行为。

一方应当实施对方当事人所预期的行为时,却实际上从事了违背对方当事人预期的行为,此时该行为被认为是违反诚实信用原则的背信行为而予以禁止。第五,诉讼上权能的丧失①,它是为了保护与懈怠行使权利一方相对的对方当事人的信赖利益。

其次,诚实信用原则还表现为对法官的约束。虽然有部分学者提出将诚实信用原则适用于法院会降低法院的地位,并且不存在确立法院诚实信用原则的必要性②,但以张卫平教授为代表的大多数学者仍主张法院应适用诚实信用原则,笔者也赞成此观点。诚实信用原则由于其规定的模糊性,一方面赋予法官一定程度的自由裁量权,另一方面又对法官进行制约,要求其在审理案件时诚实、善意。其一,禁止法官滥用自由裁量权,法官在行使自由裁量权时应当立足于案件事实,依法进行。其二,法官在审查判断证据时应当依据诚实信用原则的要求,公平公正,做到心证公开。其三,禁止法官突袭性裁判。在案件审理过程中,应充分尊重当事人的攻击防御机会,以免对当事人造成突袭裁判。

最后,诚实信用原则还体现了对其他诉讼参与人的约束。主要包含了对证人、诉讼代理人、勘验人、鉴定人和翻译人员在各自行为过程中的诚实信用的要求。

(三)英美法系中的诚实信用原则

在英美法系的民事诉讼法中并未规定诚实信用原则,但这并非意味着不存在诚实信用原则的内容,英美法系国家的民事诉讼通过诸如禁反言、证据开示等一系列制度来实现诚实信用的要求。其并未像大陆法系国家一样在诉讼制度和私法上的诚实信用原则之间构建联系,或者在具体制度之外抽象出一般的诚实信用原则,而是基于诉讼程序运行的正常需要直接设置具体的制度。

英美等国在民事诉讼法上都规定了禁反言原则,它是衡平法上的原则在普通法中的进一步延伸。美国法中的禁反言包含判决遮断意义上的禁反言③

---

① 当事人一方懈怠行使诉讼上权利和实施诉讼行为,对相对方实施的诉讼行为长期没有作出表示或实施相应的诉讼行为,致使对方当事人以为其已经不会再实施诉讼行为且又实施了一定的诉讼行为后,该当事人才开始行使其诉讼权利,并由此导致对方利益受到损害,法院应根据诚实信用原则对所实施的诉讼行为予以否定,这就是诉讼上的权能丧失。

② 翁晓斌:《民事诉讼诚信原则的规则化研究》,载《清华法学》2014 年第 2 期。

③ 判决遮断意义上的禁反言,是指对裁判对象有利害关系的非当事人,如果其行为已引起了判决的信赖,此后不得主张该判决无效。

和裁判意义上的禁反言。后者是通常所理解的禁反言,和大陆法系国家的原则基本相同。

英国民事诉讼中还有关于"真实声明"的规定。当事人可以签署"真实声明"(Statements of Truth),也可以不签署。当事人签署真实声明的,则比照证人作伪证来处理;不签署声明的,案件声明及回复书、申请书、反对申请书等重要文书将无法得到法庭采纳。法院在一定情形下还有权强制要求当事人进行真实声明。[①] 在美国,1993 年修订的《联邦民事诉讼规则》第 11 条规定,律师或未由律师代理的当事人向法院提交诉答文书、书面申请或其他文件时必须并且"确认如下事项:(1)提出文件的目的并不是为了骚扰他人、不必要地拖延诉讼或者增加无谓的诉讼费用……"[②]

以上都是以诉讼当事人"不能为"的形式来实现诚实信用原则内容的,除此以外,英美法系国家在民事诉讼中还采取调查取证制度来贯彻诚实信用原则。所谓调查取证程序,是指民事案件的当事人或者代表民事案件当事人的律师,通过询问证人、审查物证和组成相对方案件的其他信息的方法,尽其所能了解对方当事人案件事实的审前程序。[③] 美国的调查取证制度通常是指证据开示,它从最初的一方当事人向对方要求提供于己有利的证据的权利,发展为在证据开示前要求一方当事人不待对方要求即主动地开示信息,并进而规定对于证据开示过程中不协作和不履行行为的制裁措施。在证据开示过程中,诚实信用原则对于当事人的约束主要体现为当事人在证据开始前应当主动开示重要信息,此时法院并不参与,而仅仅只有双方当事人。由此可见,英美法系国家对于诚实信用原则的运用,还表现为当事人主动地参与诉讼活动的过程中,并排斥法院对于当事人诉讼活动的干预。英美法系国家民事诉讼当事人履行诚实信用原则的要求主要是向对方当事人作出的,在这一点上也可以理解为,英美法系的民事诉讼诚实信用原则对当事人的约束主要表现为两个方面:一是当事人对于法院的消极意义上的诚实信用;二是当事人对于对方当事人的积极意义上的诚实信用。

---

① 邵明:《正当程序中的实现真实——民事诉讼证明法理之现代阐释》,法律出版社 2009 年版,第 97 页。

② [美]彼得·G.伦斯特洛姆:《美国法律辞典》,贺卫方等译,中国政法大学出版社 1999 年版,第 2 页。

③ 汤维建:《民事证据立法的理论立场》,北京大学出版社 2008 年版,第 298 页。

三、当事人真实义务与诚实信用原则的关系

从上文的分析可以看出,真实义务和诚实信用原则的关系是错综复杂的,以辩证的视角来看,二者是既相互区别又相互联系的。真实义务与诚实信用原则的不同点主要表现为:

首先,适用主体不同。真实义务的适用主体是双方当事人,它旨在禁止当事人故意说谎和争执。真实义务在当事人之间的适用,是为了减弱双方的对抗,确保当事人协力合作共同发现真实,实质是对辩论主义的修正。诚实信用原则的适用主体包含当事人、法院和其他诉讼参与人。它作为调整器,不仅对各诉讼主体的诉讼行为予以规制,而且对诉讼主体产生了职业伦理的引导作用。诚实信用原则的作用范围主要包括当事人之间和当事人与法院之间。在法院和当事人之间适用的目的,是为了确保两者间形成实质性协同关系;而诚实信用原则在当事人之间适用的目的,则是为了保障双方当事人实现实质性诉讼平等。① 日本学者竹下守夫指出,适用于当事人之间时,当事人可以基于自己的利益申请法院适用该原则,法院基于此可以判断是否应该适用。而在当事人与法院之间适用该原则时,法院可以基于职权加以判断。因此对适用的主体关系范围加以区分,具有实际意义。②

其次,具体内容不同。当事人真实义务包含真实义务和完全义务,它要求当事人真实、完全、具体并及时地陈述。虽然真实义务包含了一定程度上的当事人善意履行诉讼行为和提供充足的证据材料的义务,但它主要体现为消极性,即要求当事人在诉讼中不得故意说谎和恶意争执。诚实信用原则要求法院、当事人和其他诉讼参与人在诉讼中应当诚实和善意。诚实信用原则对整个民事诉讼都具有规制作用,调整民事诉讼的全过程。它对各诉讼主体的诉讼行为作出了具体要求,不仅包含消极性的禁止规定,还包括积极性的诚实信用的要求。从程度要求上来看,诚实信用原则高于真实义务。真实义务的层级较低,它仅是低标准的诚实信用的要求,而诚实信用原则是对真实义务内容的进一步延伸和扩展。

再次,确立基础不同。当事人真实义务是在对古典辩论主义进行修正的

---

① 〔韩〕孙汉琦:《韩国民事诉讼法导论》,陈刚审译,中国法制出版社 2010 年版,第41~42 页。

② 〔日〕竹下守夫:《诉讼行为和诚实信用原则》,载小室直人:《判例演习讲座民事诉讼法》,世界思想社 1973 年版,第 143 页。

基础上产生的,要求当事人在诉讼中履行真实义务,从而协力发现真实,旨在克服辩论主义可能带来的不平等和实体上的不公正。诚实信用原则有所不同,虽然它在民事诉讼法上获得确认是以真实义务的明文规定为表现的,但诚实信用原则的确立基础却是当事人主义。王福华教授也指出,民事诉讼诚信原则是在当事人主义诉讼模式充分发展的基础上建立起来的,以防止当事人恣意和恶意行为,是带有指导、评价和程序性裁判功能的准则①。由此可见,当事人真实义务和诚实信用原则的基础分别为修正的辩论主义和当事人主义,而辩论主义作为当事人主义的内核之一,二者是明显不同的。

最后,表现形式不同。当事人真实义务虽在民事诉讼上表现出一定的抽象性,但以诚实信用原则为参照,则又体现出具体化倾向。理论通说认为,真实义务是诚实信用原则在民事诉讼中的具体表现形式之一。诚实信用原则作为一般性原则,涵盖于民事诉讼法全过程。依张卫平教授的观点,其不仅表现为真实义务,还体现为促进诉讼义务、禁反言等一系列具体制度。②

尽管存在诸多区别与不同点,真实义务和诚实信用原则的联系仍是不可忽视的。诚如谷口安平先生所言:"由于真实义务的制定,使得一般化了的信义原则适用范围更加扩大,出现了更宽范围上对信义原则加以利用的论点。"诚实信用原则是以真实义务这一具体规则的形式为民事诉讼立法所接受的,随着发展与演进,它已从最初规定当事人真实义务演变为协调当事人、法院和其他诉讼参与人间的诉讼关系,并成为民事诉讼法的基本原则。

第五节　当事人真实义务的理论基础

在对真实义务的基本内容、历史流变作出叙述以后,还应考虑当事人真实义务的理论依据在哪里,其存在的正当性基础是什么,这就涉及当事人真实义务正当化与合法化的依据问题。从理论基础上来讲,真实义务符合民事诉讼的目的,它是对辩论主义的修正,而且体现了诚实信用原则的要求,其具备深厚的理论基础。

---

① 王福华:《民事诉讼诚信原则的可适用性》,载《中国法学》2013 年第 5 期。
② 张卫平:《民事诉讼中的诚实信用原则》,载《法律科学》2012 年第 6 期。

一、当事人真实义务符合民事诉讼目的

就民事诉讼目的的探讨实益,虽然论者有就其在立法和法律解释上的效用持怀疑态度的,但就诉讼制度目的的定位,实有益于提示立法和法律解释上的理念,并为赋予制度设计、理论构筑和实务运作上的指标所必要,不应当轻视。[①] 国家是在一定的目的指引下制定民事诉讼法的,因目的不相同,所确立的民事诉讼法在结构、制度、程序保障、权利义务配置等方面都会存有差异。关于民事诉讼目的的讨论,是民事诉讼法学界一直以来具有争议的问题。理论上存在私法权利保护说、纠纷解决说、维护私法秩序说、程序保障说、利益保障说、多元说、搁置说等不同见解。台湾学者邱联恭还主张法寻求说,他认为民事诉讼目的应当是"法"的寻求、发现、提示,并且其所寻求的法是存在于实体利益和程序利益的平衡点的法,而并不仅仅指于诉讼外在客观上来认定某一私权存在与否所适用的实体法的规范,也不同于权利保护说为判定其认为应受保护的权利是否存在时所准据的实体法。

在德国,其民事诉讼的目的观,大体上是以私法权利的确认和实践(Die Feststellung und Verwirklichung subjektiver Rechts)为主要见解的。[②] 若以此见解为诉讼目的,其与民事实体法上的权利实现进行了联结,但在民事诉讼法上仍然要面对如何确定事实及所确定的事实是什么的问题。对此,既有学者主张形式真实说,也有主张实体真实说。形式真实说认为在辩论主义下,实体真实的确定属于民事诉讼的从属目的或偶然结果,并非民事诉讼所应追求的目标。而实体真实说则认为,如果民事裁判不追求实体上的真实,那么就会与民事诉讼的本质相违背,并且难免会动摇司法的威信,因而民事诉讼应以客观真实的确定为其制度理念。那么民事诉讼的目的何在,基本上依论者对于诉讼制度是基于个人主义、自由主义或者社会民事诉讼观而有所不同。强调私益论者,其切入角度越容易以当事人实体权利义务关系的确认和实现作为民事诉讼目的;而从公益角度观察者,则多倾向于接受纠纷解决说和法秩序维持说。有趣的是,一般认为,形式真实说通常以自由主义诉讼观为背景,实体真实说则被社会诉讼观的支持者所赞同。[③] 奥国民事诉讼法创造者 Franz

---

① 邱联恭:《程序制度机能论》,五南图书出版公司 1997 年版,第 156～157 页。

② [德]罗森贝克、施瓦布、哥特瓦尔德:《民事诉讼法》,李大雪译,中国法制出版社2007 年版,第 3 页。

③ 邱联恭:《程序制度机能论》,五南图书出版公司 1997 年版,第 45 页。

Klein 在主张社会民事诉讼观时,其将法官能量释放到事实审理阶段,而非将法官任务仅仅定位在判决适用法律阶段;其含有对民事诉讼目的论的基本假设,亦即民事庭法官对于公益和社会和平能有所贡献。至于两德统一前的东德(DDR)对于民事诉讼法的观念,亦是在强化当事人的协力义务与追求实质真实的前提下建构,在此亦倾向于实质真实发现。依 Franz Klein 的理论推演,当事人真实义务是实现这一目的的第一手段。①

我国台湾地区于 1968 年修正"民事诉讼法"第 195 条时,其修正理由强调民事诉讼目的在于保护当事人的真正权利和维持国家的法律程序两个方面,由此可见立法者采折衷说,兼顾私益和公益。而从第 195 条的规定可以看出②,当事人真实义务的设置就是为了促成这两个目的的达成。若当事人在诉讼中违反真实义务的要求而实施虚假陈述,会造成当事人的权利得不到保护及国家的法律程序遭受破坏。而此处所指称的真正权利,指向的是当事人实体法上权利义务关系的确认和实现,包含实质真实发现的意义。

由上述分析可知,德国和我国台湾地区在民事诉讼中设置当事人真实义务时,多是从民事诉讼目的论中的私法权利保护说和法秩序维持说两方面出发的。其中对于具有强烈讼争性质,并且当事人强烈期待经由司法裁判解决争端的情形,在适用真实义务时,应当认为此时更为强调私法权利保护说,亦即当事人实体权利的确认与实现。

我国民事诉讼法学界对于民事诉讼目的的讨论主要存在以下观点:一是纠纷解决说,认为从古至今民事纠纷都是客观存在的,在设立社会制度的同时,国家为了解决纠纷而创建诸如诉讼、调解、和解等各种纠纷解决机制。③二是程序保障说,从正当程序理论出发,主张民事诉讼的正当性来源于程序的正当,非结果的正当,民事诉讼过程即民事诉讼目的。④ 三是社会秩序维护说,主张设置诉讼制度是为了达到维护司法秩序,从而促进生产,维护社会秩

① Kralik, Die Verwirklichung der Ideen Franz Kleins in der ZPO von 1895, in Hofmeister (Hrsg.), Forschungsband Franz Klein (1854—1926) Leben und Wirken, 1988, S.91. 转引自姜世明:《举证责任与真实义务》,新学林出版股份有限公司 2006 年版,第 494 页。

② 我国台湾地区"民事诉讼法"第 195 条规定:"当事人就其提出之事实,应为真实及完全之陈述;当事人对于他提出之事实及证据,应为陈述。"

③ 刘荣军:《论民事诉讼的目的》,载《政法论坛》1997 年第 5 期。

④ 章武生:《司法现代化与民事诉讼制度的建构》,法律出版社 2000 年版,第 164 页。

序的目的。① 四是利益保障说,认为民事诉讼的目的,不但应当按照实体法依据来确认权利状态,而且应当依据程序法来追求程序上的利益。亦即民事诉讼目的在于利益的提出、寻求、确认、实现,包含对于实体利益和程序利益的保障。② 五是诉讼目的多元论,认为民事诉讼价值的多元化决定了民事诉讼目的不可能是单一的,而应当以多元论来理解民事诉讼目的。③ 笔者赞同诉讼目的多元论的观点,虽然多元论难逃中庸之窠臼,但如果从单一的方面界定民事诉讼目的,则难免将复杂的诉讼人为简单化,不符合民事诉讼的实际运作。民事诉讼是实体法和程序法共同作用的场,民事诉讼为当事人提供完备的程序保障,从而实现实体法上的民事权利和维持私法秩序,因此民事诉讼目的应当涵盖实体性目的和程序性目的。不仅如此,基于民事诉讼主体的多元性及价值的多元化,也应当以多元说来审视。

我国民事诉讼法没有规定当事人真实义务,因而无从探讨其理论基础。但从民事诉讼目的论的各学说来看,真实义务都是与之相契合的。从保护当事人私权的角度来考量,当事人真实义务禁止当事人在诉讼中说谎,对其课以真实义务的要求,有助于法官查明事实并作出正确裁判,从而维护当事人的私益。从纠纷的解决来看,为了使得纠纷公正、迅捷地解决,当事人真实义务就在当事人双方之间的对抗性的"力"关系中注入"协力"的因素,要求双方当事人在诉讼中依真诚的态度实施诉讼行为、真实陈述,从而利于法官发现真实,促进纠纷的解决。从维护社会秩序的角度来看,当事人在发生民事纠纷后诉诸法院,法官通过民事诉讼程序解决权益纠纷,使其恢复至正常状态。在此过程中,当事人真实义务的履行可以使诉讼程序顺利地运行,民事纠纷得以有效地解决,从而维护了社会的正常秩序。从程序保障的视角出发,当事人在诉讼中的真实陈述,在一定程度上能够保障民事诉讼程序的正当运行,为当事人解决纷争提供程序上的保障,从而实现对于当事人程序利益的维护。由此观之,从民事诉讼目的论的多元化来审视,真实义务都是与民事诉讼的目的相契合的。

二、当事人真实义务是对辩论主义的修正

"辩论主义"一词,最先是由德国学者根那提出的,日本学界从德国民事诉

---

① 常怡:《民事诉讼法学》,中国政法大学出版社 2008 年版,第 131 页。

② 李祖军:《民事诉讼目的论》,法律出版社 2000 年版,第 156 页。

③ 江伟:《市场经济与民事诉讼法学的使命》,载《现代法学》1996 年第 3 期。

讼引入这一原理时,将其译为"辩论主义",它是大陆法系民事诉讼的专业法律术语。① 德国学者奥特马·尧厄尼希认为,辩论主义是"当事人双方应当提出判决的事实基础(包括证据手段),因此他们对此负全部的责任,也就是说,法官的判决基础只在于当事人在诉讼中所提出的那些事实"。② 张卫平教授认为其是"只有当事人在诉讼中提出的事实,并经辩论后,才能作为法官裁判的依据的一项原则或制度"。③ 在理论通说看来,辩论主义是指作为法官裁判基础的诉讼资料由当事人提供,并且只有如此,才能作为法官判断资料并加以使用的原则。

现今虽较少有人否认当事人真实义务理论上的正当性,但对于真实义务与辩论主义在理论上的融合,仍然被视为难题。在德国理论界,对此就存在三种观点:(1)当事人真实义务是对辩论主义的修正和突破;(2)当事人真实义务是对辩论主义的限制;(3)当事人真实义务是为了防止当事人基于辩论主义而在诉讼中形成自由的滥用。辩论主义究竟如何为真实义务提供理论依据,在笔者看来,需要从辩论主义的演进与发展的角度来审视。

(一)古典辩论主义

辩论主义的出现是和私权自治紧密相关的,它是市民社会的自由主义思想在诉讼中的体现。辩论主义旨在反对法院的职权干预,意在强调当事人的意思自治。依自由与平等思想指导的最初的辩论主义为古典辩论主义,该时期的辩论主义重视法官与当事人的权限的严格区分,法官持中立而消极的立场,恪守不干预原则。由当事人提供事实主张与证据材料,法官不得主动收集,法院裁判依据的材料仅限于当事人提供的全部资料。奥特马·尧厄尼希教授认为辩论主义包含两方面内容,而日本学者兼子一及韩国学者宋相现都将辩论主义区分为三方面要求。虽然表述各不相同,但核心思想却是相同的。④ 这一古典辩论主义的内容严格划定了法官和当事人在诉讼中的领域范围,当事人享有完全的诉讼资料处分权。

---

① 唐力:《辩论主义的嬗变与协同主义的兴起》,载《现代法学》2005 年第 6 期。

② [德]奥特马·尧厄尼希:《民事诉讼法》,周翠译,法律出版社 2003 年版,第45 页。

③ 张卫平:《诉讼构架与程式:民事诉讼的法理分析》,清华大学出版社 2000 年版,第153 页。

④ 依照通说,辩论主义的内容表述如下:"(1)直接决定法律效果发生或消灭的必要事实,只有在当事人的辩论中出现才能作为判决的基础。(2)法院应当将双方当事人无争议的主要事实当然地作为判决的基础,就这一意义而言,法院也受其约束(自认)。(3)法院能够实施调查的证据只限于当事人提出申请的证据(禁止职权调查)。"

在古典辩论主义范畴内,是不存在当事人真实义务规则的。由于私法自治是古典辩论主义的指导思想,理念基础是自由主义与个人主义。它主张由于私法的任意性,因而当事人可以依照个人自由实施具有法律上的效力的行为。而具体到民事诉讼中来,由于它涉及的是纯粹的个人私法争议,属个人可以支配的私权范围,故而在民事诉讼过程中当事人能够依据个人意志自由来处分个人的行为,而不受法官的干预。在民事诉讼中,无论当事人提出诉讼主张与否,进行真实陈述与否,是否承认对方当事人的主张,这些都属于当事人个人控制的范围,法官不得干预。若对当事人课以真实要求,则违背了这一基本假设:民事诉讼是双方当事人间争斗的机制,法官仅以中立裁判的角色出现即可。因而古典辩论主义是对当事人真实义务持怀疑和排斥态度的。

(二)辩论主义的发展

19 世纪末期,当正义可能因官僚资本家的强势而扭曲自由主义提倡的平等时,诉讼上会发生恃强凌弱的不平等,这和自由主义所倡导的理念相去甚远,甚至危及个人的生存权。在此种背景下,具有社会主义色彩的诉讼观被陆续提出,很多国家开启了社会和福利立法。澳大利亚法学家曼加是最先将社会的思维方式引入民事司法中来的学者。在 1898 年予以实施的《澳大利亚民事诉讼法》中已经贯彻了社会的诉讼观。① 奥地利 1895 年的民事诉讼法中也规定了有关民事诉讼的社会福利和教育的内容,并深深地影响了其他国家的民事诉讼立法,由此产生了社会民事诉讼理论。

在社会的诉讼观的指导下,辩论主义产生了现代的变迁。如果将早期辩论主义看作过分注重当事人对于诉讼资料收集的个人责任,那么辩论主义的现代变迁就凸显出法官在当事人收集诉讼资料方面的协助义务,以此来达成正确裁判的目的。② 社会民事诉讼理论强调对弱者的救济和公益性,认为司法是服务于国家统治的,司法机关不应当完全消极,注重法官介入的重要性。据此,早期辩论主义开始衰退,而从自由民事诉讼发展到社会民事诉讼时,为了修正古典辩论主义所造成的实体不公,需要加强法官的诉讼指挥权,并强化当事人真实义务,以求获得公正裁判。法官的阐明义务和当事人的真实义务就成为修正古典辩论主义的题中应有之义。

(三)真实义务在一定程度上修正了辩论主义

从古典辩论主义到辩论主义的现代变迁过程中,当事人真实义务是对辩

---

① 唐力:《辩论主义的嬗变与协同主义的兴起》,载《现代法学》2005 年第 6 期。

② 熊跃敏:《辩论主义:溯源与变迁——民事诉讼中当事人与法院作用分担的再思考》,载《现代法学》2007 年第 2 期。

论主义的修正。古典辩论主义第二命题赋予双方当事人共同固定案件事实的权能,并以此来拘束法官。但在当事人违反真实义务时,法官可否将当事人的虚假陈述作为裁判基础?若依古典辩论主义的观点,则不成问题。因为在其项下,当事人并不负担真实义务,双方当事人享有完全处分事实资料的权利,法官受到当事人虚假陈述的约束。但是任凭当事人个人控制事实与证据的提出,而不予以约束的话,会使法官陷于被动的困境,极不利于事实的发现与实体的公正。在从自由民事诉讼转向社会民事诉讼的过程中,逐渐摒弃了古典辩论主义仅对于形式真实的追求。伴随着当事人真实义务的产生,对当事人在诉讼中的恣意予以一定的约束,凸显了对于实体真实的关注。真实义务立足于主观诚实,禁止虚假陈述,是在辩论主义的发展过程中对其作出的修正。

辩论主义强调法官是以当事人主张的事实作为裁判依据的,那么在当事人违反真实义务而造成该事实陈述不能被法官所审理时,在一定程度上而言,真实义务是与辩论主义有所冲突的,看似是对辩论主义的限制。但从辩论主义的根据是为发现真实的合目的性、技术性来斟酌,则真实义务和辩论主义并不矛盾,它具有修正与补充辩论主义的效果。并且若将真实义务视为对辩论主义的限制,也会和处分自由(私法自治)及辩论主义理论相冲突。因而,辩论主义虽历经百年洗礼,但并未动摇其在德国、日本等大陆法系国家民事诉讼法中的基本原则的地位,因为其是法治国家的法官保持中立的有效工具。[①] 辩论主义所强调的当事人对于诉讼资料的收集负担最终责任的核心思想是具备恒久的生命力的,而真实义务则是其项下的对于当事人陈述的规范。它是在改良古典辩论主义弊端时,为当事人设定的一项义务,并非对辩论主义的限制,而是对其一定程度上的修正。在辩论主义的发展与演变过程中,真实义务对辩论主义的修正,也是其自身获得正当性的理论依据。

三、当事人真实义务是诚实信用原则的要求与体现

诚实信用原则和当事人真实义务间的理论关联,一直为民事程序法所关注。对于诚实信用原则在民事诉讼法上的适用,现今已获得了一般性肯认。诚如有学者指出,符合诚信的诉讼程序运行是诉讼发源时即被作为追求的目标,在不同的时代与法律秩序中,所差别的只是有关对抗不诚信诉讼运行的处

---

① [日]敕使川原:《2001—2002 德国民事诉讼法改正》,载《早稻田法学》2002 年第 3 期。

罚而已。① 从当事人真实义务的立法理由来看,各国在民事诉讼法上多是以民事诉讼目的观和辩论主义的修正为切入点的,很少从诉讼诚实信用原则的角度来予以理解。但从当事人真实义务的制度精神所在,亦即防止当事人说谎和滥用司法资源等目的来看,真实义务是体现诚实信用原则本质的。并且,诚实信用原则最初的表现形式,即为禁止当事人虚假陈述。② 真实义务的设置,意在遏制当事人诉讼中说谎,其对当事人真实义务的要求,正是诚信原则作用于民事诉讼的具体体现。

诚实信用原则是起源于罗马法中的诚信契约和诚信诉讼,其后它从罗马法转入现代民法,成为近代以来各国民法典上的基本原则,并被民法学界尊为"帝王条款"。在张卫平教授看来,民事诉讼中的诚实信用原则直接缘于民法中的诚实信用原则。在民法上对诚实信用原则确立后,它就极其自然地影响到民事诉讼法对该原则的适用,亦即不但包含实体权利义务,还应包含诉讼权利义务,由此,通过实体权利和程序权利的联系,就自然推导出民事诉讼法应确立诚信原则。③ 对于这一原则能否适用于民事诉讼,学术界在很长一段时间都存有争议,肯定说与否定说各执一词,踌躇许久。但随着日本、意大利等国在民事诉讼法上对诚实信用原则的明确规定,其在民事诉讼法上获得了普遍认同。

诚实信用原则作为民事诉讼法的一项基本原则首先在大陆法系国家得到确认,它是以 1933 年的《德国民事诉讼法》中对于"真实义务"的规定为代表的。④ 德国在 1933 年修订民事诉讼法以前,有关民事诉讼法上是否适用诚实信用原则的问题,以否定说为主;但 1933 年在民事诉讼法第 138 条增设了当事人真实义务后,此举却成为承认诉讼诚实信用原则的契机。实务界和理论界一改常态,纷纷承认诚实信用原则在民事诉讼中的适用。诚如谷口安平先生所言,由于真实义务的确立,扩大了一般化的信义原则的适用范围,因而出现了更广范围上对于信义原则予以利用的观点。⑤ 诚实信用原则随着发展与演进,它已从最初的信义原则演变为协调当事人、法院和其他诉讼参与人间的

---

① Baumgärtel,Treu und Glauben,*gute Sitten und Schikaneverbot im Erkenntnisverfahren*ZZP 86,353.

② 常怡主编:《比较民事诉讼法》,中国政法大学出版社 2002 年版,第 312 页。

③ 张卫平:《民事诉讼中的诚实信用原则》,载《法律科学》2012 年第 6 期。

④ 杨建华:《民事诉讼法论文选辑》,五南图书出版公司 1985 年版,第 375 页。

⑤ [日]谷口安平:《程序的正义与诉讼》,王亚新、刘荣军译,中国政法大学出版社 2002 年版,第 173 页。

诉讼关系,并成为民事诉讼法的基本原则。而在当事人真实义务的具体规则发挥作用时,诚实信用原则又是作为理论依据出现的。真实义务禁止当事人在诉讼中虚假陈述,是诚实信用原则在民事诉讼中的具体表现形式。

真实义务是诚实信用原则的要求与体现。理论界大多认为,真实义务是诚实信用原则的核心内容[①],真实义务的内涵已被吸收进信义原则中[②]。诚实信用原则蕴含着其他原则所不具有的道德性与抽象性,当事人真实义务在诉讼中的适用使得抽象的诚实信用原则变得具体而生动,具有可操作性。而且,依诚实信用原则的表现形式来看,当事人真实义务是诚实信用原则的一个组成部分。诚实信用原则在民事诉讼法上是从以下几个方面来对当事人进行约束的:禁止以不正当行为恶意制造于己有利的诉讼状态;禁止滥用诉讼权利;禁止虚假陈述影响法官正确裁判;禁反言;诉讼上权能的丧失。可见,禁止虚假陈述作为真实义务的主旨,也是诚实信用原则的一项重要内容。最后,从当事人真实义务的要求来看,其在诉讼中具有主张与陈述的权利,但禁止说谎,这是不得滥用权利的要求,也是诚实信用原则的要求。诉讼诚实信用原则最开始的表现形态,即为禁止当事人说谎,随着诉讼形态的日渐复杂,诚信原则的具体表现形态才逐渐多样化。[③] 由此可见,真实义务是诚实信用原则的具体要求和体现,真实义务是以诚实信用原则为理论依据而在诉讼中具体发挥对当事人的规范作用的。

第六节　当事人真实义务的价值与功能

在探讨民事诉讼中当事人真实义务的价值以前,首先应当明确一个问题:民事诉讼法是否受社会所处时代的价值和意识形态所影响? 只有在明晰了这个问题的基础之上,才能较为准确地从主观意识形态上对民事诉讼当事人的真实义务作一价值上的分析。

民事诉讼法的发展是中立的还是受到价值观和意识形态的影响? 民事诉

---

① 汤维建:《论民事诉讼中的诚信原则》,载《法学家》2003 年第 3 期。

② [日]谷口安平:《程序的正义与诉讼》,王亚新、刘荣军译,中国政法大学出版社 2002 年版,第 173 页。

③ 常怡主编:《比较民事诉讼法》,中国政法大学出版社 2002 年版,第 312 页。

讼法是否能被看作是纯机械性和技术性的规则,而不具备政策色彩? 早期学者对此曾有争论。尤其是在古罗马法时代不严格区分实体法和程序法,德国法却倾向于将二者区分开来,因此对于程序法如何与实体法的价值体系及政策决定相区别或联系,在当时情境下是一大难题。对于这个问题的理解,在现在看来已不成问题。德国通说认为,实体法权利义务关系的确认和保护是民事诉讼法的基本目的,因此,民事诉讼法是和民事实体法的价值和政策决定相联系的。在司法实务中,法官对于法律的解释存在政策取向解释的可能性,而在理论研究上,学界也关注对于法院活动的政策取向的研究。从民事诉讼法的发展也可以看出,对这一问题的肯定,也在于 20 世纪民事程序法学是在学习如何与社会基本价值和规范相互联结,而对于程序法和宪法之间关系的研究,更是民事诉讼法的研究主流。从这一维度观察后可知,民事程序法的发展难免受到社会所处时代的价值或意识潮流所影响。①

诚如前一章节所述,从自由主义民事诉讼发展到社会民事诉讼观,都是具备历史条件的,亦即受到社会意识形态的制约。自由主义民事诉讼法和社会民事诉讼法各有不同的理解角度,尤其是在当事人程序主导权、法官介入判决的形成过程等问题上,都存在不同的认识基础和研究结论。加强法官的释明义务和当事人的真实义务是赋予民事诉讼法新时代的意义,而对于真实义务的价值考量,也应放在社会民事诉讼观之下考虑。

一、当事人真实义务的程序价值

价值是事物所发挥出来的作用获得主体积极的评价,是人所期待和追求的东西。任何制度与规则的设置都要考虑价值问题,不仅是因为价值是一个包含价值本质、评价、与事实的关系的一个复杂概念,而且它能解决制度与规则是否具备有用性这一基础问题。当事人真实义务也不例外,其具备内在价值和外在价值。

(一)当事人真实义务的内在价值

1.真实义务有助于实体公正的实现

当事人参与诉讼,就是为了获得公正的裁判,因而实体公正在诉讼中占据着崇高的地位。民事诉讼法中制度与规则的设置,都离不开对于实体公正的考量。任何一个国家诉讼制度的设置都极为关注实体公正,为了实体公正的实现,就需要努力地发现真实,以此来保障诉讼结果的公正。诚如江伟教授所

---

① 姜世明:《举证责任与真实义务》,新学林出版股份有限公司 2006 年版,第 486 页。

言,法官只有查明案件事实、发现真实,对实体公正抱以厚望的民众才会承认裁判结果,裁判的正当性才会具有广泛的社会意义。①

公正的裁判是要通过将正确的法律适用于真实的事实来获得的,亦即需要具备正确的法律和真实的事实两个方面。对于法官来说,在诉讼过程中,查明案件事实相当于司法三段论中的小前提,如果不能查明案件事实将会直接影响裁判的结果。② 在现代法治国家,多是以对抗制民事诉讼来发现真实的。对抗制民事诉讼认为当事人作为纠纷的亲历者,他们不但了解争议的前因后果,而且掌握充足的证据材料,是民事诉讼中最重要的证据来源。日本民事诉讼中的"手段说"即认为,当事人对民事争议具有利害关系,该利害关系促使当事人均抱有求胜心态,而法院则可以利用此心态,将收集和提供诉讼资料的任务交付当事人。在此种利害关系的驱动下,当事人会尽力提供于己有利的证据,而这种利己的心理状态称为纠纷解决的杠杆,它也促使着民事诉讼向前发展。

但是,基于人的本性和趋利避害的心理,当事人参与到诉讼中来,是为了获取胜诉利益,并非为了发现真实,因而常常会造成过度对抗:在诉讼中,当事人通常对于于己有利的事实过分强调,而对于于己不利的事实,往往会予以忽略或者歪曲,采取虚假陈述等非法手段来打击对方当事人。这非但难以发现真实,反而会混淆是非、颠倒黑白,造成诉讼结果的不公正。故而为了发现真实、实现实体公正,就应当对当事人在诉讼中的说谎行为进行规制,对其课以真实义务的要求。当事人的真实陈述,有助于法官查明案件事实,在正确认定事实的基础上作出正确裁判。反之若不赋予当事人真实义务,那么当事人的恣意诉讼、虚假陈述等行为会对法官产生消极影响,不利于发现真实,继而难以保证实体公正的实现。由此可见,当事人真实义务具有保障发现真实、实现实体公正的重要价值。

2.真实义务有助于诉讼效率的提高

效率是经济学上的一个概念,它是指投入与产出的比例关系。诉讼效率是对诉讼程序运行的快慢、解决纠纷数目的多少、司法资源的利用和节省程度的描述。它强调在诉讼中以较小的司法投入获取较大的司法收益,促使纠纷得以快速、公正地解决。诉讼效率的实质即是以最佳的方式,在最短的时间

---

① 江伟:《民事诉讼法学原理》,中国人民大学出版社1999年版,第170页。

② 顾培东:《诉讼制度的哲学思考》,载柴发邦主编:《体制改革与完善诉讼制度》,中国人民公安大学出版社1991年版,第65页。

内,以最少的诉讼成本在最大限度上满足人对自由和正义的需求。

在诉讼过程中,双方当事人都追求诉讼利益的最大化,原告方当事人企图通过诉讼来获取诉讼上的最大利益,被告方当事人企图通过诉讼来最大限度规避诉讼上的不利益。为此,原被告往往采取各种诉讼手段甚至作出虚假陈述等不法行为,这不但可能影响公正的实现,还会耗费大量的司法资源和成本,不当地延长诉讼周期。而真实义务的价值此时就凸显出来,它能够减少法院和当事人的不必要的精力、时间、金钱的损耗,明显地降低诉讼成本,提高诉讼效率。具体而言,一方面,当事人在诉讼中履行真实义务,能够一定程度上减少法院在调查取证、查明案件事实方面的诉讼成本,避免法官在诉讼中支出不必要的精力与时间,缩短审理期限,使得案件公正、高效地审理,提高诉讼效率。另一方面,对于当事人来说,当事人双方在诉讼中履行真实义务,对案件事实作出真实陈述,能够节约当事人收集证据所耗费的成本,节省当事人的时间、金钱及不必要的损耗。

现代民事诉讼并不仅仅着眼于对民事纠纷的解决,案件的裁判结果还会对诉讼当事人和社会公众产生行为指引。"许多案件不仅是给予当事人以裁判结果,更多的是需要对社会加以引导。"[①]若因诉讼程序与裁判结果的不公正造成对于行为人错误的指引,那么于新的纠纷解决中所要消耗的诉讼成本将是难以想象的。当事人真实义务对于某一事实或行为的权威评价具有很高的合理性,这一评价所包含的判断会产生如下效果:为判断所肯认的事实或行为将会引起众多的学习行为;而为判断所否认的事实或行为则会降低人们的学习动机。[②]当事人真实义务的这一评价对学习行为所产生的效用,能够从社会导向方面降低司法的社会成本,从侧面提高诉讼的效率。

3.真实义务有助于诉讼公平的实现

在民事诉讼中,评价诉讼公正与否的标准不仅在于结果上的公正,还要考虑诉讼程序能否真正为双方当事人提供公平论战的平台。应当通过合理设计诉讼制度来保障当事人诉讼程序上的平等权利,实现诉讼公平。以辩论主义为基础的制度设计,为双方当事人充分使用各种诉讼手段创设了背景。即使法官的诉讼指挥权仍发挥着作用,甚至还可能决定天平的倾向,但一旦进入到

---

① 宋渔水:《制约基层法院民事诉讼模式选择的因素辨析》,载王利明:《判解研究》,人民法院出版社 2003 年版,第 71 页。

② 龙孝云:《真实义务对民事诉讼行为的规制——兼谈我国真实义务原则的确立》,苏州大学硕士专业学位论文 2005 年 9 月,第 7 页。

诉讼环节中来,唯有当事人才能保障作为裁判基础的诉讼资料顺利地进入到法官视野,并作为裁判依据而被采纳。但应当考虑到这一点,当事人掌握的诉讼信息和拥有的诉讼能力却是千差万别的。由于双方当事人间实际存在的种种差异,在诉讼中很难通过个人努力达至真正意义上的公平对抗,因此通过制度上的设计来保障当事人诉讼公平的实现是必要的。理想状态的诉讼制度应该对于当事人间的不平等提供补偿性的平衡手段,使得当事人在诉讼中具有同等的诉讼武器,并在抗衡力量上达至相对的均衡。武器平等原则就是在诉讼中给予双方当事人平等的陈述主张的机会,亦即赋予其平等的攻击防御方法,一定程度上克服证据偏在的情况,使得当事人了解对方当事人提交哪些证据,从而在诉讼开始前即调整诉讼策略,减少诸如证据突袭等情况的发生,保障双方当事人的平等地位。

当事人真实义务,能够一定程度上保障当事人在事实认定前知悉对方当事人的论辩依据,不但包含于己有利和于己不利的证据材料,还包含对方当事人刻意回避、有意隐瞒的证据材料,促使双方当事人平等、公平地进行对抗。法庭并非当事人任意游戏的场所,当事人行使诉讼权利应当有一定的界限。对当事人的虚假陈述进行规制,能够一方面减少当事人的虚假陈述对法官的错误引导,减少法官事实认定错误的机会;另一方面强调双方的协作互动,要求当事人以公平、正义作为指导理念来进行诉讼,能够平衡双方的诉讼力量,有助于诉讼公平的实现。

(二)当事人真实义务的外在价值

1.真实义务体现了公法与私法相融合的理念

依传统法学理论,公法以强制性规范为主,而私法多数是任意性规范,公法与私法间具有严格的界限,二者不能任意混同,否则就会破坏法律的严肃性。随着19世纪工业化生产时代的到来,社会生活发生了巨大变化,人与人间的交往更加离不开社会而必须相互依存,从而也促成了法律思想向着社会本位方向的演变。为了维护社会公共利益和秩序,市民社会和政治国家间的严格界限被逐渐打破,二者相互渗透,"国家社会化"与"社会国家化"即是相互融合的产物。与此相对应,泾渭分明的公私法之间的界限逐渐模糊,二者的原则、规则与制度彼此渗透,在发展的倾向上出现了融合的趋势。这使得民事实体法上的基本原则和具体规范运用于民事诉讼法中成为可能。[①]

---

① 陈虎、散琦:《民事诉讼中的诚信原则新论》,载《国家检察官学院学报》2003年第4期。

民事诉讼法是国家通过审判权的方式来介入到民事纠纷中来,是由法院代表国家来对民事纠纷主体之间的纷争作出裁判的法律。按照传统的观点,因为国家这一要素的介入,使得民事纠纷的解决成为由国家力量来进行审判的公法上的关系。因而,在当事人和法院之间形成了民事诉讼法律关系,并且他们之间的诉讼法律关系是由民事诉讼法来进行规范的。然而,在双方当事人之间,除了以公法形式来规范其权利义务关系以外,也有必要对他们予以私法上的理念与原则的规范,这一私法上的约束甚至可以规范当事人与法院间的关系。在公法领域融合私法上的理念和原则,恰好体现出这一必要性。

在私法中,有这样一个交易原则:但凡当事人出于自身利益考虑而故意导致事实的发生或者不发生的,其后不得借口这一事实已经发生或者尚未发生。亦即违反诚实信用原则,以规避不利于己的情形发生的,视为该情形已发生;诱使而导致有利于己的情形发生的,视为该情形尚未发生。在私法上的交易行为承认这一原则,而该原则更应适用于民事诉讼中。为了实现民事诉讼制度的目的,法院会常常命令当事人作出一定的行为或者不作出一定的行为,即产生诉讼法上的义务。而当事人真实义务正是依据法的意思而产生的,其作为一项义务,当事人应当予以遵守。当事人在诉讼中的虚假陈述,不但有损公法上的利益,也会损害对方当事人的合法权益。因而对当事人课以真实义务,将私法交易中诚实信用所内含的理念引入到民事诉讼中来,要求当事人真实陈述,禁止其说谎,这不但能够保障法院审判权的正常运作,也能维护对方当事人的利益,体现了公法与私法的融合。

2.真实义务体现了协同主义的内容

对于民事诉讼目的的不同界分,会一定程度上影响到民事诉讼模式的差异,这也体现出民事诉讼体制的一些特征。通常而言,民事诉讼模式体现了当事人和法院在诉讼中的权限划分和职能分工。而研究民事诉讼模式,能够指导民事诉讼程序的配置,引导民事诉讼制度的运作,从而较好地实现民事诉讼的目的。

综观现今世界各国和地区,民事诉讼模式通常划分为职权主义诉讼模式和当事人主义诉讼模式这两类。虽然不同的国家和地区会基于自身考量而选择并侧重一种民事诉讼模式,但众所周知,单一的民事诉讼模式的缺陷逐渐显现出来,随之而来的是各国对其进行的改良与完善。其间,加强法官和当事人共同协力来发现真实,促进民事诉讼程序运作的快速简捷化,成为改革关注的内容。在民事诉讼法中规定当事人真实义务,通过加强当事人在诉讼中的义务来减轻当事人间的对抗色彩,强化当事人在民事诉讼中的协同与合作。以此为基点,通过调整单一诉讼模式的权限分配,加强法官和当事人在诉讼中的协作的民事诉讼改革油然而生,这一脱胎于当事人主义诉讼模式而又受到职权主义诉讼模式启发的新诉讼模式称为"协同主义诉讼模式"。

德国学者巴沙曼曾对协同主义作出较为全面的阐述,他认为协同主义是一种完全不同于辩论主义的新的诉讼结构,协同主义要求全部的诉讼参与人协力参与诉讼,在诉讼中应形成法院以及双方当事人这三方之间的一种协力的关系,认为民事诉讼是一种社会的民事诉讼。[①] 协同主义不但注重对当事人权益的维护,而且同时关注法安定性、客观法秩序等社会秩序的维护。协同主义诉讼模式更加关注实体真实,在当事人层面强调真实义务,在法官层面强调释明义务,采取加强法官与当事人在诉讼过程中的共同协作的方式来发现案件真实,并共同追求诉讼的实质正义。依肖建华教授的观点,诉讼协同主义的主要内容包含:①法官的释明义务(释明权);②法官为了促成心证、发现真实所必须具备的一定的权力,如德国、日本民事诉讼法中所规定的法官可以询问当事人、可以依职权勘验等权力;③法官具有指出要适用的法律的义务;④当事人具有真实陈述的义务;⑤当事人具有诉讼促进义务等。[②] 从以上内容可知,当事人的真实义务是诉讼协同主义所必备的一个主要方面,也是当事人的一项法律义务。在诉讼中当事人提出主张及证据材料并予以证明,法官在此基础上作出裁判。若在诉讼中任凭当事人采取虚假陈述、恣意诉讼等手段,而对其所实施的诉讼行为不作出约束,这会影响案件事实真相的发现,继而损害到诉讼的公正与权威。有鉴于此,为了顺应变化着的司法理念和政治生活的要求,大多数国家都对本国的民事诉讼制度进行一定的完善与改革,对当事人课以真实义务的要求,对其民事诉讼行为进行规范,发挥当事人在事实发现层面的协力作用,从而达至当事人之间以及当事人和法院之间在诉讼上的互动状态,尝试建构和谐的诉讼结构。

二、当事人真实义务的理论基础

(一)真实义务是修正人性弊端的重要途径

马克思曾指出:"人们扮演的经济角色不过是经济关系的人格化,人们是作为这种关系的承担者而彼此对立着。"[③]古典经济学家穆勒认为"经济人"是

① [日]森勇:《社会的民事诉讼法书评》,载《民诉法杂志》1995 年第 25 号,第 47 页。

② 肖建华:《构建协同主义的民事诉讼模式》,载《政法论坛》2006 年第 5 期。

③ 《马克思恩格斯全集》第 23 卷,人民出版社 2008 年版,第 103 页。

会计算、有创造性、能寻求自身利益最大化的人。依经济学的博弈理论，自然人的理性会使得交际中的各方为了谋取个人利益最大化而往往不择手段，最终会造成交际失败、各方关系破裂。

从人性角度来看，自然人具备趋利避害、利己自私的一面。自然人基于本性会维持自己的既得利益，并追寻自己的预期利益。这如同博弈论中的"囚徒困境"理论①，是两个囚徒间的一场特殊博弈，双方彼此出卖虽然会侵害最佳的共同利益，但却是所能选择的自己的最大利益。这也说明了为什么甚至在对合作双方最有利时，双方保持合作也是十分困难的。基于自然人的个人理性，个人的最佳选择时常并非团体的最佳选择，个人理性可能会导致集体的非理性。和博弈论的其他例证相同，"囚徒困境"假设在没有其他力量干预个人选择，参与者全凭个人意愿进行选择的情况下，各个参与者均是自私利己的，都在追寻自身利益最大化，而不关心其他参与者的利益。"囚徒困境"是人性的真实写照，当然其中也不乏心理学分析的意义所在。

正如"囚徒困境"所反映的人性弊端一样，民事诉讼当事人作为自然人也不可避免。德肖维茨曾经提道："在法庭上，人人都是为了自己。"著名的"德肖维茨定律"指出：在司法审判中，没有一个人当真需要正义。在诉讼中，当事人真实陈述将不利于己或者不能增加自己的诉讼利益时，当事人就不会真实陈述；在自身所掌握的证据材料于己不利时，当事人通常也会选择不提供证据甚至制作伪证。这是人性弊端的体现，如果社会中人人讲真话，民事诉讼只会在一种情形下发生，即双方当事人确实对纠纷存有歧义而起诉至法院。但现实与理想总是相差较远的，表现在民事诉讼中就是当事人的虚假陈述和恶意争执比比皆是。

依经济学原理，"寻求双方理性的整体最优，即双方各获得1个单位的收益，必然要求 AB 双方做到相信和守信的逻辑契合，而不是不相信和失信的不利倾向。这种诚实信用的预设支持必为双方带来长期合作收益，即 1 个单位的收益。"②具体到诉讼中来，真实义务是人的善性的表现与人性善良的要求，

---

① "囚徒困境"是1950年美国兰德公司提出的博弈论模型。两个共谋犯罪的人被关入监狱，不能互相沟通情况。如果两个人都不揭发对方，则由于证据不确定，每个人都坐牢一年；若一人揭发，而另一人沉默，则揭发者因为立功而立即获释，沉默者因不合作而入狱十年；若互相揭发，则因证据确实，二者都判刑八年。由于囚徒无法信任对方，因此倾向于互相揭发，而不是同守沉默。

② 何修良：《迭演博弈与精诚培植：诚信体系建构的逻辑路径》，载《理论与改革》2004年1月，第113页。

它能够克服人性本能的消极一面,是规避人性弊端的重要手段。因此,当事人真实义务在民事诉讼中的设置能够消减人性自私利己的弱点,是克服人性弊端的必要。

(二)真实义务的法理基础

通常人们理解法治有两方面的含义:一是立法本身是完善的;二是良好的法律得以运行。① 第一个方面是法律自身因素,第二个方面是人的因素。当事人真实义务在民事诉讼法上的设置与这两个方面均存在联系。

什么是完善的立法?这一问题在不同的法观念下所包含的内容各不相同。依据韦伯的"理性类型"研究方法,法治包含两种状态。一种是近现代意义之上的法治,它是将法律形式上的合理性当作追求的首要目标。什坦姆列尔曾说道:"法之为正当的法,并不需要具有一定的内容,只要它形式上合乎标准,不管其内容多么糟糕,仍不失为正当的法。"②但正如高鸿钧教授所言,形式法治仅是法治的原初和基本形式,实质法治是以形式法治为基础而作的调整和校正。③ 而实质法治,又或者称作法实质上的合理运作,是和道德因素存有密切关联的。

形式法治崇尚理性主义,认为仅仅依靠理性力量就能够发现理想化的法律体系。因此很自然,人们力图系统地规划出无所不包的、详备的、严密的法律规则,并将他们全部纳入一部法典之中。④ 但无论如何,人类的理性都无法创造出如此完善的法典。从 19 世纪末到 20 世纪初,理性主义遭遇严重危机。非理性主义极力提倡主体人的个别性与非重复性,它背离了西方传统哲学的要求。如果说传统哲学的本质是确定性、必然性、绝对性、普遍性和抽象性,那么现代哲学的本质则是模糊性、或然性、相对性、特殊性和具体性。

这一变化体现在法学上来,就表现为由概念法学占主导地位的格局被打破,出现了历史法学、目的法学、自由法学、价值法学、利益法学等。它们的共同点在于,都坚信立法不是万能的,法律在运行过程中必然会存在各种局限性,因此,幻想实行一种单纯追求形式合理性的法治即使能够实现法律的一般

---

① 亚里士多德:《政治学》,吴寿彭译,商务印书馆 1965 年版,第 199 页。

② [德]马克斯·韦伯:《论经济与社会中的法律》,张乃根译,中国大百科全书出版社 1998 年版,第 24 页。

③ 高鸿钧:《现代法治的出路》,清华大学出版社 2003 年版,第 241 页。

④ [美]E.博登海默:《法理学:法哲学及其方法》,邓正来译,华夏出版社 1987 年版,第 67 页。

正义,也是建立在舍弃大量个别正义的基础之上,是不可取的。[①]

　　具体到民事诉讼上来,那些认为通过具体完备的诉讼规则就能实现民事诉讼目的,而无需对法官和当事人设立具体义务;认为民事诉讼法是技术立法,为了法的安定性而否认法官通常情况下的自由裁量权的观点都包含形式法治的弊端。想要通过明确、详尽的法律规则造就出完善的民事诉讼法仅仅只是空想,合理的模式还应当赋予诉讼主体一系列的义务,尤其是当事人的诉讼义务,并且通过法官的自由裁量进行价值补充。唯有如此,才能在最大限度上完善立法,才能最大限度地实现民事诉讼目的。

　　在法治的第一个方面"完善的立法"中作为人的因素是隐含其中的,而法治的第二个方面"良好的法律得以运行"中,作为人的因素则占有十分重要的地位。法律的良好运行受制于主体的观念、习惯和相关机制的影响,作为主体之一的自然人在其中起到关键作用。当事人在民事诉讼中诚实守信,真实、完全地陈述,善意地行使诉讼权利、履行诉讼义务,这会极大地减轻法院的负担,利于法官发现真实并作出正确裁判,促进民事诉讼的良好运行。

　　(三)真实义务的宪法基础

　　民事诉讼法的真实义务制度,其法依据的探寻,固可自宪法中的财产权保障、公正程序请求权、武器平等原则及法治国原则寻获其宪法基础。[②] 国家禁止当事人自力救济,而委以民事诉讼制度对当事人进行保护。民事诉讼制度是国家以公权力解决公民私益纠纷的武器,是为了维护个人权益和社会公共权益而限制自力救济的程序。因此,构建充分保障当事人财产权、符合公正程序、武器平等原则和法治国原则的民事诉讼程序,是法治国家的一项重任。国家在宪法上确立了当事人平等地享有诉权和获得救济的权利,那么国家就应当肩负起构筑充分保障当事人权益和社会公共权益的诉讼规则。据此可知,民事诉讼程序应当实现司法的公平正义,而不应成为当事人投机取巧的赌场。当事人真实义务在民事诉讼法上的确立毫无疑义有助于上述宪法价值的实现。

　　(四)真实义务的证据法基础

　　诉讼过程在本质上是司法证明的过程,证据作为司法证明的重要手段,是

---

　　① 陈金木:《诚信与法治——一种文化视角的考察》,载北京市依法治市领导小组办公室、北京市司法局、北京市法学会编:《诚信与法治》,中国工商出版社 2002 年版,第 228~229 页。

　　② 姜世明:《举证责任与真实义务》,新学林出版股份有限公司 2006 年版,第 485 页。

发现案件事实的依据。证据法包含的内容具备复杂性和特殊性,促使其与民事诉讼存在着密切联系。

对于证据法的性质,学界存在以下几种意见:一种认为证据法属于程序法的一部分。我国台湾地区学者陈朴生指出:"刑事证据法,乃刑事诉讼法之一部,亦刑事法之一种。"[①]另一种主张,证据法兼有实体法和程序法的属性,因为从发现证据的过程看,它具有程序法的意义;但从认定案件事实的功能看,它又具有实体法的色彩。[②] 还有一种认为证据法是不同于实体法和程序法的一个独立的法律部门。证据在案件过程中形成,又在诉讼过程中取得,由此决定证据法具备实体法和程序法的双重意义。从证据发现过程来看,其接近程序法;从证据效力来看,由于证据主要在于认定案件事实,而案件事实属于实体问题,因而证据法的作用是确认实体权利义务关系,具有实体法意义。证据法既不同于实体法又不同于程序法,具备独立特性。国外主流观点将证据法纳入程序法,笔者却认为证据法不属于诉讼法,它是独立于诉讼法的一门程序法。证据在诉讼过程中占有重要地位,是诉讼程序的中心环节。证据法领域的理想状态之一是人人都讲真话,法官以当事人陈述的事实为基础查明真相、作出判决,从而符合真实义务的证据法基础。

当事人真实义务设立的证据法基础就在于查明和正确认定案件事实。在诉讼过程中,对于事实的认定,亦即证据调查已经成为裁判的核心内容。在实际的裁判中,无论是民事诉讼还是刑事诉讼,几乎所有的案件都是由当事人针对事实的认定来展开各自的进攻或防御的,甚至这种攻防可以决定诉讼的胜与败。[③] 由此可知,对于大多数案件来讲,双方当事人主要在于事实问题的争执。形象地说,实践当中如果有一千个事实问题(Tatsachenfragen),那么真正的法律问题(Reehtsftagen)还不到事实问题的千分之一。[④] 日常生活中发生的纠纷经当事人主张进入民事诉讼后才能成为案件事实,继而由法官组织各诉讼主体参加,依照法定的条件和程序认定事实。查明和正确认定案件事实是作出正确裁判的基础,对实现实体公正具有重大意义。

法律事实不同于客观事实,法官所认定的案件事实是对客观事物作出的具有法律意义的事实判断,而证据正是法官认定案件事实并作出裁判的依据。

---

① 陈朴生:《刑事证据法》,三民书局 1980 年版,第 1 页。
② 毕玉谦:《民事证据法及其程序功能》,法律出版社 1997 年版,第 13 页。
③ 石井一正:《日本实用刑事证据法》,五南图书出版公司 2000 年版,第 4 页。
④ 魏德士:《法理学》,法律出版社 2003 年版,第 298 页。

但如前所述,基于人性的自私和对利益的追逐,为了胜诉,当事人在诉讼中并不会真实完全地陈述案件事实,甚至采取隐瞒、虚构事实等不正当手段,这都会影响到法官对案件事实的查明和认定。司法人员虽然可以达至正确的认识结论,但无论是从人类司法证明活动的总体来说还是就每个具体案件的司法证明活动而言,这种正确性都不可能达到百分之百的程度……最核心的问题是如何在最大限度上或者尽最大可能地保证认识结论的正确性。① 一般而言,当事人对案件事实和诉讼的争议点最为清楚,如果当事人能善意履行真实义务,将会对法官查明和正确认定案件事实提供帮助,而这也正是真实义务的证据法基础。

三、当事人真实义务的制度功能

(一)规范功能与强制功能

所谓法的功能,是指法律作为一个体系或部分,在一定的立法目的指引下,基于其内在结构属性而与社会单位所发生的,能够通过自己的活动(运行)造成一定客观后果,并有利于实现法律价值,从而体现自身在社会中的实际特殊地位的关系。② 一般来说,法具有四种功能:规范功能、导向功能、保护功能和强制功能。当事人真实义务作为法的一项具体制度,在诉讼程序中主要发挥规范功能与强制功能。

1.规范功能

作为体现国家意志的法律制度,对机关、团体和个人的权利义务、作为与不作为都以规范性的法律条文进行规定。法律制度告诉人们可以做和不可以做什么、应当做和不应当做什么、什么是合法的和什么是违法的、违法行为应受到何种制裁和承担何种法律责任等。规范功能是法律制度的最基本功能,其他功能都是由该功能派生的。

当事人真实义务作为一项诉讼法律规范,具有行为规范功能,能够指导和规范当事人的诉讼行为,防止其滥用诉讼权利。真实义务作为限制性准则来约束当事人的诉讼行为,对如何参与和进行诉讼提出了真实要求。它渗透到民事诉讼的全过程,在审判、执行、仲裁等程序中,只要涉及当事人的陈述,均应受到真实义务的规范。真实义务具备法律和道德的双重规范功能,要求当

---

① 何家弘:《证据法功能之探讨—兼与陈瑞华教授商榷》,载《法商研究》2008 年第 2 期。

② 付子堂:《法律价值论》,中国政法大学出版社 1999 年版,第 35 页。

事人在诉讼中真实、善意地陈述,并协调各方以完成诉讼;对于当事人违反真实义务的诉讼行为,法官行使审判权进行干预,促使其承担不利法律后果。

2.强制功能

法律制度是国家制定的行为规范,具有人人都必须遵守的强制效力。在国家权力的管辖范围内,对于法律的明确规定,公民都必须遵守。而一旦违反,就应当受到法律的制裁,体现了法律的权威性和所具有的强制功能。法律的这种强制功能,不允许任何特权的存在,对任何公民同样适用。

当事人真实义务属于强制性规范,它要求当事人在诉讼中必须予以遵守,而不得随意违反或约定排除适用。若当事人在诉讼中违反真实义务而虚假陈述或恶意争执时,就会承担相应诉讼行为无效、失权、法官心证的不利影响、承担诉讼费用、损害赔偿责任甚至刑事制裁等不利法律后果。

(二)具体功能

真实义务作为诉讼法上的义务,它的规范功能主要表现在当事人据此负有不得为非真实陈述的义务,即消极不作为义务;除此之外,将完全义务作为真实义务的一部分,当事人还负有完全陈述的义务,即积极义务。就当事人真实义务的具体功能而言,除制裁诉讼欺诈、维护诉讼程序公正运行外,还具有避免滥诉和要求当事人一定程度上协力发现真实的意义。此外,基于真实义务与诚实信用原则的联系,也可以贯彻真实义务在禁止当事人运用非法诉讼手段而获得不当得利或者对他人侵权方面的功能。

1.真实义务有利于防止诉讼欺诈

在现代民事诉讼中,当事人双方对抗的因素日渐增多,而由法官主导的因素逐步减少,这一趋势造成双方当事人过度对抗、当事人滥用诉讼权利等问题日益凸显。当事人参与诉讼的目的并非发现客观真实,而在于赢得法官的裁判支持、获取民事权益。因而在诉讼中,当事人极尽所能使用一切诉讼手段,甚至使用捏造事实、隐瞒真相、伪造证据等诉讼欺诈的方式,企图借助诉讼程序使得法官作出有利于自己的裁判,获取不法利益。有鉴于此,必须从法律层面上对当事人的诸如此类不法行为予以规范,通过采取一系列的法律强制手段来规范当事人的诉讼行为。当事人真实义务,对当事人的陈述课以真实的要求,禁止当事人在诉讼中说谎。其不仅通过法律义务的规定来强制规范当事人在诉讼中不得虚假陈述,而且从另一个方面来讲,有利于培养诉讼当事人的法律涵养。通过当事人真实义务的设置,对其虚假陈述等不法行为予以规制,采取不利法律后果与道德谴责的惩罚,促使当事人在诉讼中履行真实义务,保障诉讼程序公正地运行。

2.真实义务有利于防止诉讼拖沓

在诉讼中,当事人进行虚假陈述的原因很多,而较为常见的目的与动机之一即为拖延诉讼。当事人实施虚假陈述之所以造成诉讼拖沓,是因为其实施的对于案件事实的虚假陈述会直接加重对方的攻击与防御负担,并且延长法官发现真实的时间,导致诉讼拖延。实际上,即使当事人实施虚假陈述的目的并不是为了拖延诉讼,但其在客观上都会导致诉讼周期延长、诉讼效率降低的不利后果,影响诉讼的效益。作为诉讼法律关系主体,当事人应当保障诉讼程序顺利地运行;作为权利的主张一方,当事人也负有促使其权利在最短的时间内予以最大的维护的责任。确立当事人真实义务,对当事人在诉讼中的虚假陈述予以禁止,并设置相应的不利法律后果,有利于防止诉讼拖沓,促使法官较快地确定案件争点、提高辩论效率、尽快查明事实,作出公正、高效的裁判。

3.真实义务有利于防止突然袭击

新堂幸司教授认为,若允许法官依据职权来确定审理的对象或者收集证据,就容易导致法官对于事实先入为主的判断,而更为严重的是,若不承认当事人对于证据的收集权抑或同时承认当事人与法官的证据收集权,就容易使法官在运用法律或证据对案件进行裁判时和当事人产生分歧,给当事人造成意外的打击,此即裁判上的"突然袭击"。[①]

将防止突然袭击的对象从法官扩展到当事人,这就要求当事人不得在诉讼中提出未在法庭辩论前知会另一方当事人的事实或证据。因而,当事人真实义务也就具备了防止诉讼上的突然袭击的功能。当事人真实义务禁止当事人诉讼中的虚假陈述,要求当事人在诉讼中对己方掌握的事实或对方当事人所主张的事实进行真实陈述,在协助法官发现真实的同时,也防止了当事人对于对方当事人的突然袭击,使得双方当事人在民事诉讼中获得公正的程序上的保障。

4.真实义务有利于发现案件的事实真相

当事人真实义务重在强调"禁止说谎"。在民事诉讼中,一方当事人提起诉讼须依据确实存在的事实并且要具备诉讼利益,不得就虚假的事实进行恶意诉讼;对方当事人也应当如实抗辩和参与诉讼,不得虚假陈述。原被告双方当事人都负有真实义务,应当共同协助法官发现真实,而并非以诉讼技巧达致

---

① 刘学在:《民事诉讼辩论原则研究》,武汉大学出版社 2007 年版,第 45 页。

胜诉目的。① 在诉讼中,对于只有当事人的陈述,而没有其他证据的案件来说,真实义务对于事实发现的功能更为显著。此种情况下,由于缺乏其他直接证据,法官获取心证的途径就只能依据当事人在诉讼中的陈述,而此时,当事人陈述的真实性就成为了法官认定案件事实的重点。此时若当事人虚假陈述,则会误导法官对于事实的判断,极有可能造成法官作出错误裁判。因而强调当事人的真实义务,能够有利于法官发现案件的事实真相,并在此基础上作出公正判决。

---

① 张国文:《司法改革视野下的当事人真实义务论析》,载《高等函授学报(哲学社会科学版)》2010 年第 8 期。

第二章
当事人真实义务在我国视野下的考察

　　当事人真实义务在域外民事诉讼中的确立,在于其与民事诉讼基本理论紧密联系,也和各国民事诉讼的理念与制度息息相关。"法律是如此重要的社会现象,因此人们不能离开社会的其他方面而孤立地分析法律。"①我国民事诉讼法中虽然没有明确规定当事人真实义务,但在我国视野下进行考察就会发现,在理论研究方面,学界已经对真实义务进行着热烈的探讨;在司法实践方面,我国民事诉讼当事人虚假陈述的情形日益严重并且已有部分法院对虚假陈述行为予以制裁的做法;在法律规范方面,现有的部分法律法规和司法解释中也已体现出当事人真实义务的相关内容与要求。基于此,笔者采取实证分析法与规范分析法,在我国视野下对当事人真实义务作出一番考察。

第一节　理论研究方面的考察

　　对于是否在我国设立当事人真实义务这一问题,我国学者虽没有形成正面的交锋,但对于辩论主义的完善方式与诚实信用原则在民事诉讼中的适用,在我国理论界却产生了较大争议。透过这些理论交战,有关真实义务的相关问题也可略见一斑。

一、理论争议

　　我国理论界对于如何完善辩论主义及是否适用诚实信用原则、当事人真

---

　　①　［英］罗杰·科特威尔:《法律社会学导论》,潘大松译,华夏出版社 1989 年版,第2页。

实义务制度,主要存在以下三种观点。

第一种观点以张卫平教授、江伟教授为代表,认为我国诉讼模式的改革目标是坚持当事人主义,要加强当事人对抗的色彩,诚实信用在当下直接适用于我国民事诉讼的空间并不大,因而也无需设立当事人真实义务。在张卫平教授看来,只有以当事人主导原则为主线和基调,才能把握民事诉讼理论体系逻辑发展和各个理论之间的统合。对辩论原则、处分原则、举证责任、证据制度、诉讼标的、既判力、诉权等诸多理论问题研究都不能离开当事人主义这条主线。① 对于辩论主义的完善方式,张教授主张应当在坚持当事人主义这一原则下,逐步废除法官依据职权主动收集证据的权力,强化民事诉讼中当事人的对抗机制。而在我国当前的诉讼模式和司法理念下,从我国的一般理论来看,法官的释明权尚无必要,因而无需在民事诉讼中赋予法官释明权。但为了防止裁判突袭,仍须课以法官法律观点指出义务。②

随着诚实信用原则在我国民事诉讼法中的明文化和法定化规定,我国民事诉讼法学界有关是否适用诚实信用的争论已经结束。但张教授认为,目前在我国因为体制的原因,还缺乏诚实信用原则进一步具体化的机制。该原则在当下仅是作为具有浓厚伦理性色彩的法律原则,对当事人的诉讼行为产生一定的教化作用,并为法院的指导性案例、司法解释和法官裁量提供根据,是一种宣示效益的法律规范。③ 张教授考虑到,在我国,支撑诚实信用原则法定化的依据都是以强化形态出现的。国外的诚实信用原则通常是对当事人主义、辩论主义、处分主义的补充和修正,而与此不同,我国从制度语境来看并不具备诚实信用原则存在的上述诸前提,因而设立诚实信用原则似乎没有必要,对于违反诚信的诉讼行为进行规制,在我国通过法官干预实现没有体制上的阻碍。但悖论在于,我国法官虽能够对当事人的非诚信行为予以干预,但缺乏支撑其干预的足够的司法权威,致使法官很难发挥自由裁量权来有效规制当事人滥用诉讼权利。这就为诚实信用原则在民事诉讼中的实施带来了极大的不确定性。从域外有关诚实信用原则的司法实践来看,主要是运用大量判例来实现该原则的,诸种判例对司法审判发挥指引作用。同时,借助这些判例,

---

① 张卫平:《诉讼构架与程式:民事诉讼的法理分析》,清华大学出版社 2000 年版,第 150 页。

② 张卫平:《诉讼构架与程式:民事诉讼的法理分析》,清华大学出版社 2000 年版,第 130、181、186 页。

③ 张卫平:《民事诉讼中的诚实信用原则》,载《法律科学》(西北政法大学学报)2012 年第 6 期。

实务又与学术界的理论分析、批判形成互动,逐渐形成一种司法共识和司法行为范式。比较而言,在我国,显然缺乏这样的司法运作机制和理论界的互动机制。① 因而,我国民事诉讼法确立的诚实信用原则难免沦为睡眠条款。虽然张教授对于是否设立当事人真实义务未置可否,但从他认为真实义务是对辩论主义的修正以及诚实信用直接适用于我国的空间并非想象中那么大这些表述来看,隐含着对当事人真实义务的否定。

　　第二种观点以唐力教授、肖建华教授为代表,主张我国应建立协同主义,在这一构造下设立当事人真实义务。肖建华教授认为,传统的当事人主义已经被西方的理论与司法制度矫正,在引进这个概念之后我们发现的诸多问题,同样也可能是他们民事诉讼实践中已经遭遇到的问题,这也迫使他们改变这些制度;同时,由于中国社会环境和关于实质正义文化观念的特殊需求,这些自由主义法学观念与中国现实的冲突比较大,移植于中国后产生的问题可能更多。② 由于不适当地引入当事人主义,在我国司法实践中出现严重的审判权缺位和失范,而且弱化审判权并没有有效遏制司法腐败,反而由于审判权的失范还进一步加剧了司法腐败。③ 因而在中国,与其否定法院的职权作用,倒不如承认并规范审判权的作用,在这一基础上,引入不同于辩论主义的协同主义。

　　在唐力教授看来,协同主义侧重于探知实体真实,强调法官的释明义务与当事人的真实义务,法院与当事人协同实现实体真实。同时,唐教授还强调,协同主义并不能完全否认和抛弃辩论主义,当事人依然是案件事实解明的主要责任承担者。协同主义的核心即是法官的释明义务和当事人的真实义务。④ 在对诚实信用原则的论述中,唐力教授提到,从当事人的侧面考察,诚实信用原则表现为要求当事人履行"真实义务"。"真实义务"是作为民事诉讼中诚实信用原则的一般表现形态而存在,是对辩论主义的内在制约。⑤ 从真实义务保障法官正确裁判的机能来看,应当采用广义理解,与事实主张有关的

---

①　张卫平:《民事诉讼中的诚实信用原则》,载《法律科学》(西北政法大学学报)2012年第6期。

②　肖建华:《构建协同主义的民事诉讼模式》,载《政法论坛》(中国政法大学学报)2006年9月第5期。

③　肖建华:《民事诉讼立法研讨与理论探索》,法律出版社2008年版,第3页。

④　唐力:《辩论主义的嬗变与协同主义的兴起》,载《现代法学》2005年第6期。

⑤　唐力:《论民事诉讼中诚实信用原则之确立》,载《首都师范大学学报(社会科学版)》2006年第6期。

行为均应纳入其范畴。并且完全陈述也是当事人真实义务的当然内容。① 由此可见,唐力教授和肖建华教授在认同协同主义的基础上主张设置当事人真实义务,强化法官与当事人的协作,在二者之间设置一种全新的诉讼架构。

第三种观点是以翁晓斌教授为代表,其认为应当在坚持的同时修正和改良辩论主义,在辩论主义之下设立当事人真实义务。随着审判方式的改革,我国民事诉讼越来越呈现辩论主义的改革倾向,2001 年的《关于民事诉讼证据的若干规定》的出台,标志着我国民事诉讼在实际运行中初步确立了辩论主义。在翁教授看来,我国民事诉讼在实体形成面上由职权探知主义向辩论主义的转变,迎合了我国社会转型对于新型纠纷解决机制的现实需要,也符合我国民事诉讼制度现代化和国际化的发展方向,同时也是对我国多年的积薪式的审判方式改革成果的全面总结。② 但辩论主义并非完美无缺的,在坚持辩论主义的同时,要克服机械适用的弊端,否则将会重蹈职权探知主义的覆辙。为此,翁教授主张通过释明权制度来弥补辩论主义的制度缺陷。释明权包含了对主张的释明与对立证的释明两方面。它能够有效避免当事人在诉讼中因主张不当或举证不足而遭受不利裁判的后果,促进裁判的公正。因而释明权被视作辩论主义的补充,而非例外。从另一方面来讲,与德、日等大陆法系国家相比,我国民事诉讼有着长期实行职权探知主义的历史传统,当事人适应辩论主义的能力普遍较弱,实行没有释明权修正或补充的辩论主义,辩论主义的弊端只会更加突出。因此,我国只有强化法院释明权的必要而断无弱化释明权的理由。③ 翁晓斌教授虽然没有明确表示确立当事人真实义务,但依照他的思路与讨论不难看出,如果真实义务有助于克服机械适用辩论主义的弊端而又不会对辩论主义造成破坏,当事人真实义务的设置是十分有必要的。④

二、本书的观点

针对我国理论界的上述讨论,笔者认为,张卫平教授提倡的改革方式虽然彻底,但当事人主义作为我国民事诉讼的改革目标,在现阶段还不能立即实现,因而也就不能以坚持当事人主义和加强当事人对抗为理由来排斥当事人

---

① 唐力:《论民事诉讼中诚实信用原则之确立》,载《首都师范大学学报》(社会科学版)2006 年第 6 期。

② 翁晓斌:《职权探知主义转向辩论主义的思考》,载《法学研究》2005 年第 4 期。

③ 翁晓斌:《职权探知主义转向辩论主义的思考》,载《法学研究》2005 年第 4 期。

④ 郭小川:《辩论主义下当事人真实义务研究》,浙江大学硕士学位论文 2012 年,第 28 页。

真实义务在我国的适用。在我国要实现当事人主义,至少存在三大障碍:一是我国职权主义根深蒂固,在现阶段还没有做好完全实行当事人主义的准备;二是我国东西部地区差异巨大,现阶段在不同地域推行当事人主义必然会产生不同的效果,这会危及司法的权威与统一;三是一直以来我国的政治环境以稳定为主,改革的基调是循序渐进,从历次民事诉讼法的修改也可以看出,短期内还不能完全实现当事人主义。① 但即便如此,也不能认为当事人真实义务只有在"权利主导"型诉讼结构中才能适用,由于我国当前还处于当事人主义的过渡阶段,因而不宜设立真实义务来对当事人行使诉讼权利设置障碍。这是因为,真实义务作为对当事人行使诉讼权利的一种约束,确实需要在解放当事人权利的情况下得以有效贯彻。但滥用权利植根于自然人的自私本性中。当事人主义诉讼模式的种种弊端给民事诉讼体制乃至整个司法制度、法治目标的实现所带来的冲击与破坏,在英国司法改革的背景中清楚地表现出来。② 所以应当树立法律权威,但司法权威的树立,要求法律能够满足人的需求,从而在内心建立对于法律的信仰。从这个意义上来讲,法律不但应赋予当事人诉讼权利,还应当课以相应的义务,从而使得当事人切实地享有权利,使得当事人的权益得以充分维护。而这一状态的实现,离不开真实义务对当事人诉讼行为的规制,因而否认真实义务在我国设置的观点是值得商榷的。

唐力教授提出的协同主义观点在当前来讲十分符合我国国情,但协同主义暗含了在诉讼中使法官重返积极主动地位的含义,如若对其度把握不当,极有可能重蹈职权探知主义的覆辙。即便有如此担心,唐力教授所主张的在讨论协同主义时不能抛弃和否认辩论主义的观点仍然是值得借鉴的。唐教授指出,重视当事人在诉讼中的作用,将当事人的作用作为民事诉讼的中心内容来加以构建,正是基于此,当事人之间的辩论才能更加有活力;与此同时,就案件事实的探知或者诉讼资料的形成来看,辩论主义无疑也是具有意义的。③ 那么和其他手段相比,辩论主义依旧是发现真实的最佳方式,而当事人真实义务作为对辩论主义的一种补充和修正,在案件事实关系的解明方面能发挥更好的作用。从这一点来讲,即便我国不采用协同主义,真实义务在我国的设置也

---

① 郭小川:《辩论主义下当事人真实义务研究》,浙江大学 2012 年硕士学位论文,第 29 页。

② 齐树洁:《英国民事司法改革及其借鉴意义》,载陈光中主编:《诉讼法理论与实践——民事行政诉讼卷》,人民法院出版社 2001 年版,第 52 页。

③ 唐力:《辩论主义的嬗变与协同主义的兴起》,载《现代法学》2005 年第 6 期。

是必要的。

翁晓斌教授主张继续实行与完善辩论主义的观点较为中肯,既肯定了辩论主义在我国的良好发展态势并应当进一步坚持,也清楚地认识到辩论主义存在的先天不足,以及我国在借鉴过程中所面临的诸多缺陷,并提出改革过程中完善我国辩论主义的途径。而在修正辩论主义的过程中,充实和增强法官的释明义务和当事人的真实义务则成为重要的方式和手段。

第二节　司法实践方面的考察

一、从一则案例引发的思考

2013 年江苏省徐州市鼓楼区人民法院召开了关于打击虚假诉讼的座谈会,在会上对民事诉讼中较为严重的当事人虚假陈述的情形进行了研讨。在鼓楼区法院通报的一则涉及当事人虚假陈述的案件中,原告在庭审中利用被告不到庭的情形,在举证时陈述虚假的事实,但在第二次开庭时原告的虚假陈述被被告提供的证据所揭穿。后法院认为,原告在第一次开庭时实施的虚假陈述对于本案的裁判结果有直接利害关系,属于伪造重要证据的妨害民事诉讼的行为,故依《民事诉讼法》第 111 条的规定①,对原告的虚假陈述施以 10 万元罚款。这是鼓楼区法院对当事人虚假陈述所开的首张罚单。

从上述案例可以看出,鼓楼区法院在审判实践中禁止当事人虚假陈述,并对其处以罚款处罚,并且在我国部分法院的审判实务中也出现了对当事人虚假陈述予以处罚的措施。由此可见,我国立法虽没有明确规定当事人真实义务,但在审判实践中法官会要求当事人真实陈述,并且部分法官还对当事人的虚假陈述行为进行制裁。

对于鼓楼区法院对原告的虚假陈述施以民事制裁这一做法,各方有如下观点:

---

① 《民事诉讼法》第 111 条规定:"诉讼参与人或者其他人有下列行为之一的,人民法院可以根据情节轻重予以罚款、拘留;构成犯罪的,依法追究刑事责任:(一)伪造、毁灭重要证据,妨碍人民法院审理案件的;(二)以暴力、威胁、贿买方法阻止证人作证或者指使、贿买、胁迫他人作伪证的……"

原告认为,其在第一次开庭时的虚假陈述,并非故意的,而是由于记忆模糊而忘记了被告已还款的事实,主观上非故意,不属于伪造重要证据。况且虚假陈述行为虽扰乱了法庭秩序,但行为轻微,不应适用罚款,且 10 万元罚款处罚明显偏重。后原告不服提起上诉,在二审中原告撤回了上诉。

法官回应,当前民事诉讼中,当事人虚假陈述的现象较为严重,这给查明案件事实造成了很大困难。现行立法中,除诚实信用这一原则外,民事诉讼法并未对当事人的虚假陈述作出规范,导致实践中常常无法对其进行制裁。在当事人实施的严重的虚假陈述案件中,一些法官也只能依据《民事诉讼法》第 111 条和第 112 条的妨害民事诉讼的强制措施的相关规定来对当事人予以处罚。

在某律师看来,我国公民法律素养偏低这一现状为当事人实施虚假陈述提供了极大可能性,但更为重要的原因是我国现行民事诉讼法没有明确规定当事人真实义务,对当事人的真实陈述的要求只是道德上的规范。但从律师执业的角度来讲,当事人的虚假陈述通常会加大律师在案件代理方面的难度。

一些网民指出,民事诉讼是双方当事人对抗的场所,出于胜诉目的,各方当事人会采取各种诉讼手段,其中不乏虚假陈述等行为。而在诉讼中,查明案件事实是法官的任务,不应当对当事人课以真实陈述的要求。基于人的趋利避害的本性,在民事诉讼中当事人所实施的一些轻微的虚假陈述行为常常难以避免。

有学者认为,虚假陈述行为的后果是十分严重的,它会一定程度上危及司法公正,并且还会危害司法权威,影响司法的公信力。就本案而言,第一次开庭时,由于没有其他证据,原告的陈述就成为对案件裁判结果有利害关系的重要证据,因而该院依照《民事诉讼法》第 111 条的规定作出的罚款处罚是正确的。但不免令人担忧,如果当事人的陈述不涉及证据性陈述,而只涉及事实主张时,其实施的虚假陈述该如何规制? 又或者,当事人的陈述虽属于证据性陈述,但其仅为一般证据,而非重要证据,此时也似乎不能依法进行处罚。

各方观点林林总总,各执一词。由这则案例也引发了对我国司法实践中当事人真实义务相关内容的思考:我国司法实践中是否存在当事人虚假陈述的情形? 法官是否要求当事人真实陈述? 如何规制当事人的虚假陈述? 以下笔者从对我国民事诉讼中当事人虚假陈述的实证调查研究出发,以期能够分析问题,并致力于解决问题。

二、我国司法实践中当事人虚假陈述的实证考察

在我国现行制度体系下,当事人实施虚假陈述行为的成本往往较小,并且承担的风险不大,但其违法行为所获得的收益相较而言是巨大的。因而在司

法实践中当事人为了谋求胜诉利益,不惜采用各种手段,甚至实施虚假陈述等不法行为,这严重地影响了案件的发现真实和法院的正确裁判。综观我国的审判实践,不难发现,法院对于当事人虚假陈述的制裁力度十分小,这也一定程度上造成了虚假陈述现象屡禁不止且愈演愈烈。

为了清晰、直观地呈现出我国司法实践中当事人虚假陈述的相关情形,笔者对此作了一番实证考察。在实证调查研究中,笔者采取查阅文献、数据分析、旁听庭审、发放调查问卷等形式,对近些年来实践中当事人虚假陈述的情况进行了调研,获取了一批实证资料。虽然这些资料不能全面展示全国法院审判实践中的该类问题,但其鲜活的数据也在一定程度上反映出当前我国司法实践中当事人虚假陈述的大体情况。以下笔者通过文字与图表,来对调研结果进行说明。

(一)实践中当事人虚假陈述的总体情况

近年来,在司法实践中当事人虚假陈述的情形日益增多,且有愈演愈烈之势。江苏省徐州市鼓楼区人民法院在2012—2013年的调研中发现,纯粹的虚假诉讼十分少,而涉及当事人虚假陈述的案件占到40%～50%,严重的虚假陈述约占10%。① 从下列有关民事诉讼当事人虚假陈述的调研情况表中也能略见一斑。

表2-1 厦门市某区法院民二庭2008—2012年民事诉讼虚假陈述情况表

年份	收案数	结案数	涉及虚假陈述数	因不服事实认定上诉数	制裁数
2008	1275	1106	697	67	1
2009	1202	1045	612	70	0
2010	1183	1015	634	75	1
2011	1154	1103	700	86	0
2012	1436	1381	826	102	0

表2-2 重庆市某区法院民四庭2011—2013年民事诉讼虚假陈述情况表

年份	收案数	结案数	涉及虚假陈述数	因不服事实认定上诉数	制裁数
2011	2834	2661	1217	126	0
2012	3078	2876	1557	188	4
2013	3248	3073	1586	264	6

① 数据来源:《虚假陈述:法律很生气,后果很严重》,载《人民法院报》2013年11月3日,第3版。

从上述两表可以看出,在民事诉讼中,涉及当事人虚假陈述的案件数占到总案件数的50%左右。诉讼中,出于胜诉目的考虑,当事人通常都会或多或少地进行虚假陈述,当事人在审判实践中实施虚假陈述的情况较为普遍。但与之相反,法院对当事人虚假陈述的制裁却极少。厦门市某区法院民二庭在2008—2012年间仅对2起案件中当事人的虚假陈述进行了处罚。重庆市某区法院民四庭在2011—2013年间共对10起民事案件中当事人的虚假陈述进行了制裁。

笔者在调研中得知,在庭审中,对于当事人的虚假陈述,法官常常束手无策。除法官在查明案件事实的基础上对其不予认定,在判决书中将其论述为"该主张无事实根据,本院不予支持"外,通常对虚假陈述不进行处罚。而对于极少数的严重的虚假陈述情形,一些法院也会按照《民事诉讼法》第111条和第112条的妨害民事诉讼的强制措施给予虚假陈述当事人以罚款。但从上述厦门市某区法院民二庭和重庆市某区法院民四庭的情况可以看出,几年间仅分别对2起和10起案件中当事人的虚假陈述作出罚款处罚,由此可见,对于虚假陈述的制裁力度极小。

(二)实践中当事人虚假陈述的具体类型

无锡市中级人民法院于2014年10月8日公布了《无锡市中级人民法院关于规制民事诉讼虚假陈述行为的若干意见》,在该意见中,将当事人虚假陈述分为九种情形。① 笔者在调查研究的基础上,结合当事人陈述的相关内容,将司法实践中当事人的虚假陈述主要区分为以下四种类型。

1.故意陈述虚假的案件事实

故意陈述虚假的案件事实是虚假陈述的主要表现,在诉讼中,一些当事人利用证据不充分等不能证明案件事实的情形,故意陈述虚假的事实,从而达到

---

① 《无锡市中级人民法院关于规制民事诉讼虚假陈述行为的若干意见》规定:"诉讼参加人有下列行为之一的,可以认定为虚假陈述:1.伪造、变造证据以证明其主张的;2.在对方当事人主张的事实已履行举证义务后,仍虚构法律关系及相应事实进行抗辩的;3.就案件事实的陈述前后不一、存在重大矛盾且无法作出合理说明的;4.在主张己方权利时,隐瞒对方已履行部分或者全部义务且不能作出合理说明的;5.回避陈述自己参与事实的行为或者对自己知道及应当知道的事实,以'不知道''不清楚''不记得'等进行回答且不能作出合理说明的;6.对自己签名、盖章书证的真实性拒不发表意见,经审判人员就法律后果进行释明后仍拒不发表意见的;7.对有其他充分证据相互印证真实性的书证仍申请鉴定阻碍诉讼的;8.对已经掌握或者应当掌握的证据仍申请法院调查取证,且不能作出合理说明的;9.其他通过陈述、申请等方式阻碍民事诉讼活动且不能作出合理说明的。"

于己有利的诉讼目的。

在 2014 年上海市浦东新区人民法院审理的一起其他所有权纠纷案中，原告赵某诉称对系争房屋享有居住权，且与被告方某对于该房屋发生多次诉讼，后原告得知被告方某欲出售该房屋后便在系争房屋门窗上张贴告示，告知购房人系争房屋存在纠纷。但被告方某为达到非法转让目的，仍与被告潘某恶意串通，将系争房屋转让，后被告潘某收房并入住。原告赵某起诉要求判令被告间的系争房屋《房屋买卖合同无效》。被告辩称房屋买卖合同真实有效，并非恶意买卖，且原告并不在系争房屋内居住，也未张贴告示。该系争房屋早在2006 年已由被告方某家庭内部签订家庭协议，由被告取得房屋所有权，依协议约定，原告赵某户口迁出系争房屋。故被告不同意原告的诉讼请求。后经法院审理查明，被告方某为系争房屋原权利人，其享有处分权，与被告潘某间的房屋买卖合同真实有效，故驳回原告的诉讼请求。

该案中原告所主张的对系争房屋享有居住权、被告间恶意串通损害其合法权益的事实为捏造的事实，是原告为了达到非法目的而故意陈述的虚假案件事实，属于典型的虚假陈述。

2.虚假否认

虚假否认属于纯粹意义上的虚假陈述，它在诉讼中主要表现为一方当事人对于对方当事人所主张的事实毫无诚信予以否认。更为甚者，是在对方当事人提供了充分证据或者在法院调查取证后仍百般抵赖。

原告与被告存在多年买卖业务关系，2008 年被告向原告出具 7.74 万元的贷款欠条一份，后原告以此向法院起诉要求被告偿还 7.74 万元欠款，后又追加诉讼请求至 8.9 万元。本案在第一次开庭时被告未到庭，法庭询问原告被告有无还款时，原告称"一次都没有"。第二次开庭时，被告到庭并提供若干证据，原告对其中 2 张分别为 1 万元的收条予以认可，但对另外一张 1 万元与 3 张价值 1.3 万元的退货单予以否认。后经法庭查明，被告所提供的若干收款单和退货单均真实，故只支持了原告诉讼请求中的 4.6 万元。

该案中原告利用被告不到庭等情况故意作出虚假否认，否认被告的还款和退货事实，欺骗法庭，企图让法院作出违背事实的裁判，其行为构成虚假陈述。

3.虚假自认

自认，是指一方当事人对于他方所主张的不利于己的事实，承认其为真实的意思表示。①对于法院来说,自认有利于简化民事诉讼程序、节约司法成本;而对于当事人,自认制度则可以减少当事人间的对抗,加速民事纠纷的解决。虚假自认是指在民事诉讼中,一方当事人对于对方主张的对自己不利的虚假的主要事实予以承认,意欲发生诉讼上自认的效果的行为。

2005 年黑龙江省五大连池法院的"孙英杰禁药案"②,法院虽根据被告的自认裁判孙英杰胜诉,但该案引起不少人对被告作出的自认真实性的合理怀疑。在司法实践中,虚假自认常常出现在虚假诉讼案件中,通常表现为双方当事人恶意串通,由一方当事人虚伪起诉,另一方当事人在诉讼中作出虚假自认,合力骗取法院的确定判决,以此来损害案外第三人的利益。在实践中通常表现为双方当事人利用虚假自认来转移财产,躲避案外第三人的追索,从而逃避债务。该类虚假自认极易导致虚假事实在诉讼中被真实化,阻碍发现真实。虚假自认人滥用诉讼技巧,借助于法院的判决实现不法目的,极大地损害司法公正和权威。

4.矛盾陈述

司法实践中,一些当事人出于自身利益的考虑,在民事诉讼的不同时刻采取不同的策略,对案件事实作出相互矛盾的不一致的陈述。当事人所采取的这种矛盾陈述也属于广义上的虚假陈述。

在某市中级人民法院审理的一起房屋买卖合同纠纷案中,被告关某和王某为了获取贷款,签订了虚假的房屋买卖合同,将王某的房产过户给被告关某。其后在关某与其妻的离婚诉讼中,关某主张该房产不属于夫妻共同财产,实属王某所有,王某亦出庭作证。法院最终认可了关某的主张,在离婚诉讼中没有将该房产作为夫妻共同财产予以分割。后王某将该房产出售给本案原告陈某,陈某支付房款后居住在房屋内,但没有办理过户登记。王某在和原告陈某签订房屋买卖合同并收取房款后去世,现陈某起诉关某,要求确认关某与王某的房屋买卖合同无效。在审理过程中,被告关某认为自己与王某的房屋买卖合同真实有效,且已支付房款并进行了过户登记,因而该房产应属自己所有。该案一审法院认为,被告关某在两次诉讼中的关于房屋买卖关系的陈述

---

① 赵钢:《我国民诉证据立法应当确立、完善自认制度》,载《法商研究》1999 年第5 期。

② 2005 年 12 月 16 日,黑龙江省五大连池法院一审根据被告的自认判决孙英杰胜诉。被告自认其出于帮孙英杰的动机,将他在一个厕所里捡到的自以为是补药的东西放进孙英杰喝剩的饮料中,这才导致了孙英杰在全国十运会上因兴奋剂检测呈阳性而被有关部门严厉处罚。

前后矛盾,且在本次诉讼中没有充分证据证明其与王某的房屋买卖合同真实,故应支持原告陈某要求确认关某和王某的房屋买卖合同无效的主张。该案的二审法院亦维持了一审判决。[①]

在民事诉讼中,从事审判工作的法官常常会遇到当事人在诉讼中反复无常、作出相互矛盾陈述的情形,这也属于广义上的当事人虚假陈述,其不仅会损害对方当事人的合法权益,还会危及诉讼程序的安定性。

(三)有关当事人虚假陈述的调查问卷

为了对我国司法实践中当事人虚假陈述的情况作一细致了解,笔者还制作并发放了调查问卷。调查问卷针对当事人、律师、法官三个对象共设计了四个问题,共发放了30份调查问卷,实际收回有效问卷30份,现将调查结果予以分析。

问题1:请问您是否认为当事人在民事诉讼中应当真实陈述?

调查对象	应当真实陈述	不应当真实陈述	认为应当真实陈述所占比例
当事人	7	3	70%
律师	9	1	90%
法官	10	0	100%

问题2:请问您在庭审中实施过虚假陈述行为吗?

调查对象	有虚假陈述行为	没有虚假陈述行为	虚假陈述行为所占比例
当事人	6	4	60%
律师	3	7	30%

问题3:请问您知悉虚假陈述的法律后果吗?

调查对象	知悉法律后果	不知悉法律后果	知悉法律后果所占比例
当事人	1	9	10%
律师	8	2	80%
法官	10	0	100%

---

① 纪格非:《民事诉讼禁反言原则的中国语境与困境》,载《华东政法大学学报》2014年第5期。

问题 4：请问您如何处理当事人的虚假陈述行为？

调查对象	不予认定虚假陈述的事实	罚款	不予处理
法官	7	1	2

从上述的调查问卷结果可以看出，在当事人和律师中，仍有一小部分出于自身利益的考虑，认为当事人在诉讼中不应当真实陈述。虽然大部分的当事人、律师认为当事人在诉讼中应当履行真实义务，但从调查结果来看，竟有高达 60％的当事人在诉讼中实施过虚假陈述，30％的律师也曾有过虚假陈述行为。出现这一状况的原因，可能与其是否知悉虚假陈述的法律后果和法官如何处理有关。从调查中可以看出，只有 10％的当事人知悉虚假陈述的法律后果，多达 90％的当事人不知悉。而在对法官的调查中发现，70％的法官通常对查证的当事人所虚假陈述的事实不予认定，只有 10％的法官对其作出罚款处罚，20％的法官不处理当事人的虚假陈述。这一调查结果虽然较为有限，但也能从一个侧面大致反映出我国司法实践中当事人虚假陈述的相关情况。总的来说，在司法实践中，法官常常要求当事人在诉讼中真实陈述，但由于没有相应的具体制裁措施，也导致法官普遍对当事人的虚假陈述无法制裁，对于极少数的虚假陈述行为也仅仅给予罚款处罚。这一定程度上造成了我国当事人在民事诉讼中虚假陈述行为的泛滥，不但危及司法公正，还会影响法院的权威与公信力。

三、我国民事诉讼当事人虚假陈述的原因探析

司法实践中当事人的虚假陈述行为形形色色，数不胜数，就其具体类型笔者也仅能列举出典型形态，但不能涵盖其全部类型。大量的当事人虚假陈述情形的出现，不但危害司法公正、损害当事人及案外人的合法权益，而且浪费了司法资源，严重影响司法的效率。如果不予制裁，还会动摇司法的权威。若法官依当事人的虚假陈述作出错误裁判，不仅裁判结果难以禁受考验，而且会严重动摇民众对司法的信心，司法公信力最终必然受到戕害。这一损害是直接冲击司法公正的内伤，很难予以修复。探究我国司法实践中当事人虚假陈述行为的原因，大抵源于我国民众正确价值观的匮乏和我国立法对于当事人真实义务具体规则的缺失。具体表现为以下三点：

第一，民众价值观和利益观受到一定程度的扭曲。在市场经济浪潮的影响下，我国民众的价值观和利益观发生一定的扭曲，唯利益至上。反映到民事

诉讼中来,当事人缺乏崇高的司法理念,存在侥幸心理,虚假陈述被认为是诉讼技巧。现实生活中存在着"打官司就是打证据,没有证据打不赢官司"的说法,当事人常常通过虚假陈述、伪造证据等行为来实现不法诉讼目的。由于立法没有明确规定当事人真实义务,致使虚假陈述常常被当事人和诉讼代理人作为诉讼技巧使用,严重地影响司法的公正与权威。

第二,当事人虚假陈述难以认定。什么是虚假陈述,在理论上还未形成权威观点。从字面理解,可认为是当事人在诉讼中对案件事实作出虚假的、不真实的陈述。其认定前提是当事人存在虚假陈述的故意,因而必须证明当事人主观目的与动机的恶意与不正当,而并非将当事人陈述的事实和客观存在的事实进行单纯对比来看二者是否相符。然而,对于当事人的主观目的、动机等这些内存于心的主观状态进行证明,一直以来都是法律上的一大难题。法官虽可以用自由裁量权来排除虚假陈述,但若将虚假陈述作为虚假证据予以制裁,则必须收集其他证据来推翻该虚假证据。由于对虚假陈述的认定是一个"可有可无"的巨大的工程,导致很多法官不愿投入更多精力对本诉外的事实进行调查。[①] 这在一定程度上造成法官因为认定难度与风险而怠于规制当事人的虚假陈述。

第三,当事人虚假陈述具体法律责任的缺失。我国民事诉讼法没有明确规定当事人的真实义务,也缺乏规制当事人虚假陈述的具体制裁措施。依现行民事诉讼法规定,仅能将当事人虚假陈述作为妨害民事诉讼的伪证行为进行制裁。但对于什么情况下罚款、拘留,程序如何启动,由谁认定与制裁等问题,法律没有明确规定,导致审判实践中的不处罚。不仅如此,《民事诉讼法》第111条第1款第1项将处罚对象限定在"重要证据"上,但在我国当事人陈述虽是一项单独的证据种类,而法律却将其定位成辅助性证据[②]。这就造成法官很难运用《民事诉讼法》第111条第1款第1项的规定对仅作出虚假陈述的当事人追究法律责任。《民事诉讼法》第112条规定了对当事人虚假诉讼的制裁措施。但应看到,虚假诉讼仅限于当事人双方恶意串通的情形,并不包含大部分的当事人的虚假陈述情形。在2015年2月4日公布的《最高人民法院

---

① 李福清:《民事诉讼当事人虚假陈述之法律规制》,载《东南司法评论》2014年卷,第320页。

② 《民事诉讼法》第75条规定:"人民法院对当事人的陈述,应当结合本案的其他证据,审查确定能否作为认定事实的根据。当事人拒绝陈述的,不影响人民法院根据证据认定案件事实。"

关于适用〈中华人民共和国民事诉讼法〉的解释》中,虽然规定法官可以要求当事人签署据实陈述保证书,但对于当事人违反保证书而作出虚假陈述的行为,却没有规定相应的法律后果。① 在司法实践中,法官常常将当事人的虚假陈述行为在判决书中论述为"该主张无事实根据,本院不予支持",很少对当事人的虚假陈述进行处罚。

第三节　法律规范方面的考察

我国现行立法没有当事人真实义务的明文规定,但这并不代表我国民事诉讼法对这一具体规则的排斥,实际上在现行法律的若干条文和相关司法解释中都笼统和模糊地体现了真实义务的内容与要求。于法律范畴内,诚信是法律的重要原则与精神。② 我国 2012 年新修订的民事诉讼法对诚实信用原则的明确规定,体现了当事人真实义务的内在精神。不仅如此,在我国的《民事诉讼法》《最高人民法院关于民事诉讼证据的若干规定》(以下简称《证据规定》)及《最高人民法院关于适用〈中华人民共和国民事诉讼法〉的解释》中,都可以觅得当事人真实义务的踪影。

一、当事人真实义务在我国立法中的体现

(一)关于证据真实性的规定

我国《证据规定》第 3 条第 1 款对于当事人的举证行为作出了笼统的规定③,由于当事人的陈述在诉讼中有时是作为证据的一部分,那么这一规定就可以看作是对当事人在诉讼中的陈述提出全面、正确的要求。《民事诉讼法》

---

① 2015 年 2 月 4 日公布的《最高人民法院关于适用〈中华人民共和国民事诉讼法〉的解释》第 110 条第 3 款规定:"负有举证证明责任的当事人拒绝到庭、拒绝接受询问或者拒绝签署保证书,待证事实又欠缺其他证据证明的,人民法院对其主张的事实不予认定。"由此可见,司法解释仅对该种情形下拒绝签署保证书的当事人施以不予认定其事实主张这一不利后果。而对于普遍存在的当事人签署保证书后虚假陈述的,并未规定制裁措施。

② 付子堂、类延村:《诚信的自由诠释与法治规训》,载《法学杂志》2013 年第 1 期。

③ 《最高人民法院关于民事诉讼证据的若干规定》第 3 条第 1 款规定:"人民法院应当向当事人说明举证的要求及法律后果,促使当事人在合理期限内积极、全面、正确、诚实地完成举证。"

第 75 条对于当事人的陈述认定的规定①,第 68 条有关当事人质证的规定②,都是有关证据真实性的立法。此外,《证据规定》第 80 条对当事人伪造、毁灭证据,提供假证据等一系列违法行为作出依《民事诉讼法》第 111 条处理的规定。诉讼中,当事人的陈述在作为一种证据种类时,依该条规定,就要求当事人不得捏造事实进行虚假陈述,否则就会构成当事人伪造、提供假证据等违法行为而受到制裁。

(二)关于妨害民事诉讼的规定

《民事诉讼法》第 111 条规定了当事人不得伪造、毁灭重要证据,妨碍法院审理案件,并规定了制裁措施,即处以罚款、拘留或刑事制裁。该条规定也是当前司法实践中法官对当事人在诉讼中的虚假陈述常常予以罚款制裁的法律依据。依该条规定,在当事人的陈述作为对案件裁判结果有利害关系的重要证据时,就要求当事人不得虚假陈述,否则就会因伪造重要证据而构成妨害民事诉讼的行为并受到制裁。此外,《民事诉讼法》第 109 条规定了必要时对拒不到庭的被告可以拘传,这也可以看作是从形式上要求当事人必须到庭履行真实陈述的义务。

(三)关于虚假诉讼的规定

《民事诉讼法》第 112 条对于虚假诉讼作出了明确规制。③ 虚假诉讼通常是当事人出于非法目的,虚构民事法律关系,串通对方当事人,采取虚构事实、伪造证据等手段,向法院提起民事诉讼,企图利用法院的裁判权来实现非法目的。在虚假诉讼中,双方当事人采取虚构事实、伪造证据等恶意串通的方式,其中必然包含虚假陈述的行为,因而本条规定也可以看作是对双方当事人不得恶意串通实施虚假陈述行为的要求。

(四)关于当事人签署据实陈述保证书的规定

2015 年 2 月 4 日新公布的《最高人民法院关于适用〈中华人民共和国民

---

① 《民事诉讼法》第 75 条规定:"人民法院对当事人的陈述,应当结合本案的其他证据,审查确定能否作为认定事实的根据。当事人拒绝陈述的,不影响人民法院根据证据认定案件事实。"

② 《民事诉讼法》第 68 条规定:"证据应当在法庭上出示,并由当事人互相质证。对涉及国家秘密、商业秘密和个人隐私的证据应当保密,需要在法庭出示的,不得在公开开庭时出示。"

③ 《民事诉讼法》第 112 条规定:"当事人之间恶意串通,企图通过诉讼、调解等方式侵害他人合法权益的,人民法院应当驳回其请求,并根据情节轻重予以罚款、拘留;构成犯罪的,依法追究刑事责任。"

事诉讼法〉的解释》第 110 条规定,法官在询问当事人之前可以要求其签署保证书,保证书应当载明据实陈述、如有虚假陈述愿意接受处罚等内容。① 从该司法解释的内容可以看出,法官对当事人在诉讼中提出据实陈述的要求,并可以令其签署据实陈述保证书。该司法解释的内容也是迄今为止我国法律规范中对当事人真实义务最为直接和明确的体现。

二、我国现行立法存在的问题与不足

从上述相关法律和司法解释的规定可以看出,我国对当事人真实义务的要求主要体现在当事人据实陈述保证书、作为证据种类的当事人陈述的真实性、对虚假诉讼和妨害民事诉讼的制裁措施的相关规定中。这些内容可以看作是我国现行立法中对于当事人真实义务的主要体现。但另一方面仍应看到,虽然我国立法中已经体现出了当事人真实义务的相关要求,但仍存在许多的问题与不足。依现有的法律规定,是无法对司法实践中日益严重的虚假陈述现象予以有效规制的。在笔者看来,我国现行立法仍存在以下不足之处。

(一)立法缺乏当事人真实义务的明确系统规定

现阶段随着我国司法改革的逐步推进,在理论研究和实务运行中都着重于弱化法官职权、强调法官的中立地位及加强当事人诉讼权利的保护。这不但有利于诉讼公正和当事人权益的维护,而且对于今后我国辩论主义、当事人主义的建立与完善大有裨益,但从另一方面考虑,我国在对当事人进行授权性规定的同时却忽略了对当事人限权性的约束,反映到民事诉讼法中来就集中体现为缺乏当事人真实义务的明确具体规定。

严格来讲,在我国现行立法中,是没有当事人真实义务的明确规定的。在《民事诉讼法》中,除了总则部分对诚实信用原则作出规定以外,如前所述,仅在有关虚假诉讼和妨害民事诉讼的强制措施部分体现了对当事人真实义务的要求。

除了《民事诉讼法》之外,《民诉法适用解释》和《民诉证据规定》同样对民事诉讼活动有着巨大指导意义,但也是同样的,《民诉法适用解释》和《民诉证

---

① 《最高人民法院关于适用〈中华人民共和国民事诉讼法〉的解释》第 110 条规定:"人民法院认为有必要的,可以要求当事人本人到庭,就案件有关事实接受询问。在询问当事人之前,可以要求其签署保证书。保证书应当载明据实陈述、如有虚假陈述愿意接受处罚等内容。当事人应当在保证书上签名或者捺印。负有举证证明责任的当事人拒绝到庭、拒绝接受询问或者拒绝签署保证书,待证事实又欠缺其他证据证明的,人民法院对其主张的事实不予认定。"

据规定》中对当事人负有真实陈述义务的表述也是极为隐晦：

（1）《民诉法适用解释》第90条规定了当事人支持自己主张或反驳对方诉讼请求，都应该提供证据。《民诉证据规定》第3条则是对当事人举证主观态度和客观效果提出的要求。这两个条文实际上也是对当事人真实陈述的要求，因为当事人陈述作为法定证据种类之一，自然要遵守"积极、全面、正确、诚实"举证的要求。

（2）《民诉证据规定》第13条是对当事人自认的限制，防止当事人的自认损害国家利益、社会公共利益或他人合法权益。《民诉法适用解释》第92条的规定也表达了相同的立法意图。这两个条文都涉及了真实陈述与自认之间的关系，并且对当事人在民事诉讼中的虚假自认进行了限制。

（3）《民诉法适用解释》第110条明确了法官有要求当事人出庭并签署保证书以保证真实陈述的权力，并且当事人虚假陈述需要受到处罚。这一规定初步确立了的当事人在庭审中的真实陈述义务，并指明了当事人以消极不作为方式违反真实陈述义务时的程序性后果。

虽然在列举范围上会有疏漏，但综合上述《民事诉讼法》、《民诉法适用解释》和《民诉证据规定》的相关规定不难看出，我国实际上已经对当事人有了真实陈述义务的要求，尽管这种义务尚未被大多数人注意到。同时，上述规定也反映出了我国现行要求当事人履行真实陈述义务的相关法律规定背后的意图需要人去仔细推敲揣摩才可得知。我国的《民事诉讼法》、《民诉证据规定》和《民诉法适用解释》均未有"当事人负有真实陈述义务"或"当事人应就案件事实做真实陈述"等类似的明确表述。相比之下，我国《民事诉讼法》、《民诉证据规定》和《民诉法适用解释》对证人证言进行了各项较为明确的规定，且对证人出庭作证及其证言内容的真实性提出了更高的要求，这为当事人真实陈述义务的明文化提供了一种思路和方向。

尽管在法理上真实陈述义务是诚实信用原则的具体化形式，但是诚实信用原则具有抽象性和高度概括性，其并没有突出对当事人真实陈述的要求，其下位体系之中应当包含哪些具体规则亦不明确。不可否认，当事人真实陈述义务及其法律后果在我国已具备一定的逻辑和规则框架，然迄今为止，仍只是处于一种"犹抱琵琶半遮面"的状态。统观域外国家和地区，它们要么将当事人真实陈述义务规定于民事诉讼法的总则之中，要么在总则部分规定诚实信用原则并在分则中作具体要求，进而规范当事人在诉讼程序中的行为。我国的真实陈述义务未予明文化，既不利于当事人去遵守并形成有效指引，又让法官缺乏适用依据，在寻找法律的时候，难免会生出无所适从之感。当事人真实陈述义务因缺乏合法性和正统性,势必会直接或间接地影响到它的实效性。

(二)立法缺乏对违反真实义务的相应法律后果的具体规定

我国民事诉讼法中也没有具体规定当事人违反真实义务的不利法律后果,这一定程度上造成了司法实践中大量虚假陈述、前后不一致陈述等情形的出现。而法官却不能对这些违反真实义务的不法情形进行制裁,任由当事人在诉讼中虚假陈述,严重影响案件的公正裁判,也不利于司法权威的实现。由于当事人是民事争议的亲历者,对于案件事实最为清楚,并且和诉讼结果具有直接利害关系,受胜诉利益的驱动,极有可能作出于己有利的非真实陈述。而我国学界也通常认为当事人陈述具有"实与虚、真与伪"并存的显著特征,因而理论和实务界通常认为诉讼中当事人所为的于己有利的陈述和行为并无不妥。由此我国民事诉讼立法对于当事人陈述有着较为宽松的规定,在具体制度上也存有不完善之处。民事诉讼法对于当事人真实义务以及违反真实义务的具体制裁措施都没有作出相应的规定,致使诉讼中当事人违反真实义务的行为屡禁不止,危及司法的公正与权威。

1.诚实信用原则自身缺乏规制手段

原则自身通常具有高度抽象性和概括性的特征,而一项基本原则也仅仅是用来指导整个部门法调整的法律关系和体现该部门法的价值取向。因此,法律原则的适用往往需要在特定情况下依极其严格的程序才可为之,法理学界常称的"穷尽法律规则,方得适用法律原则"的原则适用方法也给了我们启示。

与其他的法律基本原则一样,诚实信用原则对民事诉讼活动的各类行为也只起到指导性作用。更为重要的是,与法律规定往往会伴随违反该规定的法律责任或法律后果不同,诚实信用原则自身缺乏相应的法律后果。前文提及,诚实信用原则在民事诉讼中约束着当事人几个方面的行为:禁止反悔及矛盾行为、禁止恶意制造诉讼状态、禁止虚假陈述、禁止滥用诉讼权利、诉讼上权能丧失。要让当事人某一违反诚实信用原则的行为受到惩罚,其依据的必然是诚实信用原则体系下的某一具体内容的要求,而不能是诚实信用原则本身。换言之,单独来看,诚实信用原则自身并没有相应的违该原则的法律后果作为该原则得到贯彻落实的强力保障。

诚实信用原则自身缺乏规制手段,间接导致了真实陈述义务法律后果的缺失。既然要求当事人作真实陈述是诚实信用原则的基本内涵之一,真实陈述义务也是作为诚实信用原则的下位概念,那么在当事人违反真实陈述义务没有明确的法律后果的情况下,应向真实陈述义务的上位概念即诚实信用原则寻求规制依据和规制手段。但事实上，诚实信用原则自身却缺乏违反诚实信用原则需要承担的相应法律后果。违反法律义务需要承担法律责任或法律后果是基本的逻辑。在我国当前"上粗下细"的各级立法实践中，当事人在违反真实陈述义务时，法院既不能从当事人真实陈述义务自身又不能从其上位概念诚实信用原则处寻求到规制依据和规制手段，从而致使当事人违反真实陈述义务的法律后果处在一种"应然而实不然"的缺位状态。这就造成了至少在表面上，违反当事人真实陈述义务因缺乏规制依据而无须承担法律后果。

2."虚假诉讼"制裁条款有扩张适用之嫌

虚假陈述行为的客观存在，让法院不得不面对如何对该行为进行制裁的问题。在我国此前的一些新闻报道和各地法院的司法实践中，我国法院对于当事人的虚假陈述的处罚依据主要是《民事诉讼法》的第 111 条和第 112 条的规定。但在笔者看来，法院对《民事诉讼法》第 111 条、第 112 条的援引和适用存在扩张性适用之嫌，因为至少在字面上并没有看到任何有关"虚假陈述"字样的表述。

虽然《民事诉讼法》将"当事人陈述"列为了法定证据种类之一，但可以说当事人陈述是所有法定证据之中最不为人信服的，当事人陈述作为证据往往是辅助性的，通常需要与其他证据相互结合才能发挥其证明作用。《民事诉讼法》第 111 条中提到的"伪造、毁灭重要证据"应是针对具备实物形态的证据而言的，因为只有实物证据才能"伪造、毁灭"，而对于当事人陈述这类言词证据只能是"虚构、歪曲"等。况且，不管是《民事诉讼法》还是法官，本就不待见当事人陈述，此处若将当事人陈述视作"重要证据"，岂不是与前二者的一贯态度自相矛盾了吗？《民事诉讼法》的第 112 条规定了虚假诉讼的法律后果，但对于罚款、拘留、追究刑事责任的具体适用情形和程序启动的方式却只字未提。同时，《民事诉讼法》第 112 条的规定是针对当事人进行事前通谋的虚假诉讼，我国《刑法修正案（九）》新增的"虚假诉讼罪"似乎也是从侧面回应了《民事诉讼法》的这一规定。但是对于在未经串通的即真实诉讼中进行虚假陈述的行为，如何进行惩罚却不得而知。

因而笔者以为当前我国的司法实践中援引《民事诉讼法》第 111 条、第 112 条的规定对当事人在庭审中作虚假陈述的行为进行制裁的做法，虽算是"非常时期下的非常方法"，但确实存在对这两条规定的扩张性适用之嫌。法院对《民事诉讼法》第 111 条、第 112 条规定的扩张性适用是当事人违反真实陈述义务法律后果缺失的直接结果，即便法院在司法实践中采取这一做法，也无法掩盖当事人违反真实陈述义务法律后果缺失的事实。并且从长远来看，法院的这一行为并不利于法院形象和司法权威的树立,因为有悖于"以事实为依据,以法律为准绳"的原则。

(三)立法缺乏当事人真实陈述的保障措施

当前,我国的当事人履行真实陈述义务缺乏相应的措施予以保障。具体而言,庭审之前的当事人取证制度、宣誓与具结制度,庭审之中的当事人出庭陈述制度和法官的释明制度等,这些制度在我国或缺失、或不足,不能够更好地保障当事人进行真实陈述。

1.当事人获取案件信息手段匮乏

当事人所能接触到证据的能力及证据范围的大小影响着当事人承担违反真实陈述义务不利后果的轻重。一般而言,法律赋予当事人越多的接触、获得证据的权利,当事人就应当承担更多的真实陈述的义务,违背该义务应承担的法律责任也应当越严苛。

在我国,当事人的调查取证权有限。我国虽在《民诉法适用解释》第112条中规定了当事人的文书提出义务,却因缺乏实质性限制而难以实行。即便是一般的调查取证行为,往往也得不到公众的支持和配合,因为证据被对方当事人控制时,如果该书证对持有方不利,则当事人不会主动地将其提交法院,而基于提交证据的成本负担,第三人通常也不愿意向举证人提供该证据。这种"证据偏在"的情形严重影响了当事人对案件认识的范围与程度。当事人获取案件信息的手段少、能力差,使案件真相无法通过完整证据链的方式呈现在法官面前而只能依靠当事人的陈述,一旦当事人违反真实陈述义务,裁判的实体公正就难以充分实现。并且,在这种情况下,当事人通过违反真实陈述义务骗取非正当性利益的空间也就被扩大了。在双方当事人获取案件证据的手段和获取的案件信息都有限的情况下,当事人陈述是法官认定案件事实的主要依据。而基于趋利避害的本能,当事人之间则会在夹杂着虚假陈述的过程中陷入"公说公有理,婆说婆有理"的争执局面。因此,在当事人获取证据的权利得不到保障的前提下,对当事人课以真实陈述义务显然不合理。

2.当事人出庭陈述难以实现

在我国的民事诉讼中,当事人出庭应诉率较低,究其原因,在于当事人陈述的证据地位不高。《民诉法适用解释》第174条规定了必须出庭的当事人类型及法院可以拘传当事人出庭的情形。总体而言,该两类当事人所占比重较低。近年来,随着律师在案件中重要性的不断提高,当事人委托律师作为诉讼代理人的情况也随之增加,由此也导致了当事人本人不出庭的情况也日益严重。因为在当事人的观念之中,既然已经专门付费请了律师作为诉讼代理人,那么何必又要浪费自己的时间出庭呢？不出庭还可以避免陷入见到相对方当事人的尴尬境地。据不完全统计,河南省新乡市两级法院审理的民事案件中,家事、邻里纠纷的当事人不到庭的占近四分之一,借贷纠纷、合同纠纷案件更是超过了一半。

强化当事人到庭陈述的原因是多方面的:一方面,当事人才是案件的亲历者,诉讼代理人对案件事实的了解大多基于当事人单方面讲述,因而即便是诉讼代理人,对案件事实的掌握情况也总是不完整的。这就进一步导致了在庭审之中,法官就案件情况询问诉讼代理人时,诉讼代理人往往以"不清楚""不知道"为借口,这就给案件事实的查明带来极大困难,庭审效率随之降低,司法资源在无形中被浪费。另一方面,要想具体落实当事人的真实陈述义务,必须要以当事人出庭陈述为前提。没有当事人的庭审,如同无源之水、无本之木,即便是只有一方当事人出庭的庭审,也只是在法官的"不求甚解"之中草草结案。只有当事人出现于庭审之中,法官才能对其有真实陈述的要求,并且庭审的庄严性和仪式性能给当事人虚假陈述带来更大的压力。因而当事人不出庭陈述,真实陈述义务也就无从谈起。

3.具结制度作用薄弱

具结是指诉讼参与人进行书面签章以保证自己将履行特定法律义务。最高人民法院借鉴大陆法系国家将询问当事人作为证据方法的经验,在《民诉法适用解释》第110条的规定将法院询问时的当事人陈述作为一种特殊情形,赋予其独立的证据效力,并明确规定了当事人陈述的具结制度,通过具结制度促使当事人履行真实陈述义务。

但是,我国的具结制度对促使当事人作真实陈述的作用并没有能够得到突显,因为该条规定存在有以下问题:首先,将当事人本人到庭接受询问的情形限定于"法院认为有必要"的情形;其次,当事人签署具结保证书并不是必需的。上述两个问题的核心都在于法官拥有自由裁量权,法官的裁量才是具结制度能否适用的决定性因素。对具结制度的附条件适用导致了具结制度的适用情形充满了不确定性或者直接被减少,适用空间也被压缩,其作用自然被削弱。退一步讲,即便当事人签署了具结保证书,但对当事人而言,不过是在庭审中签了名字或摁了手印而已,耗费时间极短,也不需朗读具结保证书内容,没有任何引人注目的行为。与宣誓制度相比,具结制度则少了一份庄重的仪式感。这种仪式感的缺失使得具结制度作用变得薄弱,当事人真实陈述义务也得不到充分的履行。

4.法官释明力度不足

释明,通常是指法院为了明确案件的事实关系与法律关系,就事实上及法律上的有关事项向当事人发问,促使当事人及时、完整地陈述事实和提供证据的活动。法官释明对当事人履行真实陈述义务的作用首先在于,庭审过程中当事人因各种原因没有听清问题或无法理解问题,需要法官进行解释说明,以向当事人传达有效的诉讼信息,尤其是一方当事人聘请专业律师为代理人而另一方独自出庭的情形,容易导致真实陈述义务的适用发生偏离。其次,对当事人履行真实陈述义务而言,法官的释明可以使当事人修正其关于案件事实陈述中瑕疵和矛盾部分,避免案件事实不清或不完整。最后,法官的释明还可以是对法律后果的释明,在当事人陈述之前法官向当事人释明违反真实陈述义务的后果,可以让当事人在内心权衡违反真实陈述义务的利弊,进而督促当事人主动履行真实陈述义务。

然而,释明制度在保障当事人履行真实陈述义务上却存在着释明力度不足的问题,其主要体现在两方面:一是法官怠于释明,这是过度奉行当事人主义和专注于对抗性的结果。在此情形下,法官在庭审之中完全作为一个聆听者,即使当事人存在违反真实陈述义务之嫌,法官也不闻不问,这既不利于当事人履行真实陈述义务,又有损案件的实质公平。二是法官不愿释明。释明意味着法官对一方当事人进行了援助,在此消彼长的关系之下,另一方当事人的力量势必相应受损,这就产生了侵害当事人之间的公平之虞,由此引起的另一方当事人的举报、投诉等也会令法官不厌其烦。所以,即便法官的释明是在督促当事人履行真实陈述义务,而该督促结果的受益者也不仅包括法官还包括相对方当事人,为避免相对方当事人的误解,法官有时候不愿对当事人进行释明。

(四)立法对当事人陈述的定位矛盾

我国《民事诉讼法》第 63 条明确将当事人陈述作为一种法定证据种类,赋予其与书证、物证等证据相同的证据地位,共同构筑我国的证据体系。但和其他证据种类相比,当事人陈述却缺乏基本的证明力,主要体现在《民事诉讼法》第 75 条①和

---

① 《民事诉讼法》第 75 条规定:"人民法院对当事人的陈述,应当结合本案的其他证据,审查确定能否作为认定案件事实的根据。当事人拒绝陈述的,不影响人民法院根据证据认定案件事实。"

《证据规定》第 76 条①中。这种法律规定上的矛盾性体现到司法实践中,当事人陈述往往是被作为辅助性证据来适用的,从效力上否定了当事人陈述独立的证据价值。不仅如此,当事人陈述作为一项复杂制度,在我国立法中却仅以几个法律条文予以概括,缺乏合理的运作程序与配套保障制度,并未形成制度化。这就造成在司法实践中当事人的陈述一定程度上背离了对于诉讼程序的诉求,出现极少适用和适用困难的情形。

当事人为了胜诉,往往在诉讼中陈述有利于己的事实,而对不利于己的事实常常隐瞒掩盖,甚至作出虚假的陈述,歪曲事实真相。当事人的陈述所具备的真与假的双重性特征,使得陈述常常呈现出复杂性②。而正是由于当事人陈述真实与虚假的并存,致使当事人在诉讼中运用诉讼技巧掩盖于己不利的事实,甚至作出虚假陈述。而现行法律对当事人陈述的定位矛盾,致使其在实践中的运作与法律规定不相匹配,造成法院对待当事人陈述的随意性,并且也造成对当事人虚假陈述的认定困难与制裁措施的缺失,致使司法实践中虚假陈述情形泛滥。

(五)立法缺乏对对方当事人的救济措施

在我国当前的民事诉讼法中,由于缺乏当事人真实义务及违反真实义务法律后果的具体明确规定,致使一方面裁判者处于尴尬地位,另一方面也使得受害方当事人无法获得相应救济。依目前的立法规定,对诉讼中当事人虚假陈述的行为,人民法院通常在查明案件事实后可能作出对受害方当事人胜诉的评价,而对于受害方无故身陷诉讼后所支出的调查取证、聘请律师等费用,法官却爱莫能助。③ 由于民事实体法没有规定违反当事人真实义务的侵权损害赔偿责任,因而对于实施虚假陈述的当事人,法官只能作出诸如不认定其证据效力、不支持其诉讼请求等一些否定性评价。而对于当事人虚假陈述所造成的损害赔偿问题,即使受害方当事人提出损害赔偿请求,也会因于法无据而得不到法官的支持。这对于受害方当事人来说显失公平,且不利于对当事人虚假陈述行为的规制。

---

① 《最高人民法院关于民事诉讼证据的若干规定》第 76 条规定:"当事人对自己的主张,只有本人陈述而不能提出其他相关证据的,其主张不予支持。但对方当事人认可的除外。"

② 常怡:《民事诉讼法学》,中国政法大学出版社 1999 年版,第 158 页。

③ 王方:《关于保护舆论监督的法律探讨——建立滥用诉权损害赔偿责任制度》,载《西南政法大学学报》2001 年第 5 期。

第三章

域外当事人真实义务的比较分析

　　中国与域外各国存在着诉讼传统和具体制度的差异,但在禁止当事人诉讼恣意、诉讼反复,禁止当事人滥用诉讼权利,禁止当事人虚假陈述等方面却存在共同的追求。仔细考察,不难发现,不管是在大陆法系国家还是英美法系国家,都可以觅得当事人真实义务的踪影。所不同的是,成文法的大陆法系国家多以法律制度的形式在立法中明确规定当事人真实义务,而英美法系国家虽未在立法中直接规定,但在判例和诉讼规则中也体现了真实义务的理念和要求。两大法系国家虽然在诉讼中主体权限的分配和程序运作方面存在着巨大差异,但当事人真实义务却以符合对诉讼公正与诉讼效率的追求而为各国的诉讼制度所肯认。除了对当事人课以真实义务的要求之外,许多国家还辅助性地规定了具体的程序性规则。对两大法系有关当事人真实义务的相关理论与具体内容进行比较分析,能够为我国提供有益的借鉴。

第一节　两大法系国家有关当事人真实义务的内容

一、大陆法系国家当事人真实义务的相关内容

(一)德国的当事人真实义务

　　当事人真实义务,是20世纪德国民事诉讼法学界关注的一个重要问题。1933年对于当事人真实义务来说是至关重要的一年,这一年德国民事诉讼法修正案(Novelle von 1933)予以通过,其修正案前文指出:"司法非仅为当事人效劳,且同时特别为民族全体之法安定性效劳。因不真实而贻误法院、抑或

因具有故意或过失之诉讼拖延致滥用法院之劳力等事,不论为何造当事人均不许为之。虽不论为何人均享有请求保护权利之权利,惟(权利人所负之)应依诚实且慎重之诉讼运行使法官容易为法发现之义务,则与上述权利相对应。"①1933 年的《德国民事诉讼法》第 138 条对真实义务的规定,正式确立了德国法上的真实义务,从此也结束了真实义务的存废之争,学术探讨的重点转为真实义务的解释论。

1.德国当事人真实义务的内容

《德国民事诉讼法》第 138 条第 1 款规定:"当事人应就事实状况为完全而真实的陈述。"这是有关真实义务的最明确的立法规定,除此之外,第 138 条的其他款项也包含了相关的内容。②

(1)"当事人应就事实状况为完全而真实的陈述。"从该款简单抽象的描述可以看出,德国法上真实义务包含当事人真实陈述与完全陈述义务。真实陈述义务禁止当事人故意为非真实陈述以及对对方的真实陈述恶意争执。由于当事人作为案件的亲历者,其陈述往往更能反映案件事实,因此德国法对于当事人的首位的要求即禁止其非真实陈述。当事人完全陈述义务作为真实义务的一部分,并非要求当事人积极、完全地陈述全部事实,包括有利与不利于己的事实。依对抗制要求,基于胜诉目的,当事人在诉讼中提出于己有利的事实是无可厚非的,但并不能强迫其主动陈述于己不利的事实,要求当事人完全陈述。当事人真实义务的本意,其实只在于禁止当事人为了加重对造方的负担而伪造事实。③ 当事人完全陈述义务的立法依据主要在于,部分的真实等同于不真实,不真实不仅仅指故意陈述非真实事实,还指仅陈述不完整的事实或对事实抑制不说,阻碍法官发现真实。从这个意义上来理解,完全陈述义务是积极层面上的当事人真实义务,它是对真实陈述义务的补充,能在一定程度上避免当事人故意隐瞒事实真相,阻碍发现真实。

这一款项还引发了德国学界关于当事人真实义务绝对说与有限说的争论。绝对说主张当事人须作客观真实陈述,至少也要对自己陈述的真实性确信无疑。基于此,如果当事人在提出事实主张前没有对其真实性予以仔细审

---

① [日]中野贞一郎:《民事诉讼中的信义诚实原则》,弘文堂 1966 年版,第 49 页。

② 以下四方面是依照《德国民事诉讼法》第 138 条四款条文分别进行讨论的,条文参见《德意志联邦共和国民事诉讼法》,谢怀栻译,中国法制出版社 2001 年版,第 36 页。

③ [德]奥特马·尧厄尼希:《民事诉讼法》,周翠译,法律出版社 2003 年版,第142 页。

查,那么就违反了真实义务。可见,《德国民事诉讼法》第 138 条第 1 款不但包含消极性的禁止内容,即禁止故意的非真实,而且对于当事人主张的真实性,还要求其进行谨慎的审查。① 当事人真实义务有限说与之相对,它是先于真实义务立法而提出的。其认为《德国民事诉讼法》并没有强制要求当事人须首先对主张的真实与否进行自我审查,概因其 1933 年修正案的立法目的在于发现真实,而并非以真实义务的导入减轻法官负担。② 依据该论点,在当事人对真实性存有怀疑的情形下,其也可提出事实主张。该有限说将当事人真实义务限制在诚实信用范畴中,指称当事人的主观真实,而非客观真实,旨在禁止当事人主观上故意实施的非真实陈述。真实义务有限说是德国的通说,但即便如此,有限说对于具体问题规定上的模糊性,仍造成真实义务边界问题的激烈探讨。主要体现为当事人对所陈述事实的真实性具有多大程度的确信以及当事人间相一致但却不真实的陈述是否约束法官这两个问题。

(2)"当事人对于对方当事人所主张的事实,应为陈述。"这一款项是从利于法官查明事实的角度来对当事人作出的陈述要求。若当事人对对方当事人的主张不为陈述、不作出回应,法官则不得据此认定该对方当事人的主张成立。对于这一款项,仍有两个问题需要讨论。其一是条文中的"陈述"为何陈述? 对此仍应理解为该条第一款的"完全而真实的陈述",客体则限定为对方当事人所主张的事实。如果是于己不利的事实,而相对方又没有主张的,此时当事人并不负担完全而真实的陈述义务。其二是此处陈述和抗辩二者的关系问题。抗辩是辩论主义的内容,属于双方对抗的手段,它和当事人负担真实义务时的陈述有所不同。那么如何在诉讼中对二者进行区分,尧厄尼希教授认为,诉讼中允许当事人对对方的主张进行驳斥,即使他相信该主张可能为真实。允许辩驳的界限仅存在于开始确认真实之时。因而不允许强制对方当事人对人们知道其真实性的主张予以证明。③ 也就是说,在尚未确认对方所主张的事实真实时,允许当事人对其予以辩驳来进行正常的抗辩;而在对其确认

---

① Titze,Die Wahrheitspflicht im Zivilproze,in:Fest-schrift für Schlegelberger,hrsg. von Bumke,1936,165(180);Wildermuth,Die Wahrheitspflicht der Parteien im Zivilproze,1938,S. 21 f.转引自任重:《民事诉讼真实义务边界问题研究》,载《比较法研究》2012 年第 5 期。

② Henkel,Prozessrecht und materielles Recht,1970,S.146. 转引自任重:《民事诉讼真实义务边界问题研究》,载《比较法研究》2012 年第 5 期。

③ [德]奥特马·尧厄尼希:《民事诉讼法》,周翠译,法律出版社 2003 年版,第 141 页。

真实后,当事人就应真实地陈述来履行真实义务。①

(3)"没有明显争执的事实,如果从当事人的其他陈述中不能看出有争执时,即视为已经自认的事实。"这一款是对自认制度的补充,也是对前两款的完善。自认涉及辩论主义与当事人陈述,因此它和真实义务的整合就涉及辩论主义和真实义务的紧张关系:第 138 条第 3 款规定了对于从当事人的陈述中看不出有争执的事实,应当视作自认的事实。但若依第 288 条规定,自认的事实是无需通过证据证明的,据此就排除了法官对事实真实性的审查,也就排除了第 138 条第 1 款的适用。但在第 138 条第 1 款的表述中却并没有真实义务的例外的规定。②

解决这一紧张关系的方法有两种:依据法律解释将自认作为当事人真实义务的例外情形;承认当事人真实义务较于自认的优先适用。依任重博士的观点,第二种方法更容易实现。因为从法律解释视角来看,第一种方法过于困难,而且立法也没有明确规定真实义务的例外。不仅如此,德国学界的真实义务无限说和有限说都承认真实义务对自认的拘束力,自认制度也应当发现真实。那么,自认中发现真实的作用力范围是什么? 德国通说从多个因素相作用的角度出发,认为自认原则上受真实义务的制约,但法院也不能依此主动审查当事人陈述的真实性。依该通说理论,当事人相一致但非真实的陈述是对法官有一定约束的。法官不得运用自己的私知,而只能通过当事人陈述或在证据调查的过程中进行认知。③ 由此可见,若法官并非依据当事人陈述或证据调查,而是依私知认知当事人陈述的不真实,那么其仍然要受第 288 条和第 138 条第 3 款的自认的限制。

(4)"对于某种事实,只有在它既非当事人自己的行为,又非当事人自己所亲自感知的对象时,才准许说'不知'。"此款是对第 1 款与第 2 款的补充规定,用来明确在何种情形下当事人可为不知陈述,亦即只有在当事人对案件事实没有感知时才准许说不知。实际上该款也涉及真实义务和辩论主义的紧张关系,但它主要关注的是当事人对于所主张的事实的真实程度的确认问题。当事人在诉讼中为了获得胜诉和避免拟制自认的不利后果,通常会对对方当事

---

① 郭小川:《辩论主义下当事人真实义务研究》,载浙江大学 2012 年硕士学位论文,第 17 页。

② 任重:《民事诉讼真实义务边界问题研究》,载《比较法研究》2012 年第 5 期。

③ Olzen,Die Wahrheitspflicht der Parteien im Zivilprozess,ZZP 98,S. 418ff.转引自任重:《民事诉讼真实义务边界问题研究》,载《比较法研究》2012 年第 5 期。

人的主张予以争辩,即使其对于该事实的真实与否并不确信。从理论上解决这一问题同样存在两条极端途径,其一,肯定真实义务的优先适用,其中包括《民事诉讼法》第 138 条第 4 款;其二,将当事人真实义务看作是民事诉讼法中的装饰性条款(Dekorationsnorm)。[1] 而这两个途径也分别代表了当事人真实义务无限说与无效说的主张。为了规避拟制自认的法律风险,真实义务无限说须重新解释第 138 条第 4 款,从而准许当事人对于对方提出的主张说"不知道"。[2] 但实际上,该种法律解释是无法实现的,因为这会背离第 138 条第 4 款的文义。立法在没有明确去除第 138 条第 4 款的效力以前,真实义务无限说的做法显属不恰当。[3] 而且从真实义务的立法规定和其他法条的关系来看,真实义务并不具备绝对效力,因而不能单纯认可当事人真实义务对该第 4 款的绝对效力。在德国通说看来,真实义务旨在禁止虚假陈述,那么由此可知应当允许当事人提出并非完全确信的主张,而这也整合了真实义务和拟制自认间的关系。

2.对德国当事人真实义务内容的评价

德国法学带有强烈的理论先导的色彩,这也就决定了其率先在立法中明确规定了彻底而完整的当事人真实义务。于言词辩论过程中,法官行使诉讼指挥权来主持双方当事人的自由辩论,辩论内容涉及事实与法律两方面,而当事人负担对于事实的真实、完全的陈述义务,在必要时还须亲自出庭以接受法官问询。如果单独考察《德国民事诉讼法》第 138 条的内容,容易得出德国民事诉讼中当事人攻击防御手段受到很大限制,进而推导出当事人真实义务的设置严重修改了德国法中的辩论主义的结论。但显而易见,这并非真实义务的立法目的,辩论主义也仍然是德国民事诉讼的一项根本原则,对此理论界和实务界均没有异议。

虽然长久以来德国学界关于当事人真实义务存在三种学说:真实义务无效说、真实义务无限说与真实义务有限说,但无效说由于和德国 1933 年修法的目的以及此后多次修法中对当事人真实义务制度的保留的做法相矛盾而退

① Schoofs,Entwicklung und aktuelle Bedeutung der Regeln über Gestandnis und Nichtbetreiten im Zivilprozess,Diss.Münster 1980,S.157 ff.转引自任重:《民事诉讼真实义务边界问题研究》,载《比较法研究》2012 年第 5 期。

② Stein/Jonas－Leipold,ZPO,§138 Rn.35;v.Hippel,Wahrheitspfli-cht,a.a.O,S.410 ff.转引自任重:《民事诉讼真实义务边界问题研究》,载《比较法研究》2012 年第 5 期。

③ Vgl.OLG Koln,MDR 1975,849.转引自任重:《民事诉讼真实义务边界问题研究》,载《比较法研究》2012 年第 5 期。

出了历史舞台。无限说认为真实义务在民事诉讼中享有绝对优先的地位，与其相悖的法条当属无效。而真实义务有限说首先承认当事人真实义务的效力，承认真实义务对辩论原则的修正和限制，[①]但又承认真实义务也受到辩论原则的限制。德国通说在整合了当事人真实义务和其他制度的关系后提出，当事人真实义务的主旨在于禁止当事人虚假陈述，完全义务也应于此意义上把握，禁止当事人故意隐瞒部分事实以使法官形成错误认识。法官亦不能积极主动地依职权来审查当事人陈述的真实性，而仅能依当事人陈述和证据调查作为法官认知的来源。该通说成为当今德国民事诉讼学界的基本认识，但随着对民事诉讼基本内容研究的深入化，当事人真实义务也会因与辩论主义此消彼长的关系而呈现出新的变化。

（二）日本的当事人真实义务相关内容[②]

日本的民事诉讼在理论和制度方面都倾向效仿德国。德国于 1933 年将当事人真实义务入法，日本在 1947 年修订民事诉讼法时，于法典第 331 条和第 339 条分别规定了当事人违反诚实信用对文书制作真伪进行争执时的处罚措施和经宣誓后当事人实施虚假陈述的处罚措施，这可以看作是对于违反当事人真实义务的制裁措施的明确规定。在历经数十年的摸索后，体现当事人真实义务与信义原则的内容不再局限于单个程序中的具体规定，而是明确规定在 1996 年公布、1998 年实施的《日本新民事诉讼法》的第一编第一章的通则中，其第 2 条规定："法院应为民事诉讼公正并迅速地进行而努力，当事人进行民事诉讼，应以诚实信用为之。"[③]《日本新民事诉讼法》通则的三个条文中，诚实信用是唯一具备实质内容的条文。日本法将诚实信用原则上升为民事诉讼的基本原则，使其成为规范诉讼主体的诉讼行为的准则。在此基础上，《日本新民事诉讼法》第 209 条和第 230 条对违反当事人真实义务的行为作出了处罚规定，这成为日本通说认为的法解释学意义上的真实义务。

---

① Stein/Jona—Leipold，Band 2，22. Aufl. Tübingen 2004，vor § 128 ZPO Rdn 75a；Thomas／Putzo—Reichold，Ein1 i Rdn 5；Rosenberg／Schwab／Gottwald，Zivilprozess-recht，§ 76 Rdn 1.转引自任重：《民事诉讼真实义务边界问题研究》，载《比较法研究》2012 年第 5 期。

② 从严格意义上来讲，日本的民事诉讼法中只明确规定了诚实信用原则，并没有规定当事人真实义务。但日本民事诉讼法却对违反真实义务的处罚措施作出了明文规定，这也成为日本通说认为的解释学意义上的当事人真实义务。并且日本民事诉讼法学界对真实义务展开了深入研究。

③ 白绿铉：《日本新民事诉讼法》，中国法制出版社 2000 年版，第 32 页。

1.日本的当事人真实义务相关内容

日本民事诉讼法中虽然没有明确规定当事人真实义务,但其相关条款可以看作是对真实义务的笼统规定和事实上的确立。并且在日本学界对当事人真实义务的研究颇为丰富,通常将当事人真实义务作解释论层面上的讨论,认为真实义务是诚实信用原则在诉讼上的最主要的体现。① 《日本新民事诉讼法》第 207 条没有对不宣誓情形和宣誓情形下的询问当事人制度作出明确区分,而只是规定法院在决定询问当事人时可以使其宣誓。第 208 条规定了法院在询问当事人时,该当事人无正当理由不出庭或拒绝宣誓、陈述的,法院可以认定对方关于询问事项的主张为真实。第 209 条规定了当事人在宣誓后作出虚假陈述的,对其科以 10 万日元以下的罚款处罚。② 其第 230 条规定了当事人对于制作真实的文书故意作出虚假争执时,对其科以 10 万日元以下的罚款处罚。③ 由上述法条可知,不同于德国,日本民事诉讼法没有于言词辩论程序中明确规定当事人真实义务,但却专门规定了询问当事人制度。在询问当事人时,法院可使当事人宣誓,这也意味着经宣誓的当事人实施虚假陈述的,会受到处罚。对于当事人的虚假陈述和恶意争执规定了费用制裁措施,以此来贯彻当事人真实义务的适用。日本学者齐藤秀夫还较为详细地论述了违反真实义务的诉讼法上的效果:一为影响当事人的辩论内容,若当事人违反真实义务的事实被法院查明,则法官在心证形成时会忽视违反真实义务的陈述,且会对全体辩论内容产生同样效果;二为处以诉讼费用的制裁,即使违反真实义务的当事人最终胜诉,也应承担因虚假陈述而产生的非必要的审理花费的费用。④

---

① ［日］中野贞一郎:《过失的推认》,弘文堂昭和 53 年,第 164 页下。转引自:[日]高桥宏志:《民事诉讼法制度与理论的深层次分析》,林剑锋译,法律出版社 2003 年版,第 378 页。

② 《日本新民事诉讼法》第 209 条第 1 款规定:"经过宣誓的当事人作虚伪陈述的,法院以裁定处以 10 万日元以下的罚款。"参见何文燕、刘波:《我国当事人陈述制度之检讨与重构——兼评民诉法"修改建议稿(第三稿)及立法理由"第十七章》,载《法律科学》2007 年第 2 期。

③ 《日本新民事诉讼法》第 230 条规定:"一、当事人或其代理人故意或重大过失违背事实争执制作真实的文书时,法院可裁定对其处以 10 万日元以下的罚款。二、对此裁定可以提起即时抗告。三、在第一款情形下,当事人及代理人在诉讼系属中承认文书制作真实时,法院可视情形撤销同款裁定。"

④ ［日]斋藤秀夫:《民事诉讼法概论》,有斐阁 1969 年版,第 231 页。转引自刘荣军:《诚实信用原则在民事诉讼中的适用》,载《法学研究》1998 年第 4 期。

日本通说不但承认当事人真实义务在民事诉讼中的确立,学者还认为在日本民事诉讼法中有关阐明权、法院指挥权、提出文书义务等内容,都是以真实义务为前提而加以规定的。[①] 当事人照会制度、文书提出命令制度、证据收集处分制度以及非公开审理程序都要求在诉讼中当事人履行真实义务,协力与法官共同发现真实,促使民事诉讼公正、效率地运行。

关于真实义务的适用主体,依据《日本新民事诉讼法》第2条的规定,诉讼当事人是真实义务的主体是无疑义的。但在诉讼程序的运行过程中,还包括证人、鉴定人、诉讼代理人等其他诉讼关系人的参与,在这一前提下,应作何理解? 日本旧民事诉讼法确立了当事人与其他诉讼关系人对于法院审理程序所负的协力义务[②];相较于此,新法第2条虽明确宣示诉讼上之诚信原则,但该条则仅就当事人的义务为规定。鉴于新法第2条的规定是承继旧民事诉讼规则第1条与第3条的规定而来,[③]而且若以该条未就其他诉讼关系人的相关义务加以规定为由,而否定其他诉讼关系人的诚实信用的适用,难免过于片面,且缺失理论上的说服力。从该条规定对于旧法的承继和立法趣旨来看,应当肯定其他诉讼关系人适用诚信原则和相关义务的主体地位。考察日本民事诉讼立法可知,其相关内容也支持这一论点。除当事人宣誓制度外,日本新民事诉讼法还规定有证人和鉴定人的宣誓制度:"凡负证人义务者,皆须于受诉法院或受命推事受托推事前依其命令,在讯问前或讯问后为法定宣誓,以此确保供述之真实,此即谓宣誓义务。"[④]"鉴定人之义务,与证人之义务相同,皆有到场义务与供述义务及宣誓义务。关于鉴定人义务之内容,可依证人义务内容之法则知之。"[⑤]

有关真实义务的适用客体,主要涉及人事诉讼程序中的适用问题。人事诉讼事件包括婚姻事件、亲子关系事件等,相较于普通民事案件,向来认为更注重发现真实。那么在人事诉讼中,是否有诚信原则以及真实义务的适用必要和可能性? 对此问题,日本学者倾向于否认诚信原则和真实义务适用于人事诉讼程序。其理由在于:人事诉讼事件是涉高度之公益性而必须发现客观

---

① 蔡章麟:《民事诉讼法上诚实信用原则》,载杨建华主编:《民事诉讼法论文选辑(上)》,五南图书出版公司1984年版,第24页。

② 日本旧民事诉讼法第3条规定:"法院当致力于使审理公正且迅速地进行;当事人与其他诉讼关系人必须对此予以协力。"

③ [日]中野贞一郎:《民事诉讼中的信义诚实原则》,弘文堂1966年版,第10页。

④ 松冈义正:《民事证据论(上下册)》,中国政法大学出版社2004年版,第170页。

⑤ 松冈义正:《民事证据论(上下册)》,中国政法大学出版社2004年版,第215页。

真实(因此人事诉讼程序法第 14 条排除、限制辩论主义,改采职权探知主义,同时扩张判决之效力,承认此等判决具有对世效)。以违反诉讼上禁反言之类型为例,于后行矛盾主张合于真实之情形,真乃期待借由适用诚信原则以驳回后行矛盾行为效力之际。于此前提之下,诚信原则之适用显然抵触发现真实之基本要求。因此,必须排除诚信原则于人事诉讼程序适用之可能。①

2.对日本当事人真实义务相关内容的评价

日本民事诉讼立法上虽没有当事人真实义务的详细明确规定,但其新民事诉讼法第 2 条关于诚信原则的一般性规定,可以看作是当事人的行为规范,并以此展开了解释论来引导日本民事诉讼法上当事人真实义务的理论。如前所述,新法中的具体条文和具体制度都体现了当事人真实义务的内容,这在法解释意义上也间接确立了日本民事诉讼法上的当事人真实义务。有关民事诉讼事实审理制度的目的,在日本多数说认同实体真实发现主义,而真实义务在日本民事诉讼中的确立与发展无疑是受此前提与背景的影响。日本学者河本喜与之指出,在日本民事诉讼法中,应当承认当事人真实义务是法律上的义务。果然如此,法院得容易发现实质真实,当事人亦能避免无益争执并节省诉讼费用,还能防止诉讼迟延。②

二、英美法系国家当事人真实义务的相关内容

在英美法系国家,诚实信用原则和真实义务的表征体现为衡平,学者吴经熊提道:"衡平之于法律,犹诗之于文。法律之优点,在明晰而有秩序,衡平之优点在于柔和而能调谐。"③可见,在英美法系国家,衡平的目的与诚实信用和真实义务并无二异,衡平原则在法律中扮演着与诚信和真实义务相同的角色。

在英中古时期,诚信原则是裁判诈欺案件的准则,在处理此类案件时,即适用诚信原则。在历史上美国由于受英国殖民,因而多数州也曾受其影响而设有衡平法院。虽英国实务与学者基于法律明确性、安定性的要求,以及契约自由原则之追求,形式上反对建立一般化之诚信原则,否认欧陆法系上以诚信

---

① [日]拇善夫:《民事诉讼信义则》,载三月章、青山善允:《民事诉讼法争(新版)》,有斐阁 1988 年版,第 163 页。

② [日]河本喜与之:《论真实义务》,载《日本法曹会杂志》第 13 卷第 2 号,第 9 页。转引自蔡章麟:《民事诉讼法上诚实信用原则》,载杨建华主编:《民事诉讼法论文选辑(上)》,五南图书出版公司 1984 年版,第 25 页。

③ Wu,J.H.,Fountain of Justice,p.196.转引自林诚二:《情事变更原则之理论与实际》,载《民事理论与问题研究》1991 年 7 月,第 31 页。

原则对于当事人课予义务及权利限制,以避免法院恣意判决之问题。[①] 但在欧陆法运用诚信原则的实践中,并未产生上述问题,而诚信原则和衡平法又具有同质性,衡平法院所追求的是实质上的公平,这也是诚信原则的目的所在。因此在现今制度的变革下,衡平法院已不存在,但其精神和特点仍然保留,亦可知诚实信用和真实义务的重要性。综观英美法系主要国家,虽然没有诚信原则和真实义务的明确规定,但在其庞大的诉讼规则中仍能寻找到诚实信用以及真实义务的踪迹,诚如约翰·赫伊津哈论证诚实信用的重要性时指出,"欺骗作为赢得一场比赛的手段会使之失去游戏的特色,全部地毁掉这场比赛。因为游戏的要素就在于坚持游戏规则——公平竞赛。"[②]

（一）英国的当事人真实义务相关规则

英国作为非成文法国家,其众多的民事诉讼规则都是散见在先前判例中的,1999 年的新《民事诉讼规则》是其民事诉讼改革的一个重要成果。为了揭露事实真相、禁止当事人虚假陈述,该法典规定了当事人的"事实声明"、披露义务等规则。

当事人真实义务在英国法上主要体现为新《民事诉讼规则》对"事实声明"的规定,其指提出文书的当事人、诉讼辅佐人或提供证人证言的陈述人作出的相信文书记载的事实为真实的陈述。事实声明主要出现在当事人的请求格式[③]、答辩书、案情声明[④]等法律文书中。案情声明、提供信息的回复书和证人证言在经历事实声明确认后,才能作为证据在诉讼中使用。事实声明通常是由当事人签署,诉讼代理人也可签署,但其在签署时须表明是当事人自己相信为真。对于是否签署事实声明,当事人享有选择权。若当事人对案情声明没有签署事实声明,除被撤销外,该案情声明依然有效,但当事人不得将案情声明中的相关事项作为证据来运用。法院还可依当事人申请或依职权撤销未经

---

① 陈聪富:《诚信原则的理论与实践》,载《政大法学评论》2008 年第 104 期。

② 张建伟:《司法竞技主义——英美诉讼传统与中国庭审方式》,北京大学出版社 2005 年版,第 9 页。

③ 英国民事诉讼继承了司法令状的传统,公民起诉首先要向法院申请"令状",由法院签发请求格式。这一系列请求格式文书相当于我国民事诉讼中的起诉状,格式中简要记载着当事人提起案件的性质及请求的理由,并且当事人签名保证其事实陈述真实。

④ 请求格式、请求的细节、答辩、反请求及其他请求、对答辩的反驳、对上述文书提供的进一步信息等法律文书都是连续送达于当事人之间的,这个由一系列正式文书所组成的程序即称为案情声明,案情声明用于明确需要解决的争点,向案件管理法官和审判法官提供案情的说明。

事实声明的案情声明。① 诉讼文书经当事人的事实声明后,意味着若其内容为虚假陈述,则应承担相应的不利法律后果。英国民事诉讼规则对案情声明中的虚假陈述处以藐视法庭罪。由此可见,英国不仅通过事实声明制度正式确立了当事人的真实陈述义务,而且可以说是在当事人真实陈述义务方面走得最远的国家之一。②

在英国早期普通法中,当事人不能成为证人。到 19 世纪中期,当事人出于自己意愿,既可就涉讼案件自己提供证言,也能要求对方就相关事实提供证言。③ 英国新《民事诉讼规则》规定了在审理前交换证人的书面陈述,以此来作为主询问证人时使用。证人陈述作为民事诉讼程序的主要的书面证言之一,在当事人作为证人作证时,和一般证人相同,其应当签字并签署事实声明,保证陈述的真实性。若证人证言未签署事实声明的,法院可指令不将其作为证据予以采纳。

新《民事诉讼规则》还进一步要求当事人将其控制的所有书面材料提前告知另一方当事人,该预先告知的程序称为"披露"。不仅包括于己有利的,也包含于己不利的书面材料的披露。依新《民事诉讼规则》第 31.5 条的规定,披露裁定应当作出标准披露,亦即当事人应合理地收集重要文书,制作后向其他当事人送达应当披露的文书的清单。第 31.6 条规定了应当披露的文书的性质:(1)披露其所依赖的文书;(2)对己方有不利影响的、或对对方有不利的影响的、或支持对方诉讼的文书;(3)《实务指引》里要求其披露的文书。文书清单里应包含披露陈述,表明披露一方已就相关文书进行了合理搜集,且确认披露一方理解其披露义务,并已尽其所能履行了该义务。若当事人认为进行搜集不合理,因此未搜集的,应当于披露陈述中说明。虚假的披露陈述将会被课以藐视法院的处罚。④ 从具体内容来看,这一披露义务可以看作当事人真实义务的一种体现和延伸。

(二)美国的当事人真实义务相关规则

美国作为移民国家,其起源的多元化与社会的异质性造成社会不适的压

---

① 齐树洁主编:《英国司法制度》,厦门大学出版社 2007 年版,第 341 页。

② 徐昕:《英国民事诉讼中的当事人》,载张卫平主编:《司法改革论评》(第三辑),中国法制出版社 2002 年版,第 304 页。

③ 齐树洁主编:《英国证据法》,厦门大学出版社 2002 年版,第 223 页。

④ 沈达明、冀宗儒:《1999 年英国〈民事诉讼规则〉诠释》,中国法制出版社 2005 年 4 月第 1 版,第 239～242 页。

力与紧张。① 为了秩序与和平,美国社会往往通过法律来解决纠纷。诚如托克维尔所说:"美国人爱法律如爱父母。"②在美国,重大争议一般都会以民事诉讼的方式予以解决,强调程序的重要。而这一理念体现在法律上就是正当程序理论。正当程序的概念在赋予民众权利保障的同时,更扩展具备了"司法的正当程序"之程序基本正义的要求,即当事人寻求司法救济、启动与适用诉讼程序时应符合正义的要求。③ 就当事人而言,联邦宪法第 3 条规定提交到法院的案件须为真实的争议,法院不受理解惑请求诉讼及假设诉讼。诉答程序中,对当事人提出"真实声明"的要求,即当事人须宣誓确认其在诉答状中主张的事实为真实。现如今大多数法院已废除强制真实声明,通常要求当事人于相关文件上进行签名来保证其真实性。只有在特殊案件中才要求当事人宣誓确认事实主张的真实性。④

　　为了对滥用诉讼程序的行为予以规制,1938 年美国《联邦民事诉讼规则》第 11 条还规定了代理当事人进行诉讼的律师的真实声明。要求律师在诉辩状上签字,以此来证实阅读了诉辩状并认为有充足的理由支持,亦即律师对诉辩状的真实性进行意见确认。1983 年规则第 11 条修改后规定,律师在合理调查是否有充足的事实和法律上的理由支持诉辩状以后,才能在诉辩状上签字,否则会遭受处罚。1993 年第二次修订的第 11 条扩大了"意见确认"的范围,即所有提交给法院的书面动议和其他文件都适用第 11 条的规定。具体而言,律师或未由律师代理的当事人向法院提交的诉答文书、书面申请等文件是在经合理调查并尽可能是以本人所掌握的知识、信息、信念而作出的,并且要

---

　　① Michael Karnmen,People of Paradox (NewYork:Vintage Books,1973),p113.转引自[美]史蒂文·苏本、玛格瑞特·伍:《美国民事诉讼的真谛——从历史、文化、实务的视角》,蔡彦敏、徐卉译,法律出版社 2002 年版,第 7 页。

　　② [法]夏尔·阿列克西·德·托克维尔:《论美国的民主》(上卷),董果良译,商务印书馆 1988 年版,第 274 页。

　　③ Geoffrey C.Harzard,Abuse of Procedural Rights:Regional Report for The United States,Abuse of Procedural Rights:A Comparative Standards of Procedural Fairness,(Kluwer law international,1998),p43.转引自张晓薇:《民事诉权滥用规制论》,载四川大学 2005 年博士学位论文,第 44 页。

　　④ 何家弘、汤维建主编:《美国民事诉讼规则》,中国检察出版社 2003 年版,第 170 页。

对具体事项作出确认。① 从对当事人和律师确认真实的要求和内容看来,这是对当事人诚实信用的要求,更是诉讼规则对其课以真实义务的要求。

证人的宣誓与具结,也是当事人真实义务的相关规则。《联邦证据规则》第 601 条确立了当事人作为证人的能力②,可见当事人是能够成为证明案件事实的证人的。其第 603 条明确规定,"证人在作证前,应当以宣誓、具结的方式表明其将如实(陈述)作证,(该宣誓、具结)应当以促使证人唤起良知、加深其具有此项义务的心理的方式为之。"这一规则要求当事人在对案件事实作证时,应当宣誓或具结来确保陈述的真实性,否则会受到伪证处罚。由此可见,不管是在美国的庭前诉答程序中,还是在其开庭审理程序中,当事人真实义务都得到了贯彻。

不仅如此,美国不但在民事诉讼法上确立了禁反言规则,并且由禁反言原则派生出的绝对规则和先行得益规则是贯彻真实义务的一大特色。绝对规则(absolute rule):当事人在诉讼中必须真实地实施诉讼行为,非真实的主张和诉讼行为都会使法院进行权威判断的地位遭受损害。按照这一规则,是对当事人的虚假陈述予以排斥的,能够促进真实义务的履行。先行得益规则(prior success):其宗旨在于防范当事人相矛盾并且非正当的诉讼行为,从而维护审判的完全性和整体性。该规则规定当事人矛盾的诉讼言行可能对审判造成显而易见的侵害时,法院可以以妨碍发现真实为由,剥夺当事人特定的权利。③

---

① 律师或未由律师代理的当事人应确认下列事项:"(1)提出文书的目的并不是为了骚扰他人、不必要地拖延诉讼或者增加无谓的诉讼费用;(2)对文件里所含有的请求、抗辩及其他法律主张,应当依据现行法律或依据对现行法律的扩展、修改或变更或对新法的创制有意义的争论作出;(3)主张或其他事实论点应当有证据支持,或者特别地指出如给予其进一步调查或发现的合理机会可能获得证据支持;(4)对事实论点的否认是基于证据的,或特别地指出对事实的否认,是以不知情或缺乏信任为由的合理基础。"参见[美]彼得・G.伦斯特洛姆:《美国法律辞典》,贺卫方等译,中国政法大学出版社 1999 年版,第253 页。

② 美国《联邦证据规则》第 601 条规定:"除本证据规则另有规定外,每个人都有资格作为证人。"

③ 刘荣军:《诚实信用原则在民事诉讼中的适用》,载《法学研究》1998 年第 4 期。

第二节 两大法系国家有关违反
真实义务的法律后果

一、大陆法系国家违反真实义务的法律后果

德国民事诉讼立法并未具体规定当事人违反真实义务的法律后果,通说主张的不利法律后果即对法官自由心证的影响。因而,在当事人宣誓具结时,法官会释明当事人,使得当事人知悉若其实施虚假陈述将会承担不利法律后果。由此可见,在德国法上,当事人真实义务是和法官释明义务紧密联系的,后者是前者的保障。

具体来讲,对于违反真实义务的当事人,可采取"不利益评价"。亦即在诉讼中,法官若认为当事人主张非真实,可进行斟酌,依具体情形对违反的当事人作不利认定。若当事人违反真实义务致使诉讼迟延的,依《德国民事诉讼费用法》第 39 条的规定,负担因诉讼迟延而产生的费用。但《德国民事诉讼法》没有规定制裁措施,属"不完全规定",主要是考虑到当事人对自己不利的事实完全陈述是人情上不可能的事,故不能给予过多的制裁。[①] 此外,依《德国刑法典》第 263 条的规定,当事人故意为虚假陈述还会构成诉讼欺诈,并招致刑法上的处罚。而因当事人非真实主张或违反真实提起诉讼造成对方当事人或第三人损害的,受损害方可提起损害赔偿之诉。[②]

日本实务中通常认为违反真实义务的法律制裁后果相当微弱。中野贞一郎教授指出,在诉讼中当事人即使主观上有违反真实的故意,但客观上也可能会出现表述偶然和客观事实相符的情形。对此,法官应慎重考虑。并且,当事人的陈述即使和客观事实不相符,法官若认定其为虚假陈述,不予采纳即可,

---

① 蔡章麟:《民事诉讼法上诚实信用原则》,载杨建华主编:《民事诉讼法论文选辑(上)》,五南图书出版公司 1984 年版,第 28 页。

② [德]罗森贝克、施瓦布、戈特瓦尔德:《德国民事诉讼法(上)》,李大雪译,中国法制出版社 2007 年版,第 451 页。

而无需适用真实义务规则。[①] 前述也已谈到，有日本学者认为违反当事人真实义务的不利法律后果为影响当事人辩论的内容和诉讼罚。而依前文对《日本新民事诉讼法》第209条、第230条的分析可知，在日本，违反真实义务的制裁措施多为罚款处罚，且不仅包含当事人，还包括对证人、鉴定人的罚款。而对于不利事实认定这一法律后果是由法官作出的，属于法官自由裁量的范畴。

从德国和日本的民事诉讼立法来看，对于违反当事人真实义务的后果，在德国主要为对当事人不利事实的认定，在日本为不利事实的认定和罚款处罚，且以罚款为主。相较而言，由于德国民事诉讼法明确规定了真实义务，因此虽然立法没有以专门条文对违反真实义务的法律后果作出规定，但真实义务的法律化规定本身就对法官的自由心证产生巨大影响，并且对方当事人可直接援引法律条文予以对抗。而日本民事诉讼法中除了诚实信用这一基本法律原则外，其他关于真实义务的内容都零散规定在各个程序中，并未形成直接有效的法律效果。造成德国和日本立法差异的原因主要在于两国的法律传统不同，德国长久以来都保持了大陆法系的法律传统，因而真实义务是在对辩论主义的修正下设置的，保持着法官对于当事人在形式上的引导；日本在法律传统上更注重学习和借鉴，其基本理论不像德国般根深蒂固，而是形成了大陆法系和英美法系融合的民事诉讼法，因而其当事人真实义务即是此种融合的一个缩影。

二、英美法系国家违反真实义务的法律后果

前已述及，在英国，当事人可以选择是否签署事实声明。签署事实声明的，可比照证人作证来处理。如果当事人对文件中的事实并非出自内心确信而签署时，会招致藐视法庭罪的惩处。《民事诉讼规则》规定："确认案情声明的事实声明，若对案件事实没有诚实的信念，进行虚假陈述的，依照《民事诉讼规则》第32.14条应当承担法律责任，判处藐视法庭罪。"[②]若当事人不签署事实声明，则案情声明、申请书等重要文书不能得到法庭的采纳，且法院会在一定情形下强制要求当事人签署事实声明。英国大部分案件是由律师代理的，

---

① ［日］中野贞一郎、松浦馨、铃木正裕：《民事诉讼法》，有斐阁1987年补订第二版，第30页。［日］住吉博：《民事诉讼法读本》，法学书院1973年版，第117页。转引自刘荣军：《诚实信用原则在民事诉讼中的适用》，载《法学研究》1998年第4期。

② 沈达明、冀宗儒：《1999年英国〈民事诉讼规则〉诠释》，中国法制出版社2005年版，第231页。

由于某些目的的需要,难以避免滥用诉讼权利、虚假陈述的行为,因此若律师违反诚实信用,也会受到处罚甚至丧失代理资格。

对于当事人的披露义务,英国《民事诉讼规则》第 31.23 条规定,作出虚假的披露陈述会作为藐视法院予以处罚。同样地,英国法也规定了禁反言规则,当事人对相信自己作出的行为并基于此行为而实施诉讼活动的其他人行使权利,可能给他们造成损害的,该行使权利的行为应当被禁止。[①]

美国《联邦民事诉讼规则》第 11 条对当事人违反真实义务作出了原则性规定[②],具体来讲,当事人或律师违反意见确认的,法官在听取当事人或律师说明其没有违反的理由后,认为理由不成立的,将会对其施以金钱罚,责令其承担对方当事人为此支出的合理费用。虽然大多数法院已废除强制真实声明,但当事人必须在诉答文书中进行签名来保证其真实性。在当事人作为证人证明案件事实时,其须从当事人席移至证人席,并宣誓或具结其作出的陈述属实,否则甘愿受伪证处罚。因此,当事人作为证人时须在作证前宣誓或者具结,并在庭审过程中接受交叉询问,若实施虚假陈述,将会被科以伪证处罚。

英美法上的诚实信用原则从未取得过有如在大陆法系如此高的地位,英美法系国家中,诉讼诚实信用原则主要在于规制当事人权利滥用。[③] 但即便如此,英美法系国家也设置了诸如事实声明、意见确认等具体制度来体现对当事人真实义务的要求,并且对当事人虚假陈述的规制是基于诉讼程序正常运行的需要,是对对抗制的修正。对违反真实义务的法律制裁,英美法系国家也是体现在具体的制度中。总体看来,在英美法中,若当事人违反真实义务,会被处以与证人制裁相同的处罚措施,而不会因当事人和诉讼结果有利害关系从而限制其证言的证明力。

---

① 沈达明:《衡平法初论》,对外经济贸易大学出版社 1997 年版,第 276 页。

② 美国《联邦民事诉讼规则》第 11 条规定:"法院可以对违反真实义务的当事人或者律师科以承担包括对方当事人的律师费用在内的合理诉讼费用的制裁。"参见张卫平主编:《外国民事证据制度研究》,清华大学出版社 2003 年版,第 54 页。

③ 汤维建:《论民事诉讼中的诚信原则》,载《法学家》2003 年第 3 期。

第三节 两大法系有关当事人
真实义务的比较与启示

一、两大法系有关当事人真实义务的比较分析

(一)观念基础的比较

1.大陆法系真实义务的观念基础

民事诉讼长久以来被作为私人纠纷解决机制,体现出强烈的私权自治含义,修订前的法国和德国民事诉讼法即包含了这种自由主义。自由主义民事诉讼对假设的平等当事人间的诉讼虚构了形式的武器平等,但并不关注是否实现实质平等。在这一理论范式影响下,在赋予权利的同时也给予其无限行使权利的机会,致使在诉讼中当事人滥用诉讼权利的现象也日益严重。

随着 19 世纪末社会法学理论的兴起,国家不再仅限于守夜人,而是塑造社会的工具,社会的民事诉讼逐渐产生。依德国民法典第 226 条(欺诈禁止)和第 242 条(诚信义务)的规定,禁止滥用权利成为基本原则。为了遏制当事人滥用权利的现象,维护正当当事人的诉讼权利,禁止滥用诉权在程序法上确立了重要地位。各国相继以诉权成立要件为基础提出了诉权滥用的概念,并将故意与严重过失纳入了当事人滥用诉权的评价体系中。[①] 奥地利法学家弗朗茨·克莱因也提出,在民事诉讼中不但涉及当事人而且应在个人主义与公共福祉间架起一座桥梁。而对于诉讼结构来说,这也意味着告别了没有限制的当事人主义的诉讼。[②] 克莱因的社会的民事诉讼观也是当事人真实义务的理论源泉。在自由主义时期,[③]另一奥地利法学家约瑟夫·翁格尔也指出,在

---

① 胡晓煜:《论民事诉讼中的当事人真实义务》,载中国政法大学硕士学位论文 2011年 5 月,第 29 页。

② [德]鲁道夫·瓦瑟尔曼:《社会的民事诉讼——社会法治国家的民事诉讼理论与实践》,载米夏埃尔·施蒂尔纳:《德国民事诉讼法学文萃》,赵秀举译,中国政法大学出版社 2005 年版,第 92 页。

③ [德]鲁道夫·瓦瑟尔曼:《社会的民事诉讼——社会法治国家的民事诉讼理论与实践》,载米夏埃尔·施蒂尔纳:《德国民事诉讼法学文萃》,赵秀举译,中国政法大学出版社 2005 年版,第 93 页。

诉讼中当事人应当"仅使用光洁的、透明的武器",而不应通过"谎言和刁难"来维护其利益。因而,真实义务不应仅仅是道德上的而且应当是法律上的义务。[1]

深受社会诉讼观的影响,德国最终于1933年在民事诉讼法中确立了当事人真实义务。作为评价当事人主观性的真实义务获得立法肯定后,在倡导诚实信用、禁止虚假陈述方面起到了协调统一作用。以社会民事诉讼观为基础的当事人真实义务,在大陆法系走的是原则规范化道路,其根源于实体法传统法理,契合个人利益向公共利益倾斜的背景,于原则构建的宏观框架下,建立了对当事人行为予以规范的具体规则,属演绎逻辑的程序。当事人真实义务所依赖的社会诉讼观,使得对抗转变为合作,为了完成诉讼的目标,即确认与实现权利并恢复被破坏的法和平,当然需要参与人间的合作。[2]

2.英美法系真实义务的观念基础

英美法系崇尚正当程序,它作为一种观念,源自英国的自然公正原则。自然公正也称作诉讼程序中的公正,它是最低限度的公正要求。受自然公正思想的影响,英国于1354年首次通过法令确立了正当程序[3],此后美国对其予以继受和发展[4],使得正当程序成为英美法系重要的司法上的原则。不同于大陆法系国家,英美法系通常以正当程序、诉讼公正为标准来界定当事人滥用诉讼权利的行为;正当程序也作为一般标准被法官直接用作对诉讼行为的评价,而并不局限于解释成文法和弥补法律缺陷的功能。日本学者谷口安平指出,对于行使权利而产生的结果,人们作为正当的东西接受时,该种权利的行使及结果就可称为具备了"正统性"或"正当性"。[5] 在当事人恶意启动诉讼程序、滥用诉讼权利、虚假陈述时,就超出公平的底线,构成对程序正当性的

---

[1] [德]鲁道夫·瓦瑟尔曼:《社会的民事诉讼——社会法治国家的民事诉讼理论与实践》,载米夏埃尔·施蒂尔纳:《德国民事诉讼法学文萃》,赵秀举译,中国政法大学出版社2005年版,第93页。

[2] [德]赖因哈德·格雷格:《作为诉讼主义的合作》,载米夏埃尔·施蒂尔纳:《德国民事诉讼法学文萃》,赵秀举译,中国政法大学出版社2005年版,第44页。

[3] 1354年《伦敦西敏寺自由法》规定:"未经法律的正当程序进行答辩,对任何财产和身份的拥有者一律不得剥夺其土地或住所,不得逮捕或监禁,不得剥夺其继承权和生命。"

[4] 1791年美国联邦宪法修正案《权利法案》第5条正式规定了正当程序条款:"非经正当程序,不得剥夺任何人的生命、自由和财产。"

[5] [日]谷口安平:《程序的正义与诉讼》,王亚新、刘荣军译,中国政法大学出版社1996版,第10页。

损害。

英美法系国家将诉讼看作两造当事人间的竞争,推崇司法竞技主义,双方当事人在法官的主持和司法规则的约束下进行诉讼争斗。但这一争斗并非毫无规则,必须遵循公平竞赛原则(principle of fair play)。储安平精辟地总结了公平竞赛的要义:除了自己,还有别人。固然要顾到自己,也应顾到他人。该术语最深的意义在于不但指出这一个运动队以及其同队队员的关系,而且指出他和与他竞争的对方的关系。一场足球要视作一场整个且不可分割的游戏,甲队队员绝不能忽视乙队队员的人格和存在的价值。[①] 由此可见,公平竞赛原则富含了诚实信用、真实、不说谎、兼顾他人权益等道德性内容。公平竞赛理念深入到民事诉讼法中,使得对抗制发生了变化,英美法系国家通过设立禁反言、权利失效、事实声明、意见确认等具体制度来削减过度对抗所带来的问题。其对当事人诉讼行为的约束是基于正常的诉讼程序运行的要求,实则是对对抗制的矫正。

在英美法系国家,当事人真实义务所依赖的正当程序、公平竞赛观念,是对当事人虚假陈述的规制,同时也将合作的因素嵌入对抗中。这虽然对对抗制进行了一定的修正,但并不会从根本上冲击诉讼对抗和竞技的传统观念,通过当事人间的对抗来实现正义仍然是英美法系推崇的诉讼理念。

(二)确立方式的比较

1.大陆法系真实义务的确立方式

当事人真实义务源于罗马法时期。支持真实义务肯定说的学者还从公私法相弥补的角度予以论证:一方面,随着时代的变迁,公私法日益趋同融合,在公法领域也借助私法原则来克服自身的先天不足。真实义务在诉讼法中的确立,是法与道德的融合,也是公私法资源共享的产物。另一方面,民事诉讼法虽属公法性质,但其解决的毕竟是私权争议,因此私法原则与理念在民事诉讼中的适用也极为必要,它能够对公法起到补充作用。

大陆法系属封闭的法律体系,立法者制定法律,法官只能依法裁判。而法律的天然抽象性致使任何成文法都具有局限性,不可能解决现实社会中的一切问题。而诉讼诚实信用原则、当事人真实义务在立法中的确立,能够对当事人在诉讼中的虚假陈述等不法行为进行更好的规制,也为法官评判当事人行使诉权的主观意图提供了标准。

---

① 储安平:《英国采风录》,岳麓书社 1986 年版,第 122~123 页。

2.英美法系真实义务的确立方式

英美法系中,有关 good faith 的论述主要存在于合同法领域,民事诉讼的讨论中很少出现诚实信用这一术语,但即便如此,英美法系国家的民事诉讼规则中仍然对诚实信用及真实义务的相关内容作出了规定,事实声明、意见确认、宣誓或具结等即是最好的例证。但英美法系并不会试图在民事诉讼法和实体法之间构建联系,也不会像大陆法系国家一样在民事诉讼法中明确规定真实义务,而仅是通过相关规则来体现真实义务的要求。其立法中体现真实义务的一系列制度的设立,是基于诉讼程序正常运行的需要,也是对过度对抗问题的矫正。在视正当程序为诉讼内部规则的英美法系国家看来,由于采非成文法模式,正当程序能够直接被法官作为评价当事人诉讼行为的标准,因此通过具体制度来对传统对抗制进行修正和反思。英美法系国家的法官拥有充分的自由裁量权,处于能动地位。发展法律是法官的职责,在法律没有明文规定的情形之下,法官可依据判例直接造法,毋须依靠法解释学,因而也就没有必要在立法上规定一般性的当事人真实义务制度。

由此可见,在真实义务的确立方式上,两大法系是截然不同的。但同时也应注意,在英美法系国家中公私法相互融合,从民事实体法向民事程序法的扩张并非完全不可能。英美法系对当事人的司法救济不仅依赖民事诉讼法,而且还依靠民事救济法,这里的民事权利救济之法律规定在相当程度上是将民事实体法和民事诉讼法合为一体的①。就当事人真实义务而言,美国即存在民事实体法和程序法相混合的现象。《美国合同法重述》第 2 版第 205 条规定:"每个合同都课加其各方当事人在履行或执行合同中的诚信和公平交易的义务。"由此可知,其合同法中对当事人的要求不但涉及合同履行阶段,还涉及合同争议的解决阶段。这一现象亦表明英美法系国家独有的救济法为公私法的融合留有足够的发展空间。

(三)表现形式的比较

1.大陆法系真实义务的表现形式

大陆法系以成文法为主要表达方式,擅长从抽象原则到具体个案的推理,大陆法系推崇三段论法,其本能为从事系统化。因此,当事人真实义务才得以在法典中以具体规范的形式予以规定。诸如德国 1933 年修订《民事诉讼法》时对真实义务的明文规定,奥地利、匈牙利、意大利等国也纷纷将真实义务法律化。即使日本、韩国等国家并未将真实义务明确写入民事诉讼法中,但其理

---

① 肖建国:《民事诉讼程序价值论》,中国人民大学出版社 2000 年版,第 434 页。

论界和实务界都认为当事人负有真实义务,真实义务仍然被理解为一般性规则。

从前文论述可知,大陆法系国家主要是以真实义务的形式来对当事人的陈述进行规范的。其真实义务主要体现在庭审的言词辩论过程中,要求当事人真实陈述,并配合法官的阐明义务与当事人的出庭陈述义务来保证当事人真实陈述,侧重于口头陈述形式。

真实义务具体而言就是当事人真实、完全地陈述。有关主张的范围、证明的责任等都需要当事人承担,但两大法系国家在当事人的陈述方面却具有不同的法律效力。在大陆法系国家中,当事人和证人是区分开来的,当事人对案件的陈述不同于证人证言,在有些国家仅是作为补充性证据。在其看来,当事人自己作证一方面强人所难,另一方面其陈述又缺乏可靠性,因此法官虽会询问当事人,但仍然会优先考虑其余证据的证明力。很多国家在询问当事人以前都会要求其宣誓具结来保证陈述的真实性,并将宣誓具结界分为不同法律效力的行为。在法国,诉讼性和非诉讼性宣誓就是依据不同种类的宣誓来区分证明力高低和法官的心证范围,这一区分也体现出了大陆法系的职权主义色彩。对于当事人的虚假陈述,各国从罚款到刑事制裁都确立了相应的处罚规定。依此可见,大陆法系对违反当事人真实义务的制裁力度还是相当大的,以此来对损害正常司法秩序和社会公共利益的行为进行惩处。

2.英美法系真实义务的表现形式

在英国,法官习惯于在先例法理下寻找类似案例,以从个别到个别的类似方式解决案件,而不习惯从一般定理自上而下地演绎出个别的方式。① 在美国,法官也习惯于具体地观察事物,于经验基础上按照个案的要求寻求正义,而并非借助抽象的一般概念。这来源于根深蒂固的盎格鲁-撒克逊的习惯,亦即,在情况发生时才进行处理,而并非运用抽象的普遍化的公式去预想情况。② 因而英美法系的推理注重从个案到个案,法律家信奉先例,运作规则也是在活动中予以解决。在这一司法传统下,想要抽象出当事人真实义务这一一般性规则是十分困难的。

---

① [德]马克斯·韦伯:《经济与社会(下卷)》,林荣远译,商务印书馆1998年版,第120页。

② Pound,What is the Common Law In Future of the Common Law(1937)3 ,p.18.转引自[德]K.茨威格特、H.克茨:《比较法总论》,潘汉典、米健、贺卫方译,法律出版社2003年版,第376页。

英美法系国家虽以判例为主,但并不会排斥制定法。《美国联邦民事诉讼规则》《英国民事诉讼规则》就是有关诉讼规则的制定法,在其诉讼规则中包含有体现真实义务要求的具体制度。其体现当事人真实义务的相关规则主要出现在开庭前的诉答程序或案情陈述阶段,主要是通过当事人在其诉讼文书中签署事实声明或意见确认来保证真实陈述,侧重于书面陈述形式。在英美法系,制定法实属判例法的补充与修正,且制定法是例外,因此必须进行严格的限制性解释,而限制性解释也当然会忽略立法者的意图。因为,经过立法这一过程所确立的仅是法律的文言,而并非议员们立法中的意图,而该种文言必须通过判例所赋予的意义来进行解释。① 因而英美法系国家的制定法还不是真正意义的法律规则,仍然需要法官予以解释。并且在解释时,需要适用先例拘束原则。② 所以英美法系国家中体现真实义务的具体规则,如事实声明、意见确认、禁反言等,最终仍依赖判例法的形式而存在。

英美法系国家的当事人陈述并不是一类证据,因而诉讼中当事人是被当作证人对待的。其民事诉讼法遵循平等对抗理念,之所以许可当事人作为证人,理由在于:其一,当事人与案件有直接的利害关系,是最了解事实的人,当事人作证利于发现真实;其二,与案件有利害关系是和当事人陈述的可信度相互关联的,而和能否取得证人能力关系不大,因而承认当事人的证人能力与资格,并辅以宣誓、交叉询问、制裁措施等来增强证言的可信度是可行的。在英美民事诉讼法中,也可以发现大量具体的程序规则都是用来确保当事人提供证言的真实性。英美法系当事人的证人化,对其课以具结或宣誓要求也是应有之义,并且当事人若作伪证或采取其他非真实的手段干扰对方当事人的,可对其采取同于制裁证人的措施来进行处罚。当事人与普通证人一样,于法庭上接受问题,回答质询,并由法官根据交叉询问的结果来确定其证明力。③ 既不会因当事人和诉讼有利害关系而限制证言的证明力,也不同于大陆法系对当事人经宣誓后的证言给予不同的证明能力。

虽然两大法系国家关于当事人真实义务存在以上诸多不同,但二者并非如想象中的泾渭分明。尤其是随着近些年来民事诉讼法学界在协同发现真实、程序的快速推进等方面达成一致,大陆法系国家更加注重审前准备程序、

---

① [日]大木雅夫:《比较法》,范愉译,法律出版社 2006 年版,第 135 页。

② Fikentscher aaO(supra note 37),Bd.2,113f. 转引自[日]大木雅夫:《比较法》,范愉译,法律出版社 2006 年版,第 235 页。

③ 李浩:《民事证据立法前沿问题研究》,法律出版社 2007 年 12 月第 1 版,第 299 页。

弱化法官职权,英美法系国家则着重协力发现真实、加强案件管理。两大法系对实质正义的追求都强调当事人真实义务在民事诉讼中的重要价值,二者有相互融合的趋势。因此,我们有理由相信,英美法与大陆法虽然从相反基点出发,他们的制度表达方式也正在逐步接近。[①]

二、域外经验对我国的启示

两大法系对于真实义务的不同态度,并非信手拈来、随意规定的,而是与各自的国情和法律传统有密切关联。基于此,笔者认为大陆法系国家对于真实义务的规范化道路更加值得我国借鉴。理由在于,首先,基于大陆法系的传统,我国从法学理论研究到具体制度构建都受到大陆法系的影响。当事人真实义务规范化的道路不但契合我国的法律传统,而且可以避免对现有法律体系造成重大冲击,能够通过渐进的方式来影响我国正在进行的司法改革。其次,我国数千年以来深厚的历史文化传统和诚信道德信仰奠定了真实义务赖以生存的土壤,要求当事人履行真实义务不但与我国的历史传统相吻合,而且符合我国当前的政治导向和社会风气。最后,我国司法仍然是法官主导,虽然当事人的诉讼权利不断加强,但在诉讼过程中法官仍拥有很大职权,这就决定了我国不可能像英美法系国家一样仅规定具体的规则和制度,它会限制法官职权的发挥,造成法官在案件审理中的消极抵触,因而在制度设计中应当循序渐进,避免过犹不及。

大陆法系国家对于真实义务的规范也各有不同,前文已经论及德国和日本关于真实义务的立法规定,那么究竟哪种立法模式更值得我国学习,此处需要进行具体分析。

德国和日本的当事人真实义务都是在修正传统辩论主义弊端的基础上产生的,都是对当事人不诚信诉讼行为的一种规制。但德日两国在具体设置上又有较大差异,主要表现在以下几个方面:

首先,表现形式不同。德国法明文规定了当事人的真实义务,而日本民事诉讼法仅规定了诚实信用原则,同时配以具体规则对当事人履行真实义务进行规范。严格意义上来讲,日本的当事人真实义务并非真正意义的当事人真实义务,但其关于真实义务的笼统规定和事实上的确立,可以看作解释学意义上的当事人真实义务,并且其通说不但承认真实义务,还认为诸如提出文书义

---

①　[德]K.茨威格特、H.克茨:《比较法总论》,潘汉典、米健、贺卫方译,法律出版社2003年版,第394页。

务、法院指挥权等内容都是以真实义务为前提而规定的。因此,即使日本立法上没有明确真实义务制度,且伴随逐步脱离法官主导而倾向于当事人对抗的态势,但其仍处在辩论主义框架内,这是与英美法系国家的区别之处。

其次,参与模式不同。德国的当事人真实义务主要是法官引导,一旦当事人违反真实义务,就会直接招致法官的惩处。当事人履行真实义务的前提保障是法官释明权的充分行使,这也体现了大陆法系法官主导诉讼的特征。日本体现当事人真实义务的文书提出命令、当事人照会等制度则通常由当事人一方先引导,要求对方当事人真实地陈述和提供材料。在对方当事人不积极配合的情形下才会向法院申请,要求法官介入或行使释明权来保障当事人履行真实义务,这也体现了日本民事诉讼法对于大陆法系和英美法系二者的融合。

最后,内容的完整度不同。德国民事诉讼法对真实义务的规定较为全面,不但要求当事人真实完全地陈述,而且要求对对方当事人的主张也应当陈述,并且规定非特殊情形下当事人不得拒绝陈述。德国法虽然未系统规定违反当事人真实义务的法律后果,但有关真实义务的款项本身就能对法官心证造成巨大影响,并且另一方当事人能够直接引用这些款项来对抗。与之相反,日本法对真实义务的规定较为零散,除诚实信用原则外,其余都规定在具体程序中,并且当事人一方拒绝陈述和提供证据的,并不会产生直接的法律后果,对方当事人也仅能依靠法官的释明权或证据调查来保障。

通过对德日两国真实义务的分析可知,德国基本上保持了大陆法系法官主导的思想,日本则呈现出更多的两大法系融合的特征。探寻这一差异的原因还需从两国的历史文化传统着手。

德国属典型的大陆法系国家,深受古日耳曼国家本位思想的影响,采职权探知主义,近代以来,在吸收自由主义观念的基础上,形成了大陆法系以辩论主义为主旨的民事诉讼。二战后随着社会本位思想的兴起,公私法逐渐融合,各国对民事诉讼法中的极端的当事人主义予以规制。在英美法系规定了诚实信用原则及当事人收集证据的具体制度,大陆法系的德国则承袭国家本位的法律传统,规定了当事人真实义务和法官的释明义务。由此可知,德国的真实义务是在辩论主义框架下建立的,而且法官始终保持对当事人在诉讼上的形式引导。不同于德国,日本是博采众长的国家,在脱亚入欧后,以德国法为蓝本，1890 年的第一部民事诉讼法"几乎是德国民事诉讼法的日文译本"①，此后日本逐步建立起大陆法系模式的法律制度，而其民事诉讼也是以辩论主义为核心的。二战后，美国接管了日本，"政治上使日本基本全盘接受英美制度，构立起三权分立的政治体制；经济上使日本变成更加自由化的市场经济；法律上因其本身与政治经济的联系也必然要求随之变化，使法律能更好地调整各种社会关系"②。在此基础上，日本民事诉讼法从立法到理论都向英美法系靠拢，但其又始终保留大陆法系的基础理论，这就形成了大陆法系与英美法系相融合的日本民事诉讼法，当事人真实义务也是这一特征的缩影。

虽然两国在真实义务的设置上存在诸多差异，但日本和德国都是从职权探知主义转变为辩论主义后，在改良辩论主义的过程中规定了当事人真实义务。对于我国来说，目前的主要任务仍然是对辩论主义的建立和完善。而德国和日本的立法经验也启示我们，一项法律制度的设置是和该国的历史文化传统和政治演变息息相关的。

在中国，受封建集权思想的影响，行政干预、权力本位的观念根深蒂固。在这一点上，古代中国同于德国，而清政府的法律创设和移植也是以德国为蓝本的。中华人民共和国成立后，在法律制度的创制上向苏联看齐，民事诉讼法采职权探知主义。在实行市场经济以后，我国的法律制度也开始借鉴大陆法系的先进做法，民事诉讼法也从职权探知主义逐步向辩论主义演进，而这也是当前我国民事诉讼领域改革的重点。因此，在设置当事人真实义务时，必须考虑到不能因该制度的设立而造成辩论主义引进中的倒退。而对于在民事诉讼法中究竟采德国模式还是日本模式来设置当事人真实义务，就要对我国的现状予以综合分析，笔者将在下文予以解析。

---

① 张卫平：《诉讼构架与程式：民事诉讼的法理分析》，清华大学出版社 2000 年版，第187 页。

② 张卫平：《诉讼构架与程式：民事诉讼的法理分析》，清华大学出版社 2000 年版，第200 页。

第四章

当事人真实义务在我国的设立思路

在对域外当事人真实义务的相关内容作出一番比较考察后,理论研究最终还是要回归到我国实际中来。对于发展中国家的法律改革,比较法研究是极为有用的,通过比较法研究可以刺激本国法律秩序不断的批判,这一批判对本国法的发展作出的贡献比局限于本国内进行的教条式讨论要大得多。[①] 为了解决我国司法实践中当事人虚假陈述泛滥的问题,维护司法的公正与权威,就有必要在对当事人真实义务的相关理论研究、我国司法实践探索、相关法律规定、域外经验积累等内容作出分析的基础之上,来探讨当事人真实义务在我国的设立思路。对于我国来说,首要的问题就在于能否借鉴域外经验及如何进行路径选择来设立我国的当事人真实义务。

第一节　我国设立当事人真实义务的必要性与可行性

一、我国设立当事人真实义务的必要性

民事诉讼是双方当事人为了自身利益而全力予以对抗的诉讼活动,在当今社会中,诚实信用在民事诉讼中的地位愈发重要。回顾我国的司法历程,随着法治理念的进步、司法环境的净化、公民法律意识的觉醒,我国的法治进程正在向着公平正义的方向迈进。但经济的发展、利益的多元化致使诉讼结果

---

① ［德］K.茨威格特、H.克茨:《比较法总论》,潘汉典、米健、贺卫方译,法律出版社2003年版,第27页。

和当事人的关系更为密切,为了谋取更多的诉讼利益,司法实践中不乏当事人违反诉讼诚信、滥用诉讼权利等问题。在域外对诚实信用原则和真实义务广为关注的大背景下,我国民事诉讼立法也确立了诉讼诚实信用原则,倡导当事人在诉讼中的诚实守信。在这一诉讼环境下,探讨当事人真实义务的设立也显得尤为必要。

（一）法官查明案件事实的需要

从法官查案的角度考虑,对当事人课以真实义务的要求是查明案件事实的一个条件。从真实义务所具备的阐述案情与证明事实的作用来看,当事人的真实完全陈述,能够保障纠纷的公正解决与当事人民事权益的维护。

从证据视角分析事实发现手段的发展轨迹,能够发现当事人真实完全陈述对裁判者审理案件的重要作用。奴隶制时代采神示证据制度,采取由当事人向神明宣誓来对其是否说谎进行判断。在我国西周时期就采取"五听"①制度来对当事人陈述的真与假进行判断。向神明宣誓和"五听"制度,都是通过借助当事人陈述来发现案件事实并作出裁判,其目的都是确保当事人真实陈述。法定证据时期,为了促使当事人真实陈述,在刑事案件中可以采取刑讯逼供的方式,甚至在民事案件中也可使用。在自由心证证据时代,当事人的陈述具备的证据能力与证明力是由法官心证获得的,其证据地位开始下降。但直接原则、辩论原则仍强化了当事人的出庭陈述,在发现真实中当事人陈述仍具有重要作用。综上所述,当事人陈述长久以来都是法官发现真实的重要手段,当事人的真实完全陈述为查明案件事实奠定了重要基础。

从当事人在诉讼中扮演的双重角色来看②,当事人陈述的基本功能在于阐述案情,帮助法官查明案件事实。当事人是案件的亲历者,其向法官陈述案件的主要事实、间接事实及辅助事实,有助于法官查清案件真相。而当事人的陈述作为证明方式,是以当事人对事实的陈述来证明案件的事实真相。因此,从诉讼中当事人所扮演的双重角色和当事人陈述的双重功能来看,当事人是否真实完全陈述,直接关系到法官发现真实的程度和案件裁判是否合乎正义的标准。

---

①　中国古代司法官吏在审理案件时观察当事人心理活动的5种方法,辞听、色听、气听、耳听、目听的简称。

②　通常来讲,一方面,当事人是请求法院对案件作出裁判的请求权人,行使诉权;另一方面,当事人作为人证需要为自己作证,行使证明权。我国民事诉讼没有明确区分二者的功能,原因在于当事人诉讼角色的混同,我国当事人陈述在阐明案情和证明事实方面的功能都比较弱。

从作出裁判所依据的三段论法则看,法官是通过借助于法律规范这一大前提,并确定案件的事实这一小前提,在此基础上最后作出裁判。而法官对案件事实的认定以及当事人的证明都是围绕要件事实为核心展开的。[①] 法律要件事实决定着民事法律关系的产生、变更及消灭,而当事人是否对要件事实进行真实陈述关系到法官对于法律关系的认定。

从实务视角来看,一些案件常常缺少其他直接证据,因而法官需要借助当事人陈述获取心证。根据调查统计,德国地方法院中有 53% 的法院,在审理半数以上的案件中会命令当事人本人到场陈述。[②] 在王亚新教授看来,当事人的证据性陈述有时和书证具有同等重要的功能。[③] 当事人陈述能否证明案件事实,主要在于其是否真实。当事人违反真实义务作出虚假陈述,不但会丧失当事人陈述作为证明案件事实的证据功能,还会误导法官的判断,尤其是在缺少其他直接证据的案件中更为严重。因此,立法明确规定当事人真实义务,为当事人真实、完全陈述提供合理的程序规则,能够保障法官查明案件事实,作出正确裁判。[④]

(二)维护诉讼效率与秩序的要求

在民事诉讼中,公正与效率处于同等重要的地位,假若没有快速、便捷的诉讼程序,当事人的合法权益仍然得不到有效的保护。当事人对案件事实作出虚假陈述的原因是多样的,其中也包含拖延诉讼的目的。一些当事人在诉讼过程中虚假陈述,不但加重对方当事人的攻击与防御负担,还会延长诉讼周期、影响正常的民事诉讼程序,造成诉讼迟延。在现代民事诉讼中,当事人对于权益的诉求不仅限于能否得到公正的裁判,还在于权益实现的迅疾性。真实义务要求当事人诚实善意,在诉讼中真实、完全地陈述,共同协作来解决纠纷。在民事诉讼中确立当事人真实义务,禁止虚假陈述,有助于法官更快确定事实争点,提高诉讼的效率。

诉讼秩序是和诉讼效率紧密相关的。民事诉讼程序是法院行使审判权解决民事纠纷的过程,需要良好的诉讼秩序来保障诉讼程序的正常运作。诉讼秩序一旦遭到破坏、混乱不堪,不但难以解决民事纠纷,而且会影响司法的权

---

① 罗筱琦:《民事判决研究:根据与对策》,人民法院出版社 2006 年版,第 112 页。

② 王福华:《当事人陈述的制度化处理》,载《当代法学》2004 年第 3 期。

③ 王亚新:《法律程序运作的实证分析》,法律出版社 2005 年版,第 35 页。

④ 李瑞兴:《民事诉讼当事人真实陈述义务研究》,载广东商学院硕士学位论文 2013年 5 月,第 17 页。

威,因而当事人的诉讼行为必须纳入诉讼秩序规范内。而大多数国家也都赋予法官足够的权力来维护诉讼秩序,通过当事人真实义务的设置来约束双方当事人的诉讼行为,指导诉讼程序有序运行。在我国近年来的司法实践中,当事人虚假陈述、恶意诉讼的案件日趋增多,这些不法行为的实施损害了我国的诉讼秩序,妨碍了法官查明案件事实,也扰乱了法院的正常司法活动。最高人民法院倡导法官与当事人之间关系的和谐,由双方共同发现案件事实,从而推进诉讼程序的运行。① 而真实义务是这一要求的具体化,能够促使当事人真实善意地参与诉讼,维护诉讼秩序,协力发现案件事实。真实义务对当事人的约束,也能提升当事人的法律涵养,保障良好的诉讼秩序和司法权威。

（三）市场经济对纠纷解决机制的内在需求

亚当·斯密在《国富论》中对市场经济这只"看不见的手"进行了阐述,尽管在市场经济中每个参与者从事经济活动的出发点是自利的,但只要竞争是充分的,那么在竞争中就会形成一种自然秩序,它就好像一只看不见的手,使得竞争的后果是社会利益最大化②。因此,市场经济并不会必然造成公民失信行为的泛滥。在市场经济完备的情况下,自利行为会形成利他结果;只有在不完善的市场经济中,才会产生失信行为。市场经济也是法治经济、信用经济,而信用是促进交易正常进行的前提。我国在从计划经济向市场经济的转型过程中,经济秩序产生一定的混乱,社会存在着信用危机。为了整治社会信用,促进市场经济的顺利转型,需要完善包括法律制度在内的各项配套措施。具体到民事诉讼中来,则意味着解决市场主体间的民事纠纷,不仅要遵循民事程序规则,还要体现诚实善意的内容,即通过真实义务制度的设置来规制当事人的诉讼行为,促使当事人正确行使诉讼权利、履行诉讼义务。以此来整治民事诉讼失信行为的泛滥,促进我国市场经济的正常运行。

市场经济在一定程度上也强调精神文明建设。作为社会主义国家来说,我国在注重物质文明建设的同时不应忽略精神文明建设。邓小平曾说过,精神文明建设"主要通过两个手段,一个是教育,一个是法律"。③ 诚实信用作为一项优秀品德引入到民事诉讼中来,并以具体的制度表现出来,不但能够引导当事人如实陈述、诚实守信,而且有利于良好社会风气的形成,促进社会主义精神文明建设。

---

① 韩波:《民事诉讼模式论:争鸣与选择》,载《当代法学》2009 年第 5 期。
② 杨瑞龙:《关于诚信的制度经济学思考》,载《中国人民大学学报》2002 年第 5 期。
③ 《邓小平文选》(第 3 卷),人民出版社 1993 年 10 月,第 148 页。

（四）民事诉讼改革的需要

当前，在我国民事诉讼模式改革逐渐倾向于当事人主义的背景下，不能盲目照搬域外的制度和规则，而应当立足于我国的具体情况，对当事人主义诉讼模式去粗取精、去伪存真，吸收其精华。历史经验证明，当事人主义存在着诸多缺陷：过分强调当事人的能动性、主张法官的消极作用，以致诉讼迟延、双方当事人诉讼力量对比不均衡，甚至造成实体上的不公正。采当事人主义的国家也意识到这一弊端，近年来逐步修正民事诉讼法，通过具体制度和规则来调整法官与当事人之间的关系，而当事人真实义务正是在修正当事人主义和辩论主义弊端的基础上设立的。我国民事诉讼由于一直以来深受强职权主义诉讼模式的影响，积重难返，不但体现在法官司法理念上，而且表现为当事人对法院的依赖。因而在我国民事诉讼的改革过程中，切勿操之过急，既要认清当事人主义的弊端，总结别国的经验教训，又要结合我国的实际情况予以推进。在改革过程中，一方面要强调当事人的主体地位，坚持和完善民事诉讼的辩论主义和处分主义；另一方面也应加强法官的诉讼指挥权和程序能动性，对当事人进行适当牵制。当事人真实义务的设置，作为对辩论主义的修正，能够约束并且保障当事人行使诉讼权利，防止当事人采取非法手段损害对方当事人的诉讼利益，对于我国民事诉讼改革能够起到良好的规范和矫正作用。因而真实义务作为约束当事人陈述、发现真实的一项具体规则，能够避免我国在民事诉讼改革的过程中少走弯路，更好地实现司法公正和效率，这无疑是我国在民事诉讼改革中可以借鉴的一项具体规则。

伴随着中国经济的发展和法治进程的深化，在民事诉讼的改革过程中，公民的诉讼观念也发生了很大的转变。我国传统的诉讼观念是厌讼型诉讼观[1]，它迎合了封建集权的需要，受到历代统治者的推崇。但到了现代，法律在社会中居于日益重要的位置，公民开始运用法律武器和诉讼手段来维护自身的合法权益，原有的厌讼的心理也在逐渐发生改变。以至于一段时期内出现"兴讼"的局面，在媒体上常常能够看到"一元官司""赌气官司"的报道。[2]但随着向好讼型诉讼观[3]的转变，我国当事人违反真实义务进行恶意诉讼的

① 厌讼型诉讼观，是指对运用诉讼手段来解决纠纷缺乏一种认同感，对诉讼怀有畏难情绪和抵触心理的诉讼观念。
② 江伟主编：《中国民事诉讼法专论》，中国政法大学出版社1998年版，第224页。
③ 好讼型诉讼观，是指积极倾向于运用诉讼手段来解决纠纷，对诉讼抱有信任感和认同感的诉讼观念。

案件也比比皆是,不但侵害对方的权益,还会影响司法的公信力。因而在民事诉讼改革的过程中,在鼓励公民积极参与诉讼的同时,也应当设置当事人真实义务来规制当事人虚假陈述等不法行为,从而引导公民树立正确的诉讼观。

（五）遏制司法实践中虚假陈述的需要

随着司法改革的深化,我国公民的权利意识、诉讼观念不断强化,诉讼案件也逐步激增,但随之而来的是我国司法实践中失信行为的大量存在。从我国的民事诉讼现状看,司法实践中当事人虚假陈述的现象较为严重,近年来逐渐增多的恶意诉讼①和虚假诉讼②中就存在大量当事人违反真实义务的虚假陈述行为。在恶意诉讼中,当事人常常采取虚构案件事实或伪造证据的方式来谋取不正当利益,其带有隐蔽性与欺骗性,容易造成误判,损害司法公正。同时,对于错误的裁判,虽可以以再审程序予以纠正,但启动再审程序不但浪费司法资源,而且会危害到判决的稳定性,危及司法机关在公民心中的威信,极大地损害司法权威。当事人的虚假陈述也是虚假诉讼的主要表现形式,在虚假诉讼中,常常是原告虚构案件事实、对事实主张进行虚假陈述,被告则以自认等方式配合,原被告双方合力骗取不法利益。在通常的虚假诉讼中,原被告双方之间没有实质性对抗,甚至缺乏其他证据,而法官也常常依据原被告间一致的虚假陈述予以裁判。如此一来,不但严重侵害案外人以及国家和集体的合法权益,还会损害司法权威和公信力。

不论是在真实的诉讼中实施虚假陈述,抑或是在恶意诉讼与虚假诉讼中采取虚假陈述等方式无中生有地制造诉讼,这些当事人虚假陈述的行为,都是危害司法公正与权威的恶疾。前者会妨碍法官正确认定案件事实,影响司法公正;后者会损害案外人及国家集体权益,危害司法权威。真实义务对当事人课以真实陈述的要求,促使当事人正当地行使诉讼权利、履行诉讼义务,禁止当事人在诉讼中损害其他主体及案外人的权益,从而实现诉讼参与各方的平衡,并维持诉讼的秩序③。当事人真实义务旨在禁止虚假陈述,其通过具体规则来制止与预防当事人诉讼中的虚假陈述。因此,通过设立当事人真实义务,禁止当事人虚假陈述,是遏制我国司法实践中的虚假陈述行为的有效手段。

---

①　所谓恶意诉讼,是指当事人故意提起一个在事实上和法律上无根据之诉,从而为自己谋取不正当利益的诉讼行为。

②　虚假诉讼,是指民事诉讼各方当事人恶意串通,采取虚构法律关系、捏造案件事实方式提起民事诉讼,或者利用虚假仲裁裁决、公证文书申请执行,使法院作出错误裁判或执行,以获取非法利益的行为。

③　王福华:《民事诉讼基本结构》,中国检察出版社 2002 年版,第 228 页。

二、我国设立当事人真实义务的可行性

前文从必要性方面对我国民事诉讼中设立真实义务进行了分析,但现阶段在我国是否存在该规则存活的土壤和环境,则是必须重点考量的问题。倘若不存在设立真实义务的现实基础,那么规则的引进终会因水土不服而被废弃。在将研究的视角转到设立真实义务的可行性方面时,可以发现,在我国当前阶段的民事诉讼中是存在当事人真实义务的适用环境与前提的。

(一)我国民事审判方式改革成果的支持

从 20 世纪 80 年代末开始,由于职权主义诉讼模式逐渐不能适应我国社会的发展,我国开始了民事审判方式改革。在近些年的改革历程中,我国总结并吸收了当事人主义的有利因素,发挥当事人在民事诉讼中的积极性与能动性,逐步向当事人主义转化。诚如翁晓斌教授所言,虽然我国民事诉讼实行职权探知主义,但随着民事审判方式改革的深入,我国的民事诉讼实践呈现出辩论主义的发展态势。尤其是《证据规定》的出台,昭示着我国民事诉讼实际运行体制中基本确立了辩论主义。[①] 在实体形成面上,我国民事诉讼向当事人主义转变,同时伴随着从职权探知主义向辩论主义的转化。这一转变符合中国民事诉讼国际化与现代化的发展方向,迎合了中国社会转型时期对新型纠纷解决机制的需要,也是对我国近些年来审判方式改革的成果的总结。但我国通过司法解释的方式导入辩论主义,并且缺少充足的理论准备,导致其合法性不足、制度设计不完善、缺乏理论与思维的指导等弊端。这也体现出我国在从职权主义向当事人主义转变的过程中,如何深入协调两种诉讼模式的关系问题,成为理论界和实务界的一大难题,也直接影响着我国今后民事诉讼审判模式的改革与发展。

辩论主义给予了当事人充分支配诉讼权利的自由,但程序性自由和实质性自由是存在冲突的。如果过分强调辩论主义,则可能致使民事诉讼成为当事人恣意的工具。其极有可能利用辩论主义所提供的程序自由,作出损害他人或国家、集体利益的不法诉讼行为。而我国民事诉讼在经历了从个人诉讼观向社会诉讼观的转变后,更为重视对社会利益的保护。在此背景下,协同主义诉讼模式为我国的改革提供了指引。

协同主义是指在诉讼中法官运用职权发挥能动作用,和当事人充分地协作与沟通,从而使法官与当事人在事实发现、程序促进等方面共同推动民事诉

---

① 翁晓斌:《职权探知主义转向辩论主义的思考》,载《法学研究》2005 年第 4 期。

讼程序运行的一种模式。① 针对辩论主义的不足，它要求当事人通过行使事实主张之权能和具体化之责任来协助法官，同时，当事人也应承担促进诉讼与发现真实的法律义务。协同主义的核心是当事人真实义务和法官的释明义务、讨论义务。唐力教授指出，协同主义重视对于实体真实的探知，其从当事人方面强调真实义务，从法院方面强调释明义务，实质是当事人与法院共同协作，从而达到实体真实之判决。② 近些年来，两大法系都在加强法院与当事人间的协作，发挥法官对于事实发现的能动性，协同主义理论在两大法系方兴未艾。协同主义并非完全抛弃辩论主义，它改变和克服了辩论主义项下法官消极性的弊端，是对辩论主义的有益补充。我国民事诉讼改革的基本倾向是由强职权主义的民事审判模式转为以当事人主义为主、职权主义为辅的协同主义模式，③我国也已开始了对于法院与当事人诉讼责任分担的具体细化的改革，而协同主义推崇的观念为我国的改革提供了理论指引。在民事诉讼法中确立真实义务，正好迎合了这一潮流，也进一步实现了与两大法系的趋同。

(二)我国民事诉讼诚实信用原则的支持

诚实信用原则最初的表现形态即为禁止当事人在诉讼中虚假陈述④，可见，当事人真实义务旨在遏制民事诉讼中的虚假陈述，它是诉讼诚实信用原则具体化的重要内容。

我国最初在《民法通则》中规定了诚实信用原则，民事诉讼法上最早是没有诚实信用原则的法律条文的。2001 年《证据规定》的第 7 条首次出现了诚实信用原则的规定⑤，其在民事诉讼领域得到了首次采纳。直至 2012 年新《民事诉讼法》第 13 条明确规定诚实信用原则，此举进一步完善了我国民事诉讼基本原则的体系。谷口安平教授认为诚实信用原则包括，"禁反言、诉讼状态的不当形成、诉讼上的权能丧失、诉讼上的权能滥用。"⑥常怡教授指出其具

① 肖建华：《构建协同主义的民事诉讼模式》，载《政法论坛》2006 年第 5 期。

② 唐力：《辩论主义的嬗变与协同主义的兴起》，载《现代法学》2005 年第 6 期。

③ 奚晓明主编：《〈中华人民共和国民事诉讼法〉修改条文理解和适用》，人民法院出版社 2012 年版，第 216 页。

④ 常怡主编：《比较民事诉讼法》，中国政法大学出版社 2002 年版，第 312 页。

⑤ 《最高人民法院关于民事诉讼证据的若干规定》第 7 条规定："在法律没有具体规定，依本规定及其他司法解释无法确定举证责任时，人民法院可以根据公平原则和诚实信用原则，综合当事人举证能力等因素确定举证责任的承担。"

⑥ ［日］谷口安平：《程序的正义与诉讼（增补本）》，王亚新、刘荣军译，中国政法大学出版社 2002 年版，第 176 页。

体包含,禁止矛盾及反悔行为;禁止以非法手段骗取有利于己的诉讼形态;禁止拖延诉讼、滥用诉讼权利;禁止虚假陈述;诉讼上权利的丧失。① 张卫平教授认为诚实信用原则对于当事人的约束主要在于:禁止当事人作虚假陈述;禁止当事人作相互矛盾陈述;禁止当事人作虚伪承认。② 学者大家的观点林林总总,依学界通说,诚实信用原则主要包含以下五方面的内容:禁止矛盾及反悔行为、禁止恶意制造诉讼状态、禁止滥用诉讼权利、禁止虚假陈述、诉讼上权能的丧失。

真实义务要求当事人真实、完全陈述。姜世明先生指出,真实义务主要讨论是否允许当事人说谎③,其旨在禁止诉讼中的谎言。当事人享有行使主张与陈述的权利,但须负担不得虚假陈述的法律义务。这不但是禁止权利滥用的法理要求,也是诚实信用和真实义务的应有之义。因而当事人真实义务作为诉讼诚实信用的一方面内容,诉讼诚实信用内涵中所包含的禁止当事人虚假陈述,也意味着在诉讼中对当事人真实义务的要求。从这一层面来讲,我国立法对诚实信用原则确立的同时,也应对真实义务予以肯定。

(三)立法技术的支持

立法技术,是指立法活动应当遵循的技巧和方法,主要包括立法结构技术和立法语言技术。前者使得法的体系结构保持恰当,后者则使得法的表述更为科学、准确与完善。从立法技术上来讲,确立当事人真实义务能够促进民事诉讼诚实信用原则的完善,促进立法的完善和制度的协调。

从立法技术方面来讲,基本原则不同于直接适用于个案的具体规则,原则作为指导思想,是需要通过设置具体规则来予以适用的。"将原则转变为——能被用作裁判基准的——规则。"④我国台湾学者黄茂荣也指出:"法律原则,尤其是较高层次的法律原则,在没有进行足够的具体化以前是不具备直接适用性的。"⑤既然我国民事诉讼立法中已经确立了诚实信用原则,那么就需要通过原则规则化这一立法技术,促使该原则在民事诉讼法中具体落实。而诚实信用原则规则化又分为两种途径:一为设立体现诚实信用原则的具体规则;二为形成判例为诚实信用原则提供具体规则指引。⑥ 在笔者看来,第一种途

① 常怡主编:《比较民事诉讼法》,中国政法大学出版社 2002 年版,第 311~312 页。
② 张卫平:《民事诉讼法》,法律出版社 2004 年版,第 27~28 页。
③ 姜世明:《举证责任与真实义务》,新学林出版股份有限公司 2006 年版,第 477 页。
④ 〔德〕卡尔·拉伦茨:《法学方法论》,陈爱娥译,商务印书馆 2003 年版,第 293 页。
⑤ 黄茂荣:《法学方法与现代民法》,中国政法大学出版社 2001 年版,第 492 页。
⑥ 翁晓斌:《民事诉讼诚信原则的规则化研究》,载《清华法学》2014 年第 2 期。

径更加适合我国国情。这是因为从立法技术角度讲,我国并不实行判例制度。现行的案例指导制度虽具备判例的功能,却仍处于完善与探索的过程;并且绕开具体规则而以案例指导的方式来具体落实诚实信用原则,无异于法官造法,这会破坏我国案例指导制度的界限,缺少可行性与合法性。因而,我国只有通过设立体现诚实信用原则的具体规则,才能使诚实信用原则在立法中进一步落实。

前已述及,禁止当事人虚假陈述是诚实信用原则的最初表现形态,也是诚实信用原则的重要内容。因而从立法技术上对诚实信用原则予以规则化,设立当事人真实义务即是题中应有之义。通过设立当事人真实义务形成更加完备的规则,来具体落实诚实信用原则。[①]

不仅如此,从我国民事诉讼规则的立法的完善性角度来讲,也需要设立当事人真实义务。首先,我国民事诉讼法的任务之一是保证法院查明事实、分清是非,而查明事实是前提,因而需要设立当事人真实义务来确保法院查明事实。其次,我国民事诉讼法确立的审判原则是法院以事实为根据、以法律为准绳审理案件,此处的事实是案件的真相,并非当事人所陈述的虚假的事实。因而需设立当事人真实义务,运用具体规则来确保法院认定的是真实的事实。最后,我国《民事诉讼法》第112条已经确立了对虚假诉讼的规制措施,"当事人间恶意串通"是其构成要件之一。当事人恶意串通常常采取虚构、捏造事实的手段,其中当然包含虚假陈述。但在司法实践中当事人非恶意串通,单方采取虚假陈述的情形也较普遍,同样应予禁止。设立当事人真实义务,从立法规则方面进行完善,能够规制各种情形下的当事人虚假陈述,还能解决虚假诉讼在识别与处罚上的难题,使得民事诉讼立法更加完备。

(四)传统诚信观和现代诚信建设的支持

设立当事人真实义务,还得益于我国的传统诚信观与现代诚信建设为其提供了良好的制度背景。诚信一直以来都是我国传统道德哲学所推崇的内容,亦是中华民族的传统美德。我国传统道德中的诚信道德最初为春秋时期的老子与孔子所主张,其主要包含诚实信仰、诚实信用、忠诚信义三个方面的

---

① 翁晓斌教授认为,在我国民事诉讼中落实诚信原则,将原则规则化乃是根本,而规则化的主要方法则是制定诚信原则下的各项具体制度。在其看来,民事诉讼诚信原则的规则化,具体包括引入真实义务、完善自认制度、完善证明妨碍制度、禁止恶意诉讼和禁止滥用诉讼权利等。参见翁晓斌:《民事诉讼诚信原则的规则化研究》,载《清华法学》2014年第2期。而本文中笔者仅关注真实义务这一项规则。

内容。由此可见,诚信观很早就成为我国传统文化的重要组成部分,也是公民个人的行为准则。每个社会中的人都会融入其所处的社会氛围中,思想观念与行为方式自然会受到影响与熏陶。法律的制定与执行都是在整体文化环境中由人来进行的,文化对于立法者、司法者及其他参与人具有的影响必然通过个人对立法和司法活动的内容、方式和程序等产生影响。① 我国历来深受儒家思想文化的影响,崇尚诚信的道德伦理观,其对公民个人的思想观和行为都会产生一定影响。从某种意义上来讲,现今所说的真实义务在内涵与外延上多少都会与传统的诚信观有所重合,蕴藏在公民内心的传统诚信观和现代意义上的真实义务存在对接的基础和可能性。而在我国现代社会的转型过程中,诚信建设一直以来都是关注的问题。依法治国和以德治国的提出、诚信体系的建设,以及我国为市场经济提供良好的道德环境所进行的制度设置,都为在法律领域设置真实义务提供了良好的制度背景。

第二节　我国设立当事人真实义务的路径选择与定位

一、我国设立当事人真实义务的路径选择

在对前文真实义务与辩论主义的讨论中可以看出,真实义务和辩论主义是相辅相成的。设置当事人真实义务,必须要在完善辩论主义的背景下进行。而我国协同主义的改革趋势,正好迎合了这一要求。如何设计我国民事诉讼中当事人真实义务的具体路径?是参照德国模式在民事诉讼立法中明文予以规定;还是按照日本模式并不明确规定真实义务,而是确立解释学意义上的当事人真实义务?在笔者看来,德国模式更加适合我国的选择,我国应在民事诉讼法中明确设置当事人真实义务。

首先,从法律传统方面来讲,我国的职权主义诉讼模式根深蒂固,民事诉讼具有浓厚的职权探知主义传统,法院和法官在司法中占据举足轻重的位置。我国现阶段虽处于从职权探知主义向辩论主义转换的过程中,注重当事人的诉讼主体地位,但法官的指挥作用也是不可或缺的。我国辩论主义的建立与

---

① 樊崇义:《诉讼原理》,法律出版社 2003 年版,第 606 页。

完善仍然需要法官的大力引导,通过加强法官的释明权来克服辩论主义固有的弊端。因此,从利于法官的释明和完善辩论主义来讲,就应当在立法中明确规定当事人真实义务。现阶段我国仅在民事诉讼法中明确了诚实信用原则,这一规定难免过于笼统和宽泛,可适用性较弱,法官对于当事人真实义务的释明也会因此而难以找到确定的依据,容易导致诚实信用原则的虚设,并影响到真实义务的履行,造成当事人在诉讼中虚假陈述、实施违法诉讼活动的放任后果。

其次,从我国的立法现状来看,如前文所述,我国现行立法中已包含当事人真实义务的内容体现。虽然其属于职权主义模式下的真实义务的类似规定,多为间接体现,且规定得较为零散,但从另一方面来讲,至少在我国民事诉讼法中已经存在着真实义务的表现形式和间接规定。在此基础上对现有的条文进行整合和修改,以辩论主义的完善为指导,建立起适合我国国情的当事人真实义务。

最后,从程序的保障方面讲,如果我国借鉴日本模式,在现今民事诉讼立法已对诚实信用原则进行规定的基础上不再另外规定当事人真实义务,而仅要求当事人在诉讼中遵守诚实信用原则,那么必须要像日本民事诉讼法一样确立配套的当事人对抗程序来予以保障,才不致使该原则沦为虚设。虽然这也是我国部分学者主张建立当事人证据收集制度所必备的程序,但从日本的司法经验可以看出,纵使民事诉讼立法和理论研究都比我国成熟的日本,在借鉴美国的证据开示等程序时也难以摆脱大陆法系法官的职权干预,致使制度在适用上受到法官形式引导的束缚,而在我国现阶段要建立与诚实信用原则相应的制度则更为困难。

从上述分析可知,德国模式更加适合我国国情,我国现阶段设置当事人真实义务规则,应当在民事诉讼立法中明确予以规定,对真实义务的具体内容、法律后果等都进行明确规范,从而增强规则的可适用性。

二、我国当事人真实义务的定位

明确了我国参照德国模式来设立当事人真实义务的路径选择之后,在具体构建我国的当事人真实义务以前,还需要思考我国当事人真实义务的定位问题。只有对其予以清晰定位,才能在此基础上设置我国当事人真实义务的具体内容和规则。

不同于英美法系国家将当事人视为证人;也不同于德国等大陆法系国家

以听取当事人本人意见①与询问当事人②来取代当事人陈述这一专门术语,在我国,当事人陈述在立法上被明确列为一项独立的证据种类。在这一背景下探讨我国当事人真实义务的定位问题,就应当考虑到当事人陈述所具有的双重地位。因而在此基础上,将我国当事人真实义务定位为事实主张性陈述之真实义务与证据性陈述之真实义务。

（一）当事人陈述的双重地位

当事人作为诉讼程序的主体,对诉讼程序的进行存有利害关系,也是诉讼结果的归属者,因而当事人陈述在民事诉讼中具有重要功能。在我国理论界,对当事人陈述有以下几种界定:一种观点认为当事人陈述是当事人在诉讼中对于和案件有关的事实,尤其是作为诉讼请求根据的或者反驳诉讼请求根据的事实,向法官作出的陈述。③ 另一观点认为,当事人陈述是当事人对于案件事实向法院作出的陈述。④ 有观点还指出,当事人陈述是当事人在民事诉讼中就案件事实向法院作出的叙述。⑤ 从以上定义可以看出,当事人陈述的内容是案件事实,这是从狭义的角度来理解当事人陈述。从广义角度来讲,当事人陈述包含对案件事实的陈述、对证据分析和案件处理意见的陈述等事实与法律两方面的叙述。笔者所研究的当事人真实义务的客体仅限于案件事实,因而本文采狭义说。

当事人陈述在民事诉讼法上具有双重地位。其一,当事人作为民事诉讼的主体,在提出诉讼请求时,也会提出支持理由。如法律关系存在与否的事实,法律关系现存与以往的事实状态,法律关系的产生、变更、消灭的原因,有利于己的事实等。该类事实都是当事人通过陈述向法院作出的。其二,当事人陈述作为一类证据,是能够和其他证据配合和印证来证明案件的事实的。

---

① 听取当事人本人意见,是指在法庭辩论之前,法官可以针对案件的主要事实及其所争议的事实,听取到场当事人的陈述,使法官和当事人尽快掌握事件的全貌及重心,然后再开展辩论和证据调查。

② 询问当事人,是指法庭调查完全部证据后,在对属于当事人能够亲身感知的某些事实的真伪尚不足以形成心证时,可以要求当事人接受法庭的询问,并将其陈述作为查明事实的证据,必要时还可以对被询问的当事人进行交叉询问和对质;在法院决定询问当事人时,当事人若收到法院通知后无正当理由未到庭接受询问或拒绝宣誓、拒绝陈述,这一不合作行为便成为法院评价的对象,法院依据自由心证对事实作出认定时,常常因此而作出对其不利的心证。

③ 江伟:《民事诉讼法》,高等教育出版社 2000 年版,第 159 页。

④ 张晋红:《民事诉讼法学》,吉林人民出版社 2003 年版,第 148 页。

⑤ 柴发邦:《中国民事诉讼法学》,中国人民公安大学出版社 1992 年版,第 317 页。

当事人在诉讼中接受法官询问、陈述所知的案件事实。从这一点来讲,其地位类似于证人,当事人所为的陈述是一类证据。^①在民事诉讼学说中,前者即当事人听取,后者即当事人询问。

我国民事诉讼法将当事人的陈述规定为一种证据种类,但如前所述,对其采取了矛盾化与非制度化的规定。不仅如此,在我国的立法实践与诉讼理论中,通常将当事人陈述仅作为一类证据,虽有助于司法操作以及对诉讼程序的把握,然而却难免以偏概全。在民事诉讼中,当事人扮演着诉讼主体与广义上证人的角色。从其参与诉讼的前提来讲,当事人首先应当是民事诉讼主体,其应当陈述有关主张及案件事实等相关情况。此外,当事人还类似于证人,所陈述的有关案件事实的相关内容构成一种证据。当事人陈述在民事诉讼法上具有双重地位,因而不能仅将其作为一类证据,而应当全面予以考察。因此,在对我国立法上设立当事人真实义务进行定位时,也应当全面考察当事人陈述的双重地位,体现这两方面的内容。

(二)事实主张性陈述之真实义务与证据性陈述之真实义务

依前所述,当事人真实义务旨在禁止当事人说谎,客体指向案件事实。而基于当事人陈述在民事诉讼法上的双重地位,在当事人的事实陈述层面上,真实义务具备了更广泛的内涵。在笔者看来,我国民事诉讼法上当事人真实义务的内容定位应当是禁止当事人在诉讼中主张虚假的事实、禁止对对方当事人的真实主张进行恶意争执以及禁止当事人作出虚假的证据性陈述。其内涵包含三方面内容:第一,当事人不得主张虚假的或自认为非真实的事实;第二,当事人不得明知对方当事人提出的主张与事实相符或自认为相符时,仍进行争执;第三,当事人对于案件事实为作证陈述时,不得虚假陈述。

当事人对于案件事实的陈述可以依据在诉讼环节中的不同法律效果分为事实主张性陈述与证据性陈述。将二者区分开来的依据在于:当事人事实主张性陈述依辩论主义,是观念通知与意思表示,对当事人提出须具备诉讼行为能力的要求;当事人证据性陈述依证明法则,是事实行为,仅要求当事人具备作证能力。当事人事实主张性陈述指向主张责任;当事人证据性陈述则指向举证责任。当事人事实主张性陈述是当事人作为诉讼主体向法院所为的陈述,属诉讼资料提供的范畴;当事人证据性陈述是当事人依证据方法的地位所

①　齐树洁、王晖晖:《当事人陈述制度若干问题新探》,载《河南省政法管理干部学院学报》2002年第2期。

为的陈述,属证据资料提供的范畴。①

　　由于当事人事实主张性陈述与证据性陈述所依据的法理不同,当事人真实义务对二者的规范也就有所不同。当事人对案件主要事实的陈述会约束法官的事实认定范围,因而要求必须客观真实,否则就不存在构成裁判事实的基础。而从证据的真实性与作证规则的严格性角度考虑,当事人的证据性陈述只有在真实的情形下才能以此来认定事实,并用来证明是否存在权利义务关系。而非真实的证据材料尚不具备证据能力,就更不能用来证明案件的事实。故而从这一层次来讲,对当事人证据性陈述所要求的真实性甚至高于当事人事实主张性陈述的真实性。在此基础上,笔者将我国当事人真实义务区分为事实主张性陈述之真实义务与证据性陈述之真实义务,并在后文的设立构想中依据这一分类来对我国当事人真实义务这一规则进行具体构建。

---

① 占善刚、刘显鹏:《当事人陈述探微》,载《华中科技大学学报(社会科学版)》2005年第4期。

第五章

当事人真实义务在我国的具体构建

在设立思路的指导之下,对我国当事人真实义务进行具体的构建。囿于我国学界缺乏关于真实义务的理论与司法积淀,笔者在此抛砖引玉,提出具体构建我国当事人真实义务的浅薄见识,以期能引起理论研究和司法实践的重视。在本章中,笔者将从真实义务的立法体例与内容设置、违反真实义务的法律后果与认定规则、真实义务的具体适用及保障机制等方面着手,尝试对当事人真实义务进行规则化研究,使其能在我国民事诉讼法中得到具体落实。

第一节　我国当事人真实义务的立法体例与内容设置

一、当事人真实义务的立法体例

当事人在民事诉讼的不同阶段都应当履行真实义务,而立法对于当事人在各个阶段履行真实义务的规范并不尽相同。因而在我国民事诉讼法中设立当事人真实义务,将当事人真实义务的规则嵌入民事诉讼程序中,首先要考虑立法体例问题。

立法体例,是指立法对于有关法律所涉及的内容、体系、安排、结构的编辑及布局与规定。① 它涉及立法的编纂形式、组织编排等内容。讨论我国当事人真实义务的立法体例问题,即涉及如何在我国民事诉讼法中对真实义务进

---

① 廖中洪:《民事诉讼立法体例及法典编纂比较研究》,中国检察出版社 2010 年版,第 2 页。

行具体化的结构编排。

在笔者看来,我国当事人真实义务应当采取一般规定与具体规定相结合的立法体例。理由如下:首先,从我国立法的倾向可知,通常类型的法律内容大都采取一般规定和具体规定相结合的方式,我国的民事诉讼法也不例外,可以说这种立法体例已经成为我国立法的惯性思维。这种体例是否科学还有待研究,但由于我国立法长期使用这一体例,并且从司法适用中法官熟悉的程度来讲,采取此种形式更易于法官和社会所接受,利于法律适用的稳定性。其次,目前我国社会仍处于转型时期。倘若立法不对当事人真实义务作出一般规定,而仅采取具体规定的体例,必然不能囊括这一规则的所有情形,难免会造成法律上的漏洞。为此,首先在立法上明确当事人真实义务的一般规定,能够指导法官适应多变的审判现实,解决各种新问题。最后,当前我国法官队伍的整体素质不高,民众的法律意识也普遍偏低。在这一环境下,立法对当事人真实义务采具体规定的方式有助于法官具体适用这一规则,也有利于当事人在诉讼中了解自己的诉讼权利和义务,从而正当地进行诉讼。

具体而言,当事人真实义务作为诚实信用原则的具体化规则,在进行一般规定时,应考虑到其为诚实信用原则的下位概念,故而在我国《民事诉讼法》总则部分的第13条诚实信用原则下增设一项当事人真实义务的一般规定。此外,采取具体列举的方式,在总则的章节与分则中进行具体规定。对于当事人真实义务的具体规定,可以在《民事诉讼法》中通过真实义务的阶段性规范、真实义务的证据性规范及违反真实义务的法律后果规范三方面的内容来进行设置。

当事人真实义务的阶段性规范,主要是对当事人在不同诉讼阶段所应当履行的真实义务作出规定。这一阶段性规范包含:起诉阶段的当事人真实义务;审前准备阶段的当事人真实义务;开庭审理阶段的当事人真实义务。对上述阶段当事人真实义务的具体规则,《民事诉讼法》应分别规定在第十二章第一审普通程序之中所对应的第一节起诉和受理、第二节审理前的准备、第三节开庭审理中。

当事人真实义务的证据性规范,主要是从证据方法方面对当事人真实义务作出规定。作为证据种类的当事人陈述从客观上讲也发生于民事诉讼的不同阶段,前述对于真实义务的阶段性规范已经包含了当事人证据性陈述。但出于对证据所具备的真实性的严格要求,应当在《民事诉讼法》第六章中明确规定当事人证据性陈述的真实义务。

违反当事人真实义务的法律后果规范,主要是从不利法律后果方面对违反当事人真实义务的行为作出的制裁规定。我国《民事诉讼法》主要是在对妨害民事诉讼的强制措施一章中规定诉讼法律责任,因而违反当事人真实义务的法律后果也应规定在第十章中。

二、当事人真实义务的内容设置

在明晰了当事人真实义务的立法体例后,就应当关注这一规则的基本内容。在此,笔者以我国当事人真实义务的定位为基准,通过真实义务的两面性来设置我国当事人真实义务的内容。

（一）真实陈述

真实陈述,亦即真实陈述义务,它要求当事人在陈述案件事实时应当真实和可信,禁止当事人在诉讼中说谎。真实陈述是当事人真实义务的首要和最重要的内容,是对当事人在诉讼中实施的事实主张性陈述与证据性陈述提出真实的要求。

首先,应当要求当事人对于事实主张进行真实陈述。鉴于当事人的事实主张对于民事诉讼的重要性,应当对其提出真实要求。当事人在诉讼中的事实主张陈述,主要是对案件的法律要件事实予以叙述。而法律要件事实与审理的实质内容和判断权利义务关系是否存在有重大关系,应当成为当事人真实义务重点规范的内容。此外,当事人有关间接事实与辅助事实的陈述也应受到真实义务的约束。这是因为,间接事实能够推断法律要件事实是否存在,尤其是在案件中难以证明法律要件事实的情况下,间接事实就会作为法官认知的重要基础,此时对其真实性的要求更为突出。而辅助事实是用来判断证据能力与证明力的,对其真实性的要求也不言而喻。因此,当事人真实陈述义务也应当规范当事人所主张的间接事实与辅助事实。

从民事诉讼立法角度出发,当事人事实主张性陈述的真实要求可以进行如下规定:

其一,在审前程序中对当事人事实主张性陈述的真实性规定。在《民事诉讼法》第 121 条关于起诉状应当记明的事项中增加一项有关当事人事实主张性陈述真实性的要求,亦即"当事人应当签署保证真实的声明,确保事实主张的真实性"。在双方当事人的起诉状、答辩状及答复意见等诸如此类文书中都应当规定对于真实陈述的保证声明,并由当事人签名或者捺印。借鉴 2015 年 2 月 4 日发布的《最高人民法院关于适用〈中华人民共和国民事诉讼法〉的解释》第 110 条对于当事人保证书所载内容的规定,此处的真实陈述的保证声明可规定为,"本人确保在该文书中所陈述的案件事实的真实性,如有虚假陈述,愿意接受处罚。"①其二,在庭审程序中对当事人事实主张性陈述的真实性规定。在《民事诉讼法》条文开庭审理处增加,"当事人对于所提出的事实,应当作出真实、完全陈述。"并且于宣布开庭时当事人应当签署真实陈述保证书来确保其于法庭上所作陈述的真实性。该保证书为格式文本,内容设定为"本人依诚实信用原则与当事人真实义务,作出以下承诺:本人确保在法庭上所为陈述的真实性,但凡属于本人亲身感知的事实或者亲身所为的行为都会作出真实、完全陈述。对法官的询问与对方当事人的陈述,本人将为真实陈述。若违反真实义务为虚假陈述、恶意争执等不法行为,愿意接受处罚。"在诉讼中,当事人都应当签署据实陈述保证书,并且签名或者捺印。

其次,当事人的证据性陈述也要保证真实性。当事人陈述作为一类独立的证据种类,其作为证据所具备的真实性属性,要求当事人的证据性陈述也必须真实。也就是说,只有当事人的证据性陈述真实,其所作的陈述才能够获得适法的证据地位,具备证据能力与证明力,并以此来证明案件事实。因此,相较于事实主张性陈述,真实义务对于当事人证据性陈述的要求更高,其不利法律后果也更为严重。诚如法谚所云,一半的真实等同于全部的不真实。当事人的证据性陈述也是如此,真假参半的当事人陈述也不能成为认定事实的证据。

从民事诉讼立法角度考虑,对当事人证据性陈述之真实义务可进行如下规定:

其一,于证据交换环节,双方当事人发表初步质证意见时,都应当真实陈述其所提供的证据和案件事实。此时对于双方的质证意见,由主持证据交换环节的法官将其载入证据交换笔录,并由当事人核对无误后签署保证声明,"本人确保该文书中所陈述的案件事实真实,若违反真实义务为虚假陈述,愿意接受处罚。"其二,当事人于法庭审理过程中所作的口头事实陈述,书记员将其录入庭审笔录,并注明此为证据性的当事人陈述,其后附保证声明。陈述的当事人在核对无误后予以签名或者捺印,以此来保证真实性。除此之外,当事人也可选择在庭审后向法庭提交签署保证声明的书面的当事人陈述。②

---

① 《最高人民法院关于适用〈中华人民共和国民事诉讼法〉的解释》第110条第1款规定:"人民法院认为有必要的,可以要求当事人本人到庭,就案件有关事实接受询问。在询问当事人之前,可以要求其签署保证书。保证书应当载明据实陈述、如有虚假陈述愿意接受处罚等内容。当事人应当在保证书上签名或者捺印。"

② 李瑞兴:《民事诉讼当事人真实陈述义务研究》,载广东商学院硕士学位论文2013年5月,第44页。

(二)完全陈述

完全陈述,即完全陈述义务,要求当事人在诉讼中不得刻意隐瞒案件事实或者不利于己的事实。它是真实义务的辅助形式,其旨在禁止当事人明知而以沉默造成违反真实的漏洞,以此来补充真实义务的不足。当事人在完全陈述时违反真实义务主要体现为隐瞒事实,亦即对于已经发生的予以隐瞒,不予陈述。诚如德国理论界所言,完全义务是致力于要求当事人不得在诉讼中只陈述某一个事实片段,而故意隐瞒其他部分致使法官陷入认知困境。

对于当事人的事实主张性陈述来讲,当事人在诉讼中履行真实义务的具体要求之一即为完全陈述。诉讼法上不仅禁止说谎,亦禁止漏洞。[①] 当事人在对事实主张进行陈述时,于主张责任范围内禁止其刻意隐瞒案件的事实,尤其是案件的要件事实。由于要件事实应该是能够成为审理对象的事实,并且必须是能够成为证明和证据调查对象的事实[②],也就是说当事人事实主张性陈述是其履行主张责任的表现,完全、充分陈述案件主要事实是当事人主张责任的要求。倘若当事人向法院陈述的案件事实残缺不全,而法官囿于不得主动增加事实,从而极有可能致使法官无法查明和解决实体问题。不仅如此,当事人实施不完全的事实主张性陈述,还会错误指引法官对于案件事实调查的方向,阻碍发现真实。因而,对于当事人的事实主张性陈述来说,完全陈述义务要求当事人对于事实主张进行充分、完整陈述。

对于当事人的证据性陈述来讲,当事人在诉讼中对于事实的陈述应当完整全面,禁止隐瞒于己不利的事实、禁止前后矛盾。对当事人证据性陈述的这一要求,是基于当事人应负担举证责任的要求,也是法院认定事实所必需的。从法官的层面来讲,只有当事人对于待证事实作出详尽陈述,不故意隐瞒不利于己的事实,才能有助于法官综合全部证据材料来认定案件事实,洞悉事实真相。从当事人的层面来讲,不管是当事人在诉讼中主动陈述的证据性事实,还是经由法官询问所陈述的事实,对该事实的充分完整陈述,都是诉讼诚实信用在民事诉讼证明中的表现,更是当事人在诉讼中合理履行举证责任的体现。因此,在当事人进行证据性陈述时,真实义务也对其提出充分、完整陈述的要求。

从立法层面来保证当事人的完全陈述,还应当要求法官恰当地行使释明

---

① 姜世明:《举证责任与真实义务》,新学林出版股份有限公司2006年版,第483页。

② [日]高桥宏志:《民事诉讼法制度与理论的深层次分析》,林剑锋译,法律出版社2003年版,第342页。

权来对当事人的陈述行为进行规范。立法上应当确立法官对于当事人的事实主张性陈述与证据性陈述行为的指挥管理权,若法官认为当事人故意隐瞒重要事实,应对其进行充分释明,并要求当事人进行完整、充分陈述。

第二节 我国违反当事人真实义务的法律后果与认定规则

当事人真实义务的具体构建,不但需要明晰其基本内容,还需要对违反真实义务的法律后果与认定规则进行规范。唯有如此全面规定,才能保障真实义务在司法实务中的具体适用和顺利运行。下文笔者将着重讨论有关违反真实义务的不利法律后果与认定规则等问题。鉴于我国缺少真实义务规则的司法实务积累,笔者拟从制度立场与诉讼理论出发,最大限度设立贴合司法实践的具体规则。

一、违反当事人真实义务的法律后果

一项法律规则的有效实施,离不开对违反规则的不利法律后果的明确规定。从我国的司法现状可以看出,当前我国实践中虚假陈述的泛滥与真实义务具体规则的缺失不无关系。而我国民事诉讼法中不但缺乏真实义务的明文规定,更欠缺对于违反真实义务的具体制裁措施,致使法官无法对实践中违背真实义务的不法行为予以全面规制,造成虚假陈述现象的泛滥。法律制度如果不具备可强制实施的惩罚手段,就会被证明其无力限制非合作的、反社会的和犯罪等因素,致使其不能发挥维护秩序和正义的基本职能。[①] 因此,应当重视对违反当事人真实义务的法律后果的规范。

（一）违反当事人真实义务的法律后果的内涵及立法意义

法律后果,一般是指法律对于具有法律意义的行为赋予某种结果,通常分为肯定性与否定性法律后果。违反真实义务的法律后果,为否定性法律后果,是指在诉讼中当事人因实施虚假陈述等行为而产生的具有法律意义的否定性与不利性结果。

---

① ［美］E.博登海默:《法理学:法律哲学与法律方法》,邓正来译,中国政法大学出版社 1999 年版,第 344 页。

在民事诉讼中当事人违反真实义务,应当承担相应的法律后果。通说认为,当事人违反真实义务会产生民事程序法、民事实体法和刑事实体法上的法律后果。程序法上的法律后果主要表现为判定行为无效、驳回行为要求、撤销已发生的法律效果、承担相应的诉讼费用和处以罚款等。实体法上的法律后果则体现为民事损害赔偿责任和刑法上的制裁。对于违反真实义务的具体内容及其如何在诉讼法上发挥作用,似可以依确认当事人违反真实义务的时点做以下考量:在证据调查和言词辩论阶段,法官基于证据调查和当事人陈述等资料进行比对查证,确认当事人的陈述违反真实义务时,此时产生诉讼法上的后果。但若是在法庭辩论终结时,法官即便形成不同于当事人陈述的事实认定,也不能当然推断该当事人违反真实义务,考察其是否违反真实义务,仍需审视该当事人的陈述是否和他当时相信的事实相符,亦即其在陈述当时是否说谎。此时所发现的当事人违反真实义务和当事人在诉讼后所发现对方当事人在诉讼中违反真实义务的,在法律后果上,应当倾向于往实体法上的法律后果发展。在诉讼中,法官通过阐明权促使当事人即时遵守真实义务而更正陈述,从而避免当事人的损害和事后救济负担的,也是诉讼程序上应当注意的事项。

在立法上明确规定违反当事人真实义务的法律后果的意义,亦即对于违反真实义务的行为设置不利法律后果的原因,大体有以下几点:其一,当事人真实义务作为一项法律义务,应当被当事人遵守。只有设置违反当事人真实义务的不利法律后果,赋予其惩罚性功能、使其具有强制力与威慑力,才能保证当事人在诉讼中履行真实义务。其二,法律后果具备一定的补偿功能。在诉讼中一方当事人违反真实义务进行虚假陈述,可能会造成对方当事人的损失。对违反真实义务的行为设置不利法律后果,能够在一定程度上补偿受害方当事人,体现法律的公平与正义。其三,法律后果还具备预防功能。由于当事人违反真实义务将会产生诸如相应诉讼行为无效、罚款、强制负担诉讼费用等不利法律后果,因而会对当事人产生威慑力,减少诉讼中非真实陈述的发生。所以,针对违反当事人真实义务的行为建立与完善法律责任体系,通过设置程序性与实体性不利法律后果,对当事人违反真实义务的行为予以规制,从而保障当事人真实义务的有效适用。

(二)程序性后果

1.相应的诉讼行为无效

对于当事人违反真实义务的主张或者争执,法官应当将其予以驳回,其相应的诉讼行为无效。负担证明责任的当事人的主张若违反真实义务,则不发生主张的效力;非负担证明责任的当事人对于对方具体化的主张,若实施违反真实义务的恶意争执,也不发生合法争执的效力。但应注意,对于当事人主张的真实性,只有在双方当事人争执时才能加以调查和确认,否则就属于辩论主义的范畴,亦即在自认的情况下,法官原则上对当事人主张的真实性不加以职权调查。如果法官在证据调查后认定一方当事人虚假陈述,则不予采纳其主张,但该方当事人是否违反真实义务仍然需要就当事人是否具备主观要件进行认定。

当事人违反真实义务,在不同的诉讼阶段有不同的处理方式。对于当事人无诉的利益而实施虚假陈述提起诉讼的,法官应予以驳回。在庭审过程中,当事人违反真实义务作出虚假陈述的,法官不予采纳其虚假陈述。在当事人实施虚假自认、虚假证明等违反真实义务的行为时,法官应当认定该类诉讼行为无效。譬如,当事人在诉讼中为虚假自认的,法官将不承认当事人自认事实的效力,不以该事实作为裁判的依据。

2.对法官心证的影响

法官在查明当事人有虚假的主张事实或者恶意争执时,会将其作为影响法官自由心证的考量因素,在斟酌全部辩论意旨和证据调查的结果后作出不利于该方当事人的裁判。通常在当事人违反真实义务的情况下,法官对于该特定事实的虚假陈述就不予采纳,并且因此对于该方当事人的信任度降低,并进而在证据评价范畴内加以考量,甚至会动摇法官对于该方当事人的其他陈述真实性的心证形成。但对于法官心证的影响,不能有过度或者不当的牵连,也不能作出概括式的认定。通俗来讲,法官对于违反真实义务的当事人的其他陈述,仍应当对该事实的相关陈述进行具体审查。只有在对全部证据审查后,仍然对某一事实的真伪存在疑虑的,在必要时以该方当事人所为的虚假陈述的事实为据,对该待证事实作出不利判断。唯有如此,才能避免法院判决沦为恣意审判。

具体来讲,当事人在诉讼中进行虚假陈述,会造成法官对其产生非诚信的主观印象。法官对事实与证据认定时,将会对当事人实施的虚假陈述行为予以考虑。这对民事诉讼当事人来讲,法官心证的不利影响与诉讼不利的评价可能会导致其败诉,而比起费用制裁或诉讼失权,败诉的结果是最为严重的。

在诉讼中,当事人可能会对部分事实进行真实的主张与陈述,而对于部分事实又实施虚假陈述,但法官对于事实主张作出总体评价时,考虑到当事人的虚假陈述,可能会偏向于对方当事人。尤其是在诉讼中,当双方当事人的事实主张截然相反,而其举证的结果又难分上下时,此时法官对事实的心证会更加不利于说谎方当事人。

3.对证据采信的影响

在诉讼中当事人违反真实义务的,还可能受到证据采信的不利影响。依据非法证据排除规则,虚假的当事人的陈述由于不具有证据合法性,将不会被法官作为判决的依据,此为证据采信方面最为直接的负面影响。此外,当事人在诉讼中进行了虚假陈述,法官在认定该方当事人提出的其他证据时,若对其中某些证据的真实性存有怀疑,那么可能会受到之前当事人虚假陈述的影响,而不采信该证据。这在学理上属于"非诚信降级规则",亦即当事人在诉讼中出示伪证或虚假陈述,法官可以据此而降低其所提供的其他证据的效力等级。[①] 这一规则在司法实践中也已被法官自觉或者不自觉地运用,但法官在适用时应当注意,非诚信降级规则是针对法官心证而言的,并不能作为直接援引的裁判依据。法官仍应当以《证据规定》第 64 条的规范,[②]来独立审查与判断证据规则并予以适用。

4.强制负担诉讼费用

基于法律后果所具有的补偿性功能,当事人在诉讼中违反真实义务的,就应当负担相应的诉讼费用。违反当事人真实义务不仅会危及法院的司法审判权,还会侵害对方当事人的诉讼权益。当事人的虚假陈述会造成对方当事人在实施攻击防御方法时的困扰,增加其诉讼成本;并且倘若当事人采取违反真实义务的不法手段最终获取胜诉判决,会导致败诉方当事人实体和经济上的双重侵害。为了维持当事人在诉讼中损失与收益的平衡,以及为了补偿受侵害方当事人,法官应当将受害方当事人相关的诉讼费用判定由侵害方承担,从而给予当事人相应的诉讼费用的补偿。

我国《诉讼费用交纳办法》第 29 条确立了诉讼费用由败诉方承担,胜诉方自愿负担的除外的规则。但当事人的虚假陈述等行为,混淆法官判断,常常使得案情真假难辨,并且延缓了诉讼进程。而对方当事人又需要提供证据来戳穿谎言,由此徒增了对方当事人本可以避免的取证费、差旅费、鉴定费等相关费用损耗。即使实施虚假陈述的一方当事人最终胜诉,基于其所负担的真实

---

① 詹思敏、王晓明:《民事证据制度的改革与证据规则问题探索》,载王利明等主编:《中国民事证据的立法研究与应用》,人民法院出版社 2000 年版,第 363 页。

② 《最高人民法院关于民事诉讼证据的若干规定》第 64 条规定:"审判人员应当依照法定程序,全面、客观地审核证据,依据法律的规定,遵循法官职业道德,运用逻辑推理和日常生活经验,对证据有无证明力和证明力大小独立进行判断,并公开判断的理由和结果。"

义务,该方当事人也应承担因其虚假陈述而支出的额外诉讼费用。在"张正青诉张秀方其他民事纠纷案"的系列案中,法院最终驳回了原告的起诉,原告败诉。但在诉讼过程中,原告为了否认被告的虚假陈述而申请鉴定并且预交了鉴定费,后经鉴定意见表明被告所述事实为虚假。最终虽法院以其他事实与理由而非以该鉴定涉及事项作出不利于原告的判决,但因被告虚假陈述造成原告方额外损失,故法院裁判原告预交的鉴定费由被告负担。由此可见,在我国审判实践中已开始适用这一规则,而当事人真实义务在立法上得到确立后,该规则会得到进一步明确化。

5.罚款

在诉讼中,当事人违反真实义务而进行虚假的事实主张性陈述或者虚假的证据性陈述的,应当直接适用我国妨害民事诉讼的强制措施的规定,对其处以民事罚款。原因在于,首先,是由事实主张对于民事诉讼程序的重要性和证明程序所具备的严格性与严肃性决定的。当事人非真实的事实主张会加重对方当事人的负担,误导法官对事实的判断,并且直接侵害对方当事人诉讼权益,损害司法权威。而证明程序所具有的专业性与严谨性程度更高,和虚假的事实主张相比,当事人的虚假的证据性陈述更是对证明程序严谨性与严肃性的一种轻视。因而,必须对当事人的上述行为施以金钱制裁,一定程度上对其予以规制。其次,由于当事人的事实陈述对于法官认定事实具有重要作用,真实的陈述有助于法官查清案件事实,虚假的陈述则会极大地阻碍法官查明事实。而在双方当事人持有的证据都不能使法官形成对于事实的心证时,此时只能依靠当事人陈述。在缺少直接证据的案件中,更是如此,当事人陈述是法官认定事实的重要参考因素。因此若当事人违反真实义务为虚假陈述,就可能造成法官对于事实的认定偏离发现真实而作出不公裁判。基于此,就有必要通过民事罚款来对当事人违反真实义务的行为进行处罚与震慑。最后,这也属于当事人保证书中的内容。当事人在具结保证后仍实施虚假陈述的,属于明知故犯、主观上的恶性更大,因而对其处以民事罚款也是理所当然的,具结保证为处罚当事人违反真实义务的行为提供了程序正当性。

(三)实体性后果

1.侵权责任

当事人违反真实义务的行为还可能会造成民事实体法上的侵权责任,对当事人追究民事侵权责任。域外立法多将当事人虚假陈述、恶意诉讼、滥用诉讼程序等行为纳入侵权法进行调整,并规定了侵权赔偿责任。[①] 我国民事实体法上并未明确当事人虚假陈述等不法行为的侵权责任,杨立新教授在《中华人民共和国侵权责任法草案建议稿及说明》中,建议将恶意诉讼纳入侵权责任的规制中。[②] 梁慧星教授主持编写的《中国民法典草案建议稿》第 1580 条也规定了当事人捏造事实进行恶意诉讼的侵权责任。[③] 王利明教授在其主编的《中国民法典草案建议稿及说明》中同样提到了当事人虚假诉讼的民事侵权责任。[④] 由此可见,学界对于当事人违反真实义务实施虚假陈述等行为的民事侵权责任已经达成了初步共识。

　当事人在诉讼中违反真实义务实施虚假陈述等行为的,不但侵害司法审判权,还会直接损害他人的民事权益,这符合民事侵权行为的特征与构成要件,因此应当追究侵权责任。规定民事侵权责任,一方面能够规制当事人违反真实义务的不法行为,另一方面还能使受害方当事人获得及时、有效、充分的司法救济。从侵权法的视角来看,违反当事人真实义务的行为损害了对方当事人的实体权利与诉讼权利,若符合民事侵权责任要件的,则受害方当事人可

---

　　① 奥地利 1895 民事诉讼法规定:"当事人不实陈述为违法行为,若虚假陈述当事人存在故意或重大过失等主观过错,须承担损害赔偿责任。"法国《新民事诉讼法》第 32 条规定:"对于拖延诉讼方式,或者以滥诉方式以及其他不正当手段进行诉讼者,得判处 100 法郎到 10000 法郎的民事罚款,并且不影响对方当事人可能对其要求的损害赔偿。"日本最高法院判例认为,在恶意诉讼中,诈骗取得的判决有既判力,但被害人可以不通过再审诉讼,而提起侵权损害赔偿之诉。诈骗人在判决成立过程中意图损害对方当事人的权利,以其行为妨害对方当事人参与诉讼,或主张虚假事实等不正当行为诈骗法院,取得不该有的确定判决时,被害人可直接提起损害赔偿诉讼。

　　② 该建议稿第 74 条"恶意诉讼"规定:"故意以他人受到损害为目的,无事实根据和正当理由而提起民事诉讼,致使对方在诉讼中遭受损失的,应当承担侵权责任。前款所称损失,是指恶意诉讼的被告在诉讼中支付的律师代理费、因诉讼所造成的经济损失以及其他相关的财产损失。造成精神损失利益损害的,行为人应承担相应的损害赔偿责任。"参见杨立新主编:《中华人民共和国侵权责任法草案建议稿及说明》,法律出版社 2007 年版,第 19 页。但遗憾的是,上述建议未被后来通过的《中华人民共和国侵权责任法》所采纳。

　　③ 《中国民法典草案建议稿》第 1580 条规定:"恶意对他人提起民事诉讼或者进行违法犯罪告发,起诉或告发的事实被证明不成立,并且给受害人造成财产损失的应当承担赔偿责任。"参见中国民法典立法研究课题组(梁慧星主持):《中国民法典草案建议稿》,法律出版社 2003 年版,第 312 页。

　　④ 《中国民法典草案建议稿及说明》第 1863 条规定:"故意以他人受到损害为目的,无事实根据和正当理由而提起民事诉讼,致使相对人受到损失的应当承担民事责任。"参见王利明主编:《中国民法典草案建议稿及说明》,中国法制出版社 2004 年版,第 422 页。

主张侵权损害赔偿。笔者认为,该侵权责任包含以下几个要件:(1)当事人违反真实义务实施了虚假陈述等行为;(2)主观上是故意的;(3)造成了对方当事人的损害,损害后果包含物质损害和精神损害;(4)损害后果与当事人违反真实义务的行为之间具有因果关系。侵权损害赔偿包含差旅费、误工费、材料费、通信费、鉴定费等经济赔偿和赔礼道歉、恢复名誉、消除影响等非经济赔偿。法院对恶意诉讼、伪证等违反真实义务行为人采取的罚款、拘留、刑罚处罚等措施都不妨碍对方当事人提出损害赔偿。①

2.刑事责任

对当事人违反真实义务处以程序制裁和民事侵权责任的处罚措施即可,又为何处以刑事责任的处罚? 在笔者看来,当事人持非法目的,在诉讼中实施虚假陈述、伪造证据,虚构民事法律关系,利用诉讼程序侵害对方当事人及国家、社会公共利益,具有社会危害性。而且当事人实施的虚假陈述等不法行为,在一定程度上来讲,是将民事诉讼程序作为非法牟利工具,具有极大的主观恶性,应当对其处以刑事责任的制裁。

我国《民事诉讼法》第 111 条、112 条和 113 条规定了对妨害民事诉讼的强制措施,并规定构成犯罪的,依法追究刑事责任。其中第 112 条是对虚假诉讼的处罚措施,第 113 条是对恶意逃避执行的处罚措施。而对于故意提供虚假言词证据,妨害作证,实施虚假诉讼骗取财物的,可以妨害作证罪、诈骗罪、帮助伪造证据罪、贪污罪、职务侵占罪或拒不执行判决、裁定罪论处。② 由此可见,对于当事人在民事诉讼中违反真实义务实施虚假陈述、虚假诉讼等行为,我国《刑法》并没有专门的、直接的罪名和刑罚予以规制,③而仅能对当事人在违反真实义务过程中可能构成的其他罪名进行制裁。

然而在司法实践中,当事人在民事诉讼中违反真实义务实施的虚假陈述、恶意诉讼及虚假诉讼等情况日益严重,其中不乏具有极大社会危害性的虚假

---

① 丛青茹:《论民事诉讼中的当事人伪证行为及其对策研究》,载《当代法学》2003 年第 5 期。

② 全国人大常委会法制工作委员会民法室:《中华人民共和国民事诉讼法——条文说明、立法理由及相关规定》,北京大学出版社 2012 年版,第 183~188 页。

③ 《刑法》第 305 条规定了伪证罪,但其只适用于刑事诉讼程序。第 307 条第 1 款妨害作证罪主要针对行为人(包括当事人)阻止证人作证或指使他人作伪证的行为,但并不直接制裁当事人的虚假陈述和虚假作证行为。第 307 条第 2 款帮助毁灭、伪造证据罪中当事人并非适格的犯罪主体,基于期待可能性,刑法对当事人实施的毁灭、伪造证据的行为不予追究刑事责任。

陈述行为,因而在刑法中确立专门的罪名和刑罚极为必要。2014 年 11 月 3 日,第十二届全国人大常委会第十一次会议审议通过了《中华人民共和国刑法修正案(九)(草案)》,针对当前社会诚信缺失、欺诈背信行为频发,社会危害性大的实际情况,在第 33 条规定了虚假诉讼罪。其明确规定:"为谋取不正当利益,以捏造的事实提起民事诉讼,严重妨害司法秩序的,处三年以下有期徒刑、拘役或者管制,并处或者单处罚金。"可见在我国刑法中,也日益重视对于当事人违反真实义务的不法行为追究刑事责任。

除虚假诉讼罪外,还可借鉴域外立法的规定,对当事人的虚假作证陈述,通过设置伪证罪来予以规制。对于当事人在诉讼中实施虚假的证据性陈述的,情节严重或造成严重后果的,可以伪证罪进行惩处。为此,笔者建议应相应地将我国《刑法》第 305 条伪证罪[①],第 306 条辩护人、诉讼代理人毁灭证据、伪造证据、妨害作证罪[②]的"在刑事诉讼中"改为"在诉讼中";将第 305 条的"证人、鉴定人、记录人、翻译人"改为"诉讼参与人";在第 306 条的"毁灭、伪造证据"后添加"虚假陈述"。如此一来,就能对一些社会危害性大的虚假作证陈述施以刑法上的伪证制裁。

二、违反当事人真实义务的认定规则

法律之所以能够发挥预测、评价、指引、教育等功能,就在于其具有明确性和可操作性,当事人真实义务的可操作性主要涉及有关违反真实义务的认定规则问题。以下笔者将从违反当事人真实义务的构成要件、认定主体和认定程序三方面进行论述,以期设置我国当事人真实义务的具体规则。

(一)违反当事人真实义务的构成要件

构成要件,从广义上来讲,它是"法律构成要件"的简称,是指发生一定的法律效果必须具备的前提条件。对于一项法律义务来说,违反该义务的行为都应当具备构成要件,真实义务也是如此。在民事诉讼法上明确违反当事人真实义务的构成要件,不但为其提供了法律上的依据,而且有助于法官正确认

---

① 《刑法》第 305 条伪证罪规定:"在刑事诉讼中,证人、鉴定人、记录人、翻译人对与案件有重要关系的情节,故意作虚假证明、鉴定、记录、翻译,意图陷害他人或者隐匿罪证的,处三年以下有期徒刑或者拘役;情节严重的,处三年以上七年以下有期徒刑。"

② 《刑法》第 306 条辩护人、诉讼代理人毁灭证据、伪造证据、妨害作证罪规定:"在刑事诉讼中,辩护人、诉讼代理人毁灭、伪造证据,帮助当事人毁灭、伪造证据,威胁、引诱证人违背事实改变证言或者作伪证的,处三年以下有期徒刑或者拘役;情节严重的,处三年以上七年以下有期徒刑。"

定违反真实义务的行为,避免法官适用上的恣意。在笔者看来,违反当事人真实义务的构成要件包含以下几个方面。

1.当事人具有虚假陈述的行为

在民事诉讼中,当事人所实施的捏造、虚构事实,故意陈述非真实的案件事实等行为,都属于虚假陈述行为的典型形态。那么当事人在诉讼过程中对案件事实实施陈述行为时,会产生虚假陈述的可能性。如果其并未实施陈述行为,看似并不涉及当事人虚假陈述的问题。但笔者认为,此处的虚假陈述应从广义上来理解。从真实义务所包含的真实、完全陈述的内容出发,若当事人对于法官就案件事实的询问,通过沉默、不知道、不清楚来应对,而该案件事实又是当事人自身亲自经历和直接感知的,那么当事人就应当真实、完整陈述,否则该沉默行为就违反了当事人真实义务。此外,当事人在对案件事实进行陈述时遗漏了一些事实,亦即并未对某些事实进行陈述,此时能否认定当事人实施了虚假陈述的行为? 笔者认为,此种情况下不能直接认定为虚假陈述行为。若法官就该遗漏的事实向当事人进行询问,而当事人对于其亲身经历和感知的该部分事实仍未进行陈述的,应当认定构成虚假陈述。由此可见,当事人具有虚假陈述的行为这一构成要件,不仅包含当事人捏造事实进行非真实陈述,还包括一系列当事人刻意掩盖和隐瞒案件事实的行为。

2.当事人主观上是故意的

主观过错是行为人实施违法行为时的主观心理状态,包括故意和过失两类。当事人在为虚假陈述时,主观应为故意心态,包含直接故意与间接故意,而排除过失。这是因为,当事人真实义务旨在禁止当事人在诉讼中说谎,它所强调的主观心理状态为故意。并且设置真实义务的责与罚应当考虑期待可能性,而当事人在陈述时的过失行为是不满足期待可能性的。此外,若对当事人因主观过失而违反真实义务的行为进行追责,会造成事实陈述者极为不利的心理负担,影响其对事实的主张与争执。因此,当事人违反真实义务的主观过错只能为故意。从意识形态方面来讲,故意是当事人的一种主观上的明知及凭臆断而相信的心理状态。亦即当事人明知或者在主观上认为其所陈述的事实是通过虚构、捏造等手段而背离案件事实真相的,是缺乏法律根据的。从主观动机方面来讲,当事人的故意是基于非法的目的,为了加重对方当事人负担、损害对方当事人权益及获取非法的诉讼利益所持的不良意图。

3.发生在诉讼过程中

这一要件为时空要件,属于诉讼上违法行为的必备要件。当事人的虚假陈述行为只有发生在诉讼过程中,才会构成违反当事人真实义务的行为。若是在商事仲裁或者人民调解委员会的调解中存在虚假陈述的行为,由于并非在诉讼过程中,因而即使为虚假陈述,也不能认定为违反当事人真实义务。诉讼过程的外延较宽泛,既包含第一审程序、上诉审程序,也包含再审程序、特殊诉讼程序等。由于诉讼过程有时会历经较为漫长的时间,跨度比较大,可能会造成对于违反当事人真实义务的行为的认定难度。因此,该诉讼过程还对场域作出一定的要求。例如当事人作出的口头陈述存在于法庭上或依法官指定的其他场所。所以,发生在诉讼过程中这一要件,既指时间要件,也包含一定的空间要素。由于时空要素的不同,也决定了对于违反当事人真实义务的规制力度存在稍许差别。通常来讲,开庭审理期间的庭审现场是认定违反真实义务的主要场域。随着审判程序的推进,对程序的严格性要求更高,这也决定了在第二审程序和再审程序中,对违反当事人真实义务的惩罚力度将更重。

4.造成或可能给诉讼造成不利后果

这些不利后果包含以下情形:诉讼迟延;判决认定事实错误;增加对方当事人的诉讼成本;造成司法资源的浪费;侵害案外第三人或者社会公共利益;其他情形。此类不利后果都是因在诉讼中违反当事人真实义务而引起或者可能引起的。从结果意义上来认定,若当事人的虚假陈述行为已造成上述不利后果,那么其就可能构成对于当事人真实义务的违反。从行为意义上来讲,若当事人在诉讼中实施虚假陈述,虽尚未造成实际的损害后果,但却因虚假陈述而可能造成不利后果的,也会被认定为违反当事人真实义务。也就是说,违反当事人真实义务的行为并不要求已实然造成不利后果,只要当事人的虚假陈述行为可能造成诉讼不利后果,其就可能被认定为就有可能构成对当事人真实义务的违反。

由于违反真实义务的构成要件不以发生实然不利后果为必然要求,因而笔者并未将因果关系纳入违反真实义务的构成要件之中。一般来说,当诉讼中同时存在当事人虚假陈述的情形及上述不利后果,法官固然会考察二者的因果关系,因为若无因果关系,法官自不能以造成诉讼不利后果为由判定其违反真实义务。但当事人虚假陈述可能给诉讼造成不利后果时,也可能被认定为违反真实义务,而此时因果关系要件就不发生作用,因而该要件并非认定违反当事人真实义务的必备要件。

(二)违反当事人真实义务的认定主体

当事人违反真实义务实施的虚假陈述,不但会侵害他人的合法权益与诉讼秩序,还会危及司法公信力与司法权威,因而必须追究违反真实义务的法律责任。那么由谁担任认定主体,就关乎真实义务的立法建构全局。

在民事诉讼中对于违反真实义务的认定主体主要涉及人民法院、人民检察院和对方当事人。人民检察院作为我国的法律监督机关,其主要针对审判机关的违法行为,是对审判活动予以监督的,并不直接指向当事人在诉讼中的行为,所以不能成为违反真实义务的认定主体。对方当事人在诉讼中虽享有一系列诉讼权利,但并不享有司法审判权,当然不能成为认定主体。而只有人民法院才能成为唯一且正当的认定主体。

首先,法院在案件审理过程中是以事实为依据的,当事人在诉讼中提出虚假的事实主张、恶意争执或者为虚假作证陈述等不法行为,不但会极大地阻碍法官对事实的认定,增加审判难度,而且会加大法官审查的工作量和难度,浪费司法资源。因而当事人实施的诉讼行为适法与否,关系法院审判权的顺利行使。其次,在诉讼中,尤其是在庭审过程中法官享有诉讼指挥权与管理权,其负责维持庭审的秩序,对当事人的行为进行监督,确保民事诉讼活动正常运行。因此,认定当事人的不法诉讼行为是其应有职责。最后,当事人在诉讼中为虚假事实主张和作证陈述,应当追究其妨碍诉讼正常运行的法律责任。不管基于何种目的、不管处于何阶段,都不允许当事人在诉讼中虚假陈述。所以,认定当事人是否虚假陈述,作为诉讼行为的适法要件来说,应当把"当事人是否违反真实义务"作为法院的职权调查事项,它属于法官的职权与责任。[①]因此,法院司法审判权的重要内容之一即为监督与规制当事人违反真实义务的不法行为,也唯有法院是当事人违反真实义务的认定主体。

(三)违反当事人真实义务的认定程序

1.启动方式

当事人违反真实义务不仅影响到对方当事人诉讼权益的保障,也影响到法院审判权的行使。基于此,对于认定违反真实义务程序的启动方式,分为由法院依职权启动和由当事人依申请启动两种。

法院可依职权启动认定程序,对于在诉讼中违反真实义务的行为进行认定并予以制裁。当事人在诉讼中违反真实义务进行虚假陈述,妨碍了法官对于案件事实的正确认定,影响法院裁判的作出和诉讼程序的顺利运行,并且还会损害司法公信力和司法权威。因而法院作为当事人违反真实义务的认定主体,可以依照职权主动启动对于违反当事人真实义务的认定程序。从案件审理到判决作出的整个审判过程中,随着法院对案件事实的逐步明晰,对于当事

---

① [日]高桥宏志:《民事诉讼法制度与理论的深层次分析》,林剑锋译,法律出版社2003年版,第380页。

人在诉讼中违反真实义务进行虚假陈述的行为,可由法官依职权对其认定并进行公法制裁,从而避免因当事人虚假陈述而造成法官认定事实困难、浪费司法资源及损害司法权威等不利后果。

当事人在诉讼中违反真实义务进行虚假陈述,会侵害对方当事人的诉讼权益,因而对方当事人享有程序异议权,可以申请启动对于当事人违反真实义务的认定程序。在诉讼过程中,对于一方当事人在主张、反驳、法庭调查及辩论阶段所陈述的事实,对方当事人持有异议,并且拥有合理的理由和证据能够初步证明当事人可能违反真实义务,那么对方当事人可以以书面形式向法院提起异议申请,申请法院对于当事人可能违反真实义务的行为予以审查。此外,在判决后一定期限内,若当事人持有证据证明对方当事人存在违反真实义务的虚假陈述并造成其经济损失的,可以单独提起侵权损害赔偿之诉。但是考虑到纠纷的一次性解决,为了避免案卷移送及减轻当事人和法官的讼累,笔者建议优先考虑上述其他途径的启动方式,不宜任意提起侵权损害赔偿之诉。

2.认定方法

对于法律意义上的行为存在与否的判断,不管其属于合法行为还是违法行为,认定依据都是运用证明的方法,亦即运用证据和证明方法来证明,而认定违反真实义务的方法也是如此。但问题在于,用证据如何证明当事人违反真实义务时的主观故意,以及当事人在诉讼中实施了虚假陈述? 此时就涉及证明标准、证据内容及证明规则的适用。

当事人违反真实义务的认定方法是当事人真实义务的立法重点,因为真实义务的主旨即在于禁止当事人说谎,立法的目的也主要在于规制当事人在诉讼中的虚假陈述行为。倘若违反真实义务的认定方法设置不合理,会大大削弱规则的法律效果。而这一认定方法涉及证明标准、证据内容及证明规则等一系列复杂的问题,亦是难点问题。笔者行文时尚不能一一预见司法实践中的所有情形,因而仅能在此作一概括的立法探讨,抛砖引玉,以期能对今后的理论研究有所启发。

第一,证据不但能够证实当事人提出的事实主张,而且能够证伪当事人提出的事实主张。原告主张的原因事实,被告主张的权利变更、阻碍或消灭要件事实,在双方对事实发生争执时,都需要提供证据来证明自己所主张的事实为真,对方当事人的事实主张为假,这是行为意义上的举证责任。在诉讼中,若存在明显的证据能直接证明当事人所主张的事实或者争执的事实非真实,那么法官就能对当事人的虚假陈述予以认定。例如,在一借贷纠纷中,原告向法庭提供了被告亲自书写的欠条,但被告否认该欠条为自己书写。后经鉴定人的鉴定意见表明确为被告所书写,法官即可依此认定被告进行了虚假陈述。对于当事人在诉讼中的证据性陈述,尤其是对己方有利的作证陈述,也是由法官通过其他的证据来认定该证据性陈述的真伪。由此可见,法院认定是否违反当事人真实义务,通常是依靠证据予以证明,并依据证明结果来认定的。

第二,违反真实义务的认定确实存在难题,尤其是对主观故意的认定。对于当事人违反真实义务的认定需要证明其主观上具有恶意或不正当目的,而并非将当事人陈述的事实与客观事实进行简单比对,来看其是否相符。但对当事人的目的、动机这些内存于心的主观态度进行证明,一直是法律的难题。① 虽然对当事人违反真实义务的认定须从主观状态出发,但并不排除其外观性。由于人的内心总是通过一系列外在行为表现出来的,借助于外在行为和事实来洞悉内心世界是可能的,因而主观状态是存在可推断性的。具体来讲,首先要确认当事人所陈述的对象为客观事实,并非具备逻辑推理与判断性质的事实;其次还要考量当事人提出的证据或法官调查后得出的结论是否足以认定当事人陈述的事实和客观事实不相符;再次,通过当事人是否亲自参与及是否存在误解等要素来综合考量当事人的主观故意;最后在对诉讼造成或者可能造成不利的后果进行分析后来综合认定当事人是否违反真实义务。

第三,对当事人违反真实义务的证明采何种证明标准,是关系到该规则能否在审判实践中为法官所自如运用的一个问题。我国《证据规定》第 73 条以司法解释的形式确立了我国民事诉讼高度盖然性的证明标准,②但该证明标准在适用于认定当事人违反真实义务时是存在问题的:法官通过证据、当事人陈述及逻辑推理,在内心已能确定当事人违反真实义务所涉事实的真伪,但是高度盖然性的证明标准致使认定当事人虚假陈述的确定性向可能性逃逸,致使当事人虚假陈述仅为一种可能性判断的假象,因而法官会以其存在可能性的判断风险而选择对当事人虚假陈述保持沉默。③ 实践中法官能够通过其他证据确定案件事实时,仍错误适用高度盖然性标准来裁判,出现的高度盖然性的标准将其向普遍性的标准转变的倾向。但是高度盖然性标准在形式上是主

---

① 赵德玖:《民事诉讼法不应确立当事人真实义务》,载《法学杂志》2006 年第 2 期。

② 《最高人民法院关于民事诉讼证据的若干规定》第 73 条规定:"双方当事人对同一事实分别举出相反的证据,但都没有足够的依据否定对方证据的,人民法院应当结合案件情况,判断一方提供证据的证明力是否明显大于另一方提供证据的证明力,并对证明力较大的证据予以确认。"

③ 江伟、陈巧林:《诚实信用原则到诉讼规则——对民事诉讼虚假陈述规制的探析》,载《安徽大学法律评论》2014 年第 1 辑,第 112 页。

观的,存于法官的内心判断中,而其在内容上是最低限度的要求,法官不得以此为借口而放弃对全部证据的审查与判断,从而达到较强的内心确信,尽可能地接近客观真实。因此,在认定当事人违反真实义务时,高度盖然性标准是最低标准而并非普遍标准。在法官能够通过其他证据来确认当事人违反真实义务所涉事实真伪的情形下,不必再以高度盖然性来对该事项进行判断,从而避免确定性向可能性逃逸,导致因不能认定当事人违反真实义务而无法对其予以规制的情况发生。

第四,对于当事人主观故意的证明采事实推定方法。当事人的虚假陈述是外在事实,能够通过证据予以证明。而主观心理状态是内在事实,通常很难直接证明。前已述及,借助于外在事实和行为来洞悉当事人的内心世界是可能的,主观心态也可以就此推断。因此,法官常常借助已知的事实来进行事实推定,从而将该内在事实予以外在化。在刑事诉讼中,法官通常是依据证据所证明的事实对当事人的主观故意进行推定的。而在民事诉讼中,法官通常只能依靠经验法则与相关事实来推定当事人的主观故意。具体到对当事人违反真实义务的说谎故意进行推定时,应当由法官对违反当事人真实义务的法律后果进行释明,并准许当事人对自己不存在主观故意进行证明。

第三节　我国当事人真实义务的具体适用

前文在对我国当事人真实义务的内容进行分析时,笔者已经对该规则在诉讼的不同阶段如何适用作出了介绍。此处当事人真实义务的具体适用,主要是考虑到真实义务与自认和证明的相关内容存在一些紧张关系,以及真实义务存在着一定的适用界限,因而对真实义务在自认与证明中的适用及真实义务的适用界限等问题作一分析,以期法官在审判实务中更好地理解和适用这一规则。

一、当事人真实义务在自认与证明中的适用

(一)当事人真实义务在自认中的适用

自认是民事诉讼理论的重要内容,它是以辩论主义为基础的一项证据规

则。自认,是一方当事人对他方所主张的不利于己的事实予以承认的意思表示①,自认的理论基础是当事人主义诉讼模式下的辩论主义。民事诉讼处理私权纠纷,自认是双方当事人对自认的事实达成了一致意见,从而排除了法院的干预,以此来保障当事人处分权的充分行使。自认制度在民事诉讼中发挥着独特的价值与作用,对于法院来说,有利于简化民事诉讼程序、节约司法成本;针对当事人,自认制度则可以减少当事人间的对抗,加速民事纠纷的解决。

我国目前仍没有立法意义上的自认规则,仅在司法解释中对其作出简单规定,造成自认制度在我国司法适用中大大受限。自认制度最为核心的内容是其效力问题,它对当事人和法院均产生一定的效力。自认作为辩论主义项下的一项规则,通常来讲,应当尊重当事人的自认,排除法院的干预与审查。有学者因此而认为,既然排除了法官对于事实的认定,那么也就必须容忍自认事实的非真实性,即使通过法官心证得出该事实可能非真实,法官也不得否定该自认的事实。②这一论点过于绝对化,只考虑到了辩论主义,而并未关注诉讼诚实信用与当事人真实义务。民事诉讼自认与当事人真实义务具有一定的交叉,当事人真实义务对辩论主义项下的非真实陈述进行规制,那么必然会涉及对自认效力的约束与限制。

1.真实义务在虚假自认中的适用

虚假自认是指一方当事人对于对方所主张的对自己不利的虚假的主要事实予以承认,意图发生诉讼上自认的效果的行为。它属于当事人滥用诉讼权利的行为,会侵害对方当事人,甚至案外人及社会公共利益。

在司法实践中,虚假自认主要分为两类,一类是针对对方当事人的虚假自认,另一类是针对案外第三人的虚假自认。第一类主要表现为当事人通过虚假自认来制造陷阱,扰乱对方当事人的攻击防御策略,使其疏于收集和整理证据资料,待虚假自认人的目的达成后,其又以自认非真实申请撤销,致使对方当事人陷入混乱,处于不利的诉讼境地。此外,针对对方当事人的虚假自认中,还存在一种极少数情形,即自认人非恶意地作出虚假自认。第二类针对案外第三人而实施的虚假自认在司法实践中十分常见,通常出现在虚假诉讼案件中,由双方当事人合力骗取法院的确定判决,以此来损害案外第三人的

---

① 赵钢:《我国民诉证据立法应当确立、完善自认制度》,载《法商研究》1999 年第5 期。

② 张卫平:《诉讼的构架与程式——民事诉讼的法理分析》,清华大学出版社 2000 年版,第 420 页。

利益。

对于当事人违反真实义务所作的虚假自认,法官是否以其作为裁判的基础?这就涉及真实义务对虚假自认的规制以及虚假自认的效力问题。首先应当明确,当事人真实义务并不会导致职权探知主义,但是辩论主义在一定程度上也因为真实义务中的禁止说谎而受到一定限制。对于实践中的虚假自认情形,笔者认为可以作出以下认定:

其一,实践中会碰到这一情形,原告起诉请求被告给付借款若干元,虽实际上被告并未收受该笔金额,但仍在诉讼上进行了自认。此种情形下法官应否受自认的拘束?这一问题可以从自认的本质论出发,认为其属于诉讼行为,并非事实主张,因而并不一定受真实义务的拘束。但因为自认的对象主要是事实,因此不受真实义务拘束的观点有待商榷。在笔者看来,在此类虚假自认案件中,由于自认的效力仅及于诉讼当事人,可以以自认人自愿以此来形成新的法律关系,而且不损及对方当事人的理由而将其正当化。虽然承认该自认的效力可能会强迫法官悖于原有事实而作出裁判,和司法公正有所违背;但因该自认是私法自治的基本精神所在,而且该判决所涉及的内容无关案外第三人及公共利益,那么法官应当尊重当事人的意思自治,认可该自认的效力。

其二,针对案外第三人的虚假自认。双方当事人恶意串通,由一方当事人虚假起诉,对方当事人作出虚假自认,由此骗取法院判决来损害案外第三人的利益,这是虚假自认在审判实务中的常见类型。首先,从民法上的意思表示所要求的真实性出发,双方当事人恶意串通所为的虚假意思表示,法官或者其他利害关系人可主张其无效。其次,虽然对方当事人认可即可撤回自认,但从程序法和实体法的关联性出发,双方当事人串通所为的虚假自认如果能够撤回的话,那么首要的是要承认实体意思表示所具备的效力。民法上可撤销的行为首先必须是已发生法律效力的行为。而倘若一项诉讼制度的设置会使非法利益通过诉讼程序转化为受保护的利益,将会使程序规则和实体规则产生矛盾。因而,此处依实体法对于意思表示真实性的要求和程序法对于当事人真实义务的要求,对于针对案外第三人所为的虚假自认,应当禁止该自认的撤回,直接认定其无效。

其三,针对对方当事人的虚假自认。该类自认中,自认人常通过虚假自认来制造陷阱以扰乱对方当事人。基于真实义务对当事人真实、完全陈述的要求,它禁止当事人主张明知非真实的事实或者故意对对方当事人提出的真实事实予以恶意争执。真实义务禁止当事人故意虚伪陈述,是发现真实、实现公正的一种手段。而该类虚假自认中自认人主观出于恶意,对非真实事实予以承认,显然违背了真实义务的要求,并且还会损害对方当事人的诉讼权益,因而必须受到当事人真实义务的规制,否定该类虚假自认的效力,其不产生拘束法官的效力。

当事人虚假自认不产生自认的效力,这是否意味着对当事人自由处分权的否定。并非如此,虚假自认意在防范对自认的滥用,保障当事人在法律规定的范围内自由行使处分权,实为对处分权的保护。上述虚假自认会侵害对方当事人、案外人的合法权益,甚至损害和动摇司法权威,因此当事人不享有虚假自认的处分权。真实义务强调当事人不能积极说谎,但对于疑虑的事实,允许当事人主张与争执。违反真实义务的认定应在当事人开始相信存在着不真实的地方界定界限。① 同理,认定虚假自认,也应当限定在自认人已知其自认的事实为虚假而仍然做出自认之时。当自认人将非诚信想法付诸实践,意欲进行虚假自认时,其行为的性质在此刻发生了变化,从不法意图转变为违法行为。此时虚假自认开始侵害法律保护的合法权益,那么法律责任便开始发挥作用,对虚假自认人进行法律规制。具体来讲,针对对方当事人和案外第三人的虚假自认,法官应当在真实义务规则的指导下,否定其自认的效力,其对当事人和法院都不产生拘束力。

在认定虚假自认时,法官不能主观臆断,应当根据经验法则、生活阅历来查明当事人自认中的非真实,并分析案件的证据资料,依据理性进行自由裁量。在裁判中法官也应当对虚假自认的认定理由公开心证,并在判决书中予以列明,以防对当事人进行裁判突袭。同时应当赋予当事人一定的程序异议权,以此来维护当事人的程序权利和司法权威,避免对于客观真实极度化的追求。

2.真实义务在拟制自认中的适用

拟制自认是指当事人在诉讼中对对方当事人所主张的事实不作争执、为不知陈述或者作出其他应当认定为有承认意思的行为而构成的自认。② 拟制自认不同于明示自认的特殊之处就在于表现形态上。明示自认是由当事人清楚地将于己不利的事实予以承认,拟制自认则不然。它是当事人对相对方主张的于己不利的主要事实不置可否,态度模糊。依据"模糊"的表现形态,学理

---

① [德]奥特马·尧厄尼希:《民事诉讼法》,周翠译,法律出版社 2003 年版,第141 页。

② 廖永安、胡军辉:《试论民事诉讼中的拟制自认》,载《海南大学学报(人文社会科学版)》2007 年第 4 期。

上将拟制自认分为三种类型。第一种是当事人不争执型拟制自认,是指一方当事人对于对方当事人提出的事实不作表态和任何争执所形成的拟制自认,它是最普通的类型;第二种是当事人不知陈述型拟制自认,即当事人一方对对方所主张的事实回复不知道、不清楚等所形成的拟制自认;第三种是当事人消极行为型拟制自认,主要是指当事人在法定期日无正当理由不到庭,又未提出书状进行争执,除法定事由外,将此消极行为视为自认。我国《证据规定》第8条第2款的规定①属于不争执型拟制自认,对于其余两种类型的拟制自认,我国法律还未作出明确规定。

一直以来,当事人真实义务都是作为拟制自认的法理基础来讨论的。前文已经提到广义的当事人真实义务包含真实陈述与完全陈述,廖永安教授对此进行了精辟的概括:狭义的当事人真实义务意为禁止当事人说谎;广义的当事人真实义务既禁止当事人说谎,又禁止其保持沉默。② 依狭义要求,它禁止当事人在诉讼中主张非真实的事实或者对对方当事人主张的真实事实予以恶意争执。但是这一要求并不强求当事人对于不利于己的事实必须陈述,当事人对于对方所主张的事实不争执、不知道为消极行为,这和狭义的真实义务的精神内涵并不冲突,当事人是否进行争执,要结合真实情况进行考察。当事人所作出的不争执、不知道等消极行为这一系列表现,依据对狭义真实义务的理解,可以看作是当事人既不认为对方当事人所主张的事实非真实而随意加以争执,也不能恶意作出非真实的陈述进行争执,因此只能通过这一系列的不争执表现来表明态度。由此可以认为拟制自认并不是因当事人这一系列不争执表现违反狭义真实义务而赋予其不利后果,而是依据当事人真实义务的主旨,当事人双方在各自遵守真实义务的前提下对争议事实作出的特殊的真实认定。

完全陈述要求当事人按照判决基础的生活事实就所有可预见的重要之点予以陈述,禁止其就不利部分保持沉默以致歪曲事件发生的图景。③ 在很大程度上,完全陈述可以看作是拟制自认的理论来源之一。在不争执型拟制自认中,当事人的沉默态度是对完全陈述义务的违反,因而要受到拟制自认不利

---

① 《最高人民法院关于民事诉讼证据的若干规定》第8条第2款规定:"对一方当事人陈述的事实,另一方当事人既未表示承认也未否认,经审判人员充分说明并询问后,其仍不明确表示肯定或者否定的,视为对该项事实的承认。"

② 廖永安、胡军辉:《试论民事诉讼中的拟制自认》,载《海南大学学报(人文社会科学版)》2007年第4期。

③ 姜世明:《举证责任与真实义务》,新学林出版股份有限公司2006年版,第405页。

后果的拘束,完全陈述义务是不争执型拟制自认的理论基础;但对于不知陈述型和消极行为型拟制自认,由于当事人作出不知道的陈述或在言词辩论期日不出庭都不属于完全沉默的行为,并未违反完全陈述义务,因而完全陈述义务不能作为二者的理论来源。

拟制自认对对方当事人和法院的效力与明示自认无异,特殊之处就在于对拟制自认人的效力,即作出拟制自认的一方当事人是否享有追复权。理论界对拟制自认的追复问题存有十分大的争议。从真实义务的角度来看,对于不争执型拟制自认,真实义务要求当事人不得对对方当事人主张的事实故意保持沉默,加之法官对法律后果进行了释明,在此种情形下,当事人就应受到不争执拟制自认的规制,而不得在其后的诉讼中进行争执和追复。对于不知陈述型拟制自认,法官对当事人的不知陈述判定为拟制自认后,其自由裁量所依据的法理基础并不牢靠,当事人很可能存在确实遗忘案件事实的情形。加之当事人的不知陈述并不代表不作任何争执,而是一种反对力弱小的争执,故而此种不知陈述不能认定为是对真实义务的完全违背而一经作出即由自认人承担不利后果。因此为了发现真实,减少错案的发生,应当赋予拟制自认人一定程度的追复权。同时,考虑到自认制度功能的有效发挥,应当将自认人的追复权限制在一审范围。当事人在言词辩论期日不出庭型拟制自认,由于当事人的这一消极行为严重背离诚实信用和真实义务,影响了诉讼秩序和程序公正,所以应当受到拟制自认后果的拘束,而不得追复。

我国有关拟制自认的立法规定过于简单,对于拟制自认的效力、适用情形和适用阶段都还有待完善。我国拟制自认的生效要件包含当事人不争执和法官释明两个方面,这不同于其他国家立法。有关我国拟制自认的追复问题,笔者认为,当事人在诉讼中有真实陈述和完全陈述的义务,不允许对对方当事人主张的事实保持沉默或者不进行说明,并且在法官对不争执利害关系释明后仍保持沉默。于此种情形下,当事人企图对自己的不争执所带来的消极后果予以否认的做法应当为法律所禁止,因而我国立法应明确规定拟制自认人不得在此后的诉讼中进行争执或追复。对于拟制自认的适用阶段问题,笔者认为只适用于法庭审理阶段,亦即在法庭辩论终结前,而不包含审前准备阶段。理由在于,在法庭审理阶段之前,由于各种原因,一方当事人对对方当事人所主张的事实很难准确判断是否进行否认抑或自认。尤其在我国当前情况下,相当多的当事人欠缺法律知识,因而对于诉讼中的复杂事实欠缺准确判断能力,并且有时很难准确辨别对方当事人的事实主张中哪些会给自己造成严重不利后果。虽然法官对于案件事实问题会作一些必要说明,有助于当事人了解案件事实的诉讼意义,但是不能在根本上解决问题。于此阶段,若以当事人违反完全陈述义务而贸然认定为拟制自认,难免对当事人过于苛刻,且会带来非公正的诉讼结果。因此,笔者认为审前准备阶段不存在拟制自认,而只有在法庭审理阶段才能予以认定。

(二)当事人真实义务在证明中的适用

1.真实义务在证明妨碍中的适用

证明妨碍,从广义上讲,是指当事人因某一原因而拒绝提出或因自身原因而不能提出证据所具有的行为后果。从狭义上讲,是指不负担证明责任的当事人,因故意或者过失,以作为或者不作为,使负担证明责任的当事人之证据提出陷于不可能时,在事实认定上,就举证人的事实主张,作出对该人有利的调整。①

证明妨碍是以当事人真实义务作为基础理论之一的。现代民事诉讼越来越注重法官与当事人协力发现真实,从当事人出发,意在强调双方当事人的协同关系,淡化对抗关系。当事人真实义务作为证明妨碍的理论来源之一,尽可能通过发现真实来保护当事人的民事权益,并且通过提升诉讼效率和实现当事人的武器平等来适时维护民事权益。证明妨碍行为导致当事人之间的民事证据利益呈不均衡状态,基于权利义务的一致性和民事诉讼结构的对等性考虑,真实义务作为当事人行为的标尺,对这一不平衡状态进行调控。真实义务旨在要求当事人作出真实和完全的陈述,即使当事人不承担证明责任,也不得在诉讼中出于故意或过失、采取作为或不作为的方式,违反真实义务的要求而实施不法行为,致使对方当事人提出证据受阻。由于当事人在民事诉讼中负担协同发现案件真实的义务,其实施证明妨碍行为,从广义来讲就是对真实义务的违反,应当承担不利的法律评价。

我国《民事诉讼法》没有证明妨碍的明确规定,第111条对于妨碍行为的司法强制措施体现出证明妨碍的相关要求。但从严格意义上来讲,该条规定是从维护诉讼秩序角度出发的,并不是从证明妨碍行为损害对方当事人权益的角度出发所实施的救济。因而,本条规定并不是真正意义上的证明妨碍制度。我国《证据规定》第75条的规定②,从司法解释层面确立了我国的证明妨

---

①　骆永家:《证明妨碍》,载《月旦法学杂志》2001年第2期。

②　《最高人民法院关于民事诉讼证据的若干规定》第75条规定:"有证据证明一方当事人持有证据无正当理由拒不提供,如果对方当事人主张该证据的内容不利于证据持有人,可以推定该主张成立。"

碍制度。但该规定过于原则化,对于证明妨碍的构成要件、法律效果等内容的规定都存在不完善之处,造成该制度在实践中的操作性不强。

对于我国证明妨碍的构成要件,从当事人真实义务角度来考虑,我国现行制度在主观要件和行为要件方面都存在问题。我国证明妨碍制度将主观方面规定为"无正当理由拒不提供",其表达的是一种主观上的故意。但是,鉴于过失证明妨碍所具备的高度实用性,大陆法系国家的司法理论与实务并未拘泥于立法,在其看来,任何程度的过失,都可以充当证明妨碍的可归责要件。①笔者以为,从当事人负有的真实义务及保障当事人间的公平考虑,应当承认过失证明妨碍的正当性。具体理由在于:首先,虽然在主观恶意程度上过失不及故意,但过失证明妨碍也在一定程度上违反了当事人真实义务,造成对方当事人的证明困难。其次,故意与过失心理状态的区分界限较为模糊,如若仅将证明妨碍主观要件限定为故意的话,则会加高适用的门槛,并且容易导致当事人通过过失来规避证明妨碍法律责任。最后,司法实践中存在众多的过失证明妨碍行为急需法律予以规制。同时也应注意,故意与过失证明妨碍毕竟在主观恶性上明显不同,所以在适用上应当有所区别。过失证明妨碍的当事人须以负有法定或约定义务为前提,并且对于过失证明妨碍的制裁也应当轻于故意证明妨碍。在证明妨碍的行为要件方面,我国将其限定为"有证据证明一方当事人持有证据无正当理由拒不提供",这一规定较为单一。司法实践中存在的证明妨碍行为远远不止这些,因此法官应在当事人真实义务的指导下,对当事人的证据保存、证据提出和妨碍行为等进行综合考量,看其是否尽到了合理注意,以此来认定当事人的证明妨碍行为。

2.真实义务在证明责任中的适用

由于认识能力的有限,有可能存在无法确定当事人所主张的事实真伪的情形,从而需要运用证明责任来解决案件事实真伪不明和法官不得拒绝裁判的矛盾。但问题在于,证明责任这一理论与真实义务产生了些许冲突。当事人真实义务对当事人提出真实完全陈述的要求,这一要求是否改变了证明责任的分配,同时也展现出证明责任与当事人真实义务的紧张关系。

当事人真实义务与证明责任的紧张关系首先触及对完全义务的理解,亦

---

① Vgl. Baumgärtel, Beweislastpraxis im Privatrecht, 1996, Rdnr. 122 m.w.N. 转引自姜世明:《新民事证据法论》,新学林出版股份有限公司 2009 年版,第 311 页。

即完全义务是不是真实义务的一个部分，是否具备独立内涵。[①] 笔者前已述及，完全义务是广义的真实义务不可或缺的一部分，但它是依附于真实义务而存在的，是真实义务范畴内的完全义务。真实义务禁止当事人主观故意的非真实陈述，而完全义务则意在约束当事人故意对事实隐瞒不说、不完整充分地陈述，是从积极的层面来诠释当事人真实义务的。依德国通说，完全义务只在于禁止当事人仅提出事实经过的某个片段，而故意隐瞒其他部分致使法官获得错误认知。沉默并不构成对完全义务的违反。[②] 由此可知，不论是真实义务抑或完全义务，都不要求当事人对不利于己的要件事实承担诉讼上的证明责任，完全义务并未触及客观证明责任。如若有所影响，完全义务也只可能在主观举证责任范畴内发挥一定作用。德国理论界将主观证明责任进一步区分为客观举证责任与主观举证责任。客观举证责任立足于要件事实的提出，并不关心其具体是由哪一方当事人提供的。相较主观举证责任而言更具意义。所以，当事人真实义务并未触及民事诉讼证明责任理论，二者并不冲突。

此处还涉及另外一个问题，真实义务是否又是证明责任减轻[③]的一个因素？众所周知，证明责任分配理论是以规范说的法律要件分类说作为通说的，即便如此，其仍然极富争议。在德国和我国台湾地区，部分学者认为规范说的悖离标准不应当以单纯的个案因素作为考量标准，而应当指称类型化的个案群。此处规范说的适度修正即证明责任减轻理论。从广义上讲，证明责任减轻包含证明责任转换、表见证明、证明度减低、证明妨碍、具体化义务降低或一定条件下加重非负证明责任一方当事人的说明义务等。对于当事人真实义务，学理上通常不将其作为证明责任减轻制度之一环。但有学者却将真实义务作为证明责任减轻制度的理由建构基础，用以解释当事人的一般事案解明义务。笔者对此不能认同。要求非负证明责任的一方当事人承担事案解明义

---

①　Rosenberg/Schwab/Gottwald，Zivilprozessrecht，a.a.O.，§76 Rn.2.转引自任重：《民事诉讼真实义务边界问题研究》，载《比较法研究》2012 年第 5 期。

②　Rosenberg/Schwab/Gottwald，Zivilprozessrecht，a.a.O.，§76 Rn.2.转引自任重：《民事诉讼真实义务边界问题研究》，载《比较法研究》2012 年第 5 期。

③　证明责任减轻理论是德、日等国在现代民事司法实践中相继发展出来，作为传统证明责任分配理论调整实际证明之手段不足这一缺陷的弥补方案。所谓"证明责任减轻"，其实是在诉讼过程中根据证明的具体情境，通过一定的证明技术规则来对无充分证据情况下的案件事实判断作出替代认定的制度方案。通过这些制度的运用将以往认为真伪不明而需适用证明责任裁判来处理的情形予以压缩，从而降低了负证明责任当事人的败诉风险。

务,是基于诚实信用原则,在一定条件下赋予一方当事人的,此时强化非负证明责任一方当事人的说明义务是作为证明责任减轻的方式之一,其法理依据在于诚实信用原则,而并非援引当事人真实义务作为依据。因而,在适用当事人真实义务这一规则时,应当注意真实义务虽是诚实信用原则的具体化,但通常并不作为证明责任减轻制度的一环,而是被认为是对当事人诉讼上说谎行为的禁止和真实陈述的具体要求。

二、当事人真实义务的适用界限

任何一项法律制度都有界限和范围,当事人真实义务的适用也概莫能外。真实义务禁止当事人在诉讼中主张和争执非真实的事实,要求其真实、完全地陈述,从而协助法官发现真实,维护当事人的诉讼权益和司法权威。发现真实虽然有助于实现实体公正,但在有些情况下,发现真实的手段会与其他价值相冲突。而且民事诉讼皆因双方当事人"利之所在",如果一味要求当事人履行真实义务,就会违背自然人趋利避害的本性,并且在实践中也很难达到预期效果。在言词辩论过程中,双方当事人互相提问与回答,对于一方当事人的提问,他方若拒绝陈述,则可能无法达到查明案情、正确裁判的效果。但对于他方的提问,要求当事人事无巨细必须回答,又会违反辩论主义,甚至导致绝对职权主义的回归。因而当事人真实义务并非意味着完全没有适用界限和例外可言,在规定真实义务的同时,赋予当事人一定的拒绝陈述权是十分必要的。

在一般情况下,当事人不必提起使自己蒙上耻辱的事实或者惹出刑事追诉危险的事实,同样不必引证可能帮助对方当事人提起反诉或者胜诉的事实。对他方的提问,下列情形可以拒绝回答:①与本案无关的;②回答后有导致本人、配偶、本人或者配偶的三代以内直系血亲有受到刑事追究的可能性的;③回答后将使自己窘困难堪的;④属于自己知悉的国家秘密、他人商业秘密、第三人隐私,而未经国家有关机关、他人、第三人同意的。① 在笔者看来,对于涉及以下内容的事实,当事人可以拒绝陈述:

(一)受到犯罪追诉或者导致名誉受损的危险

一般来说,由于真实义务不能逾越期待可能性,因而不能要求当事人对于可能造成其名誉受损或者受到刑事追诉危险的事实为真实陈述。在刑事诉讼中,由于受被告不得自证其罪及尊重人权保护等原则的制约,通常并不要求被

---

① 陈界融:《民事证据法:法典化研究》,中国人民大学出版社 2003 年 7 月第 1 版,第 143 页。

告自我揭示犯罪事实。但适用到民事诉讼中来,倘若争议事实可能致使当事人受刑事追诉,在当事人负担真实义务的情况下,则会迫使当事人自我揭示罪行,并因此而受到刑事追诉。民事诉讼与刑事诉讼界限明了,前者不应当成为后者的侦查手段。因而在民事诉讼中遇到上述情形时,应存有一定程度上的真实义务的例外。对于涉及会使当事人遭受犯罪追诉的相关事实,当事人在一定程度上不负担真实义务,同时应考虑到这一例外也不能成为包庇犯罪的温床。

笔者认为,对于原告而言,如果起诉的权利是由于某犯罪行为(如赌债),那么不论在其起诉时抑或被告抗辩后,原告都应当负担真实义务,而不允许其说谎及滥用司法资源而获取不当利益。亦即,原告若选择以民事诉讼来行使权利,则其应承担真实义务。但其也可撤回起诉来避免受到刑事追诉。这是因为无论在何种情况下民事诉讼都不可能主动保护当事人的非法利益。对于被告而言,由于其是被动进入民事诉讼程序,对于其有利的事实,其自负有真实义务;但若争议事实与被告的犯罪行为有关时,要求被告承担真实义务则未免太过强人所难,此时应有适用例外的必要。但在适用真实义务的例外时也要遵循一定的限度,否则会不当缩小当事人真实义务的适用范围,助长当事人的非法行为,并造成民事权益救济的不足。因此,笔者认为应当进行法益衡量,在涉及轻微刑事案件中,尤其是原告所应保障的利益大于被告所可能产生的危险时,仍要要求被告履行真实义务。而对于可能造成我国刑法所规定的量刑幅度在三年以上的行为则适用真实义务的例外,不强制被告作真实陈述,其可以拒绝陈述。当然,在量刑幅度在三年以下的轻微刑事案件中,被告虽负担真实义务,但为了平衡双方当事人的利益,此时被告也可选择保持沉默。而这一沉默所产生的效果是由法官对证据来进行综合考量的。

其次,对于可能造成当事人名誉受损的事由是否属于真实义务的适用例外,也应分情况区别对待。对于名誉受损的事由的范围,若作过宽的界定,则真实义务可能会被架空;若作过窄的界定,则不具备期待可能性,对于当事人的保护不利。在笔者看来,对于待证事实的陈述,可以民法中的人格权为限。若争议事实可能侵害当事人的基本人格权时,当事人不负真实义务,可拒绝陈述;而对于涉及一般名誉或面子等事实,当事人仍要负担真实义务。此处所指的当事人名誉受损的事由并不等同于个人隐私,涉及个人隐私的事实虽常常和当事人名誉相关,但当其作为案件争点时,当事人仍要真实陈述,便于法院查明案情并以不公开审理来予以保护。

（二）公共利益

在涉及公共利益的案件中实行国家干预原则，法院采职权探知主义，因而也无需对当事人课以真实义务的要求。在此类案件中，法院不受当事人提出的证据与事实的约束，当事人对于案件事实与证据材料不享有充分的处分权。法官可主动调查收集证据，并斟酌当事人未陈述的事实和证据，而自认等规则也不适用于该类案件中，法官还可就当事人请求外的事项进行判断，因而就没有强制当事人真实陈述的必要。

（三）商业秘密

对于商业秘密是否属于当事人真实义务的例外，也同样存在着冲突。若将商业秘密作为适用例外，则期待可能性也应作为其主要的理论依据，但同样也存在着度的问题，如何设置商业秘密的范围才不致使真实义务沦为虚设。对此，笔者认为可考虑对方当事人对于待证事实是否提出相当的根据、是否存在摸索证明的危险、是否企图通过民事诉讼来探知当事人的商业秘密等，并考虑当事人的商业秘密的保护利益，由法官综合考量和权衡来进行判定。

（四）被告地位的形成

诉讼关系的形成，会造成当事人及当事人和法院之间具有一定的法律关系，若有违反，也会发生一定的法律效果。但何时能认为已经发生法律关系，是否在诉讼系属时就已具备？如果原告的起诉显无理由，被告是否仍负到庭和陈述的义务？如果都采否定见解，那么似无真实义务可言。本文认为若原告提起的诉讼欠缺诉讼要件或无理由等，应就被告因原告起诉行为而发生的诉讼关系的拘束性加以限制，否则对于被告显属不利。尤其是在民事诉讼法中，当事人对其陈述负有具体化义务，原告若未对其权利主张的构成要件事实进行具体陈述，除例外情形①，被告也无具体陈述的必要，而在此情形下，也无真实义务适用的必要。此外，若当事人所陈述的事实是基于犯罪行为或侵犯他人人格权获得的，依据非法证据排除规则，即使相关内容与发现真实有关，对方当事人也并非在所有情形下均不得对此予以争执。②

---

① 如情报请求权或非负举证责任一方当事人的说明义务等例外情形。

② 姜世明：《举证责任与真实义务》，新学林出版股份有限公司 2006 年版，第 542～543 页。

第四节　我国当事人真实义务的保障机制

在推进当事人真实义务在我国具体落实的同时,还需要建立与完善相应的保障机制。只有建立具体且完备的保障机制,才能优化当事人真实义务在我国的适用环境,促使真实义务的具体规则在我国切实有效地适用,进而实现当事人真实义务在立法上的价值。

一、当事人宣誓、具结制度

当事人宣誓、具结制度,是两大法系国家在诉讼中保证当事人陈述真实的一种形式。无论英美法系还是大陆法系,在询问当事人以前通常都会要求当事人宣誓或者具结。西方国家大多信奉宗教信仰,当事人在宣誓后往往出于对神灵的敬畏而在诉讼中不愿或不敢作出违背内心的意思表示。并且英美法系国家将当事人的陈述作为证据使用时是将当事人予以证人化,因而要求当事人宣誓或者具结无可厚非,而当事人宣誓和具结制度也在法庭审理中发挥了一定的效用。

在我国,民众虽然缺乏广泛的信教传统,也不具备西方国家运用宗教强制力来保证宣誓具结效果的条件,但宣誓、具结制度能够在一定程度上为当事人履行真实义务提供保证。利用和案件有利害关系的当事人的陈述来认定事实,有时是法官不得已的选择。但当事人趋利避害的心态又常常使其夸大、捏造于己有利的事实,否认、回避于己不利的事实,此时就需要一定的制度来保障当事人履行真实义务。宣誓、具结制度正是促使当事人履行真实义务的一种机制,其潜在的制约、威慑作用会对当事人产生心理强制,迫使当事人承受一定的心理压力,对自己的道德良心作出担保,并且承受违反宣誓具结的不利法律后果。宣誓与具结制度虽不能确保当事人在诉讼中说真话,但至少减少了其说谎的可能性。[①] 宣誓、具结制度也为法官惩戒违反真实义务的当事人提供了充足理由。当事人在进行宣誓、具结时,对自己在诉讼中的真实、完全陈述作出保证,此后若其违反真实义务而实施虚假陈述等行为,便是对该宣誓具结的违反,理所当然应当受到惩罚。我国在 2015 年公布的《最高人民法院

---

① 李浩:《当事人陈述:比较、借鉴与重构》,载《现代法学》2005 年第 3 期。

关于适用《中华人民共和国民事诉讼法》的解释》中，规定了法院在询问当事人之前，可以要求其签署保证书。将这一保证书引入到民事诉讼法中来，就可以将其扩展为完整的当事人宣誓、具结制度。具体到民事诉讼过程中，在起诉和答辩阶段，当事人应当宣誓具结来保证事实主张的真实；在证据交换阶段，当事人提交初步质证意见或者有关事实性陈述的文件时，也应宣誓具结其真实性；在庭审过程中，当事人还应对庭审中的所有事实陈述签署真实保证书。当事人若拒绝宣誓、具结的，由书记员记录在案，在适用证据规则认定事实时，可作为法官行使自由裁量权的考量因素。此外，法官在当事人宣誓具结时应对其作出警告，提醒其违反真实义务将会受到法律的制裁。

二、当事人陈述制度

域外有关当事人陈述的制度已较为成熟，而我国民事诉讼法却仍欠缺当事人陈述的程序规则。在法庭调查与辩论过程中，法官常常不太相信当事人的陈述，并漠视当事人陈述。在我国的案件审理过程中，也没有当事人听取与询问当事人制度。为了保障当事人履行真实义务，促使其真实、完全陈述，可以借鉴域外的有益经验，在我国建立与完善当事人陈述制度。

在我国设立与完善当事人陈述制度，主要在于建立当事人听取与询问当事人制度。笔者认为，首先，听取当事人陈述与询问当事人之前，合议庭成员或者审判长应当告知当事人在诉讼中履行真实义务及无正当理由不到庭陈述或拒绝陈述的法律后果。其次，在庭审辩论之前，针对案件主要事实及争议的事实，法官可以听取到场的当事人的陈述，以便法官与当事人掌握案件全貌和重点，在此基础上展开证据调查与辩论。最后，法庭在调查全部证据后，对于某些当事人能亲自感知的事实的真伪仍不能形成心证时，此时可以要求当事人接受询问，以其陈述来作为法官查明事实的证据，在必要时可对接受询问的当事人采取交叉询问与对质。通过当事人听取与询问当事人的程序，能够过滤虚假的事实与证据，反映案件真实情况，促使当事人履行真实义务，并有助于法官发现真实、正确裁判。

为了保障当事人听取与询问当事人程序的顺利运行，还应当建立传唤当事人出庭陈述制度，亦即为了满足法官在案件审理过程中听取当事人本人陈述事实的需求，立法规定由当事人本人出庭接受聆讯的制度，其也是保障当事人履行真实义务的一项制度。在诉讼中，只有当事人亲自出庭进行陈述，才能保障阐明案情与证明事实的程序功能顺利运行。该制度主要存在于庭审中，适用于法官认为有必要传唤当事人亲自出庭陈述案件事实的情形。当事人亲自出庭陈述,由于承受一定的心理压力,能够降低其实施虚假陈述的概率。法官在法庭上直接听取当事人的陈述,也能直观地感知当事人陈述的内容及其行为,为判断当事人是否说谎提供了保障。因而,传唤当事人出庭陈述制度的建立,能够为当事人真实义务提供技术支持。

三、明确当事人陈述不同状态之法律效果

当事人真实义务的实现以其在诉讼过程中的"一般事案阐明义务"为前提,该义务指负证明责任一方当事人对案件事实进行确定性主张后,不负证明责任一方为弄清事实负有就对其有利与不利的事实进行陈述说明义务,并负有提出相关证据资料的义务。事实上,如果当事人出庭,但没有积极陈述或争执,同样存在问题,对当事人作出不同陈述的法律后果予以规定有重大意义。

1.积极主张

积极陈述是指当事人对于对方当事人所主张的事实作出积极回应,这里积极主张指的是当事人真实陈述,此种情况的陈述与当事人正当抗辩关系如何? 笔者认为,此处的陈述就是当事人为了让自己获胜而作出的抗辩,但是抗辩应受到真实陈述义务的限制,即如果当事人没有确定对方当事人的主张为真实时,应允许其对该主张进行辩驳,此乃正常的抗辩程序,但是一旦对方的主张确认为真实后,则应该履行真实义务。

2.否认

对事实的否认可分为两种:其一,单纯否认。当事人直接反驳对方当事人主张的事实不存在。其二,积极否认。又称附理由否认,指当事人虽然承认对方主张的实事存在,但不认可其主张的效果。例如,原告基于借贷关系要求被告返还借款,被告承认原告给过自己钱,但这笔钱是原告赠与自己的。因为赠与关系与借贷关系属于不同的法律关系,因此,被告的主张不是抗辩而是否认,原告仍应对借贷关系成立负举证责任。虚假否认就表现为一方对于对方当事人指出的案件事实毫无诚信地矢口否认,即使对方提交了充分证据或者法院依法调查取证也予以百般抵赖。

此种情况为,当事人不能违反自己的主观性事实认识作出否认。此时,如果法官能根据另一方当事人提交的证据形成确信的话,对方当事人陈述的否认行为就构成违反真实义务。

3.沉默

对于当事人沉默,《证据规定》第 8 条第 2 款规定,对一方当事人陈述的事实,另一方当事人既未表示承认也未否认,经审判人员充分说明并询问后,其

仍不明确表示肯定或者否定的,视为对该项事实的承认。因此,我国民事诉讼把当事人沉默视为一种拟制的自认。

4.不知陈述

当事人所作的"不知道、不清楚、不记忆"的陈述,由于其既不是肯定也非否定,而又是对对方当事人陈述的一种回应,不知陈述也是陈述的一种状态,我国《民事诉讼法》并没有明确规定。

在此问题的处理上,大陆法系国家或地区采用两种做法:第一种是德国为代表,通过规定当事人作出不知陈述的条件限制不负证明责任的当事人的不知陈述,例如,《德国民事诉讼法》第138条对"不知陈述"进行了规定,只有在既不是当事人自己的行为,又不是当事人自己所亲历感知的事实的情况下,才准许说"不知"。因为在《德国民事诉讼法》中明确规定了,对于对方当事人所主张的事实,不负证明责任的当事人负有具体陈述的义务,否则就会产生巧制自认的法律效果;另一种做法以日本为代表,《日本民事诉讼法》第159条规定,当事人为不知陈述的,推定对对方当事人的事实主张进行了争执。因此在日本,当事人的不知陈述不视为自认,日本解释的通说认为,推定争执了该事实,被视为具有否认的意思表示,除非将该陈述认定为否认时系不合理,至于是否为"不合理",法官根据证据调查的结果和辩论全部意旨,依其自由心证予以判断。我们发现,与《德国民事诉讼法》立法不同的是,《日本民事诉讼法》并未对不负证明责任的当事人进行不知陈述设定任何条件。德国对不知陈述首先视为一种拟制自认,而日本对不知陈述首先视为一种否认。综合两国规定,在我国民事诉讼中确立真实陈述义务的基础上,笔者更倾向于引入《德国民事诉讼法》的相关规定。因此,只有明确不负证明责任的当事人在诉讼过程中的事案阐明义务,通过设定当事人陈述不同状态的法律后果,使法院快速准确地明确案件的争议焦点,集中且有效地进行证据调查并早日作出裁判,使得当事人真实陈述义务更好的适用。

四、民事伪证调查制度

前已述及,当事人违反真实义务可能遭受程序性与实体性不利后果,更甚者还会受到刑事制裁。追究当事人在民事诉讼中虚假陈述的法律责任,就需要设立相应的民事伪证调查制度予以保障。如果没有具体程序的支撑,对于当事人违反真实义务的法律制裁是很难予以实施的,伪证调查制度实属伪证制裁的程序规则。

对于违反真实义务虚假陈述的伪证调查,可依当事人申请或者法官依职权启动。具体到诉讼过程中,当事人针对对方当事人的事实陈述提出真实性异议,申请法官对该陈述进行真实性审查。若法官认为该事实陈述对于判决结果有关键影响,而又对其真实性存有疑义的,应当准许并进入伪证调查程序。在法官认为有必要而当事人未提出伪证调查申请的,法官也可依职权启动。为了防止伪证调查制度的滥用,当事人在申请时应当交纳一定的保证金。如果调查结果显示对方当事人陈述真实的,则应当没收申请方当事人的保证金。

对于虚假陈述伪证调查的实施主体,有人提出由公安机关或检察机关实施。在笔者看来,实施主体只能是法院。首先,在诉讼中法官是审核证据的主体,对当事人陈述的真伪进行判断是法官的职责。对证据的审查是法庭调查的重点,伪证调查程序实质是对法庭调查的一种延伸,将庭审中不能查证的证据延伸至庭外进行查证。其次,法官对虚假陈述的伪证调查不违背法官中立原则。当事人双方都可以申请启动伪证调查,机会均等,其并未违反民事诉讼的三角平衡结构。最后,对于没有造成严重后果的当事人的虚假陈述,通常都施以程序性不利后果,该实施主体为法院。只有在当事人违反真实义务涉及犯罪的,追究刑事责任时才依法移送侦查机关。因此,虚假陈述伪证调查的实施主体只能是法院。

五、强制答辩制度

为了保障当事人真实义务在我国司法中的适用,还应当建立强制答辩制度。由于我国当前没有设置被告强制答辩制度,立法也没有对被告不提交答辩状的法律后果作出规定,导致被告若在庭审前不进行答辩或者不进行实质答辩,在开庭后又陈述其答辩意见,造成诉讼突袭的,其行为严重违反了当事人真实义务。当事人的起诉状和答辩状都记载着关于案件事实的主张与陈述。当事人真实义务对当事人课以禁止说谎的要求,其将当事人的主张和诉求都纳入规制范畴,强化了当事人行为的适法性与民事审判的权威性。

建立强制答辩制度,首先要明确答辩状包含的内容。《民事诉讼法》第125条对于答辩状的内容增加了有关被告身份的基本信息,却仍没有规定答辩状的中心内容,亦即应当记明被告对于原告的诉讼请求与事实主张的承认或者否认,被告争执、抗辩的事实或者理由及证明事实主张的证据等内容。①答辩状对上述内容的充实,能够为当事人真实义务提供具体适用的平台。其次,设置被告不提出答辩状的不利法律后果。对于该不利法律后果,英美法系国家通常采取不应诉判决或者缺席判决的形式;大陆法系国家主要施以攻击防御机会的丧失。由于大陆法系国家的证据调查环节具有证据与争点整理功能,注重言词辩论程序。其通常由法官自由心证来确定当事人是否逾期提交答辩状,以此来保障当事人的诉讼参与权与辩论权。因而,我国应当对不提出答辩状的当事人施以攻击与防御机会丧失的不利法律后果。亦即,对于不提出答辩状的被告,法官在责令其说明理由后,依自由心证裁量其是否故意迟延诉讼并最终决定对其答辩意见是否采用。最后,还应限制被告对答辩状的更正与修改。若被告不作实质性答辩,而在审理中却提出新的事实主张,造成诉讼突袭的,明显违反了当事人真实义务,应当予以限制。在审理中,若被告所主张的要件事实和答辩状中所固定的事实不一致,除原告同意或者法官认为有必要采用的之外,一般不得采用。若被告所主张的要件事实与答辩状中的事实相反,即可视为自认。但若原告对被告更正与修改要件事实的抗辩未提出异议的,可视为同意被告改变答辩状的内容。

六、完善法官释明制度

所谓法官释明权(又称阐明权),有学者总结后归纳出的定义是指大陆法系国家法院为了使诉讼关系明了,就事实上及法律上的事项促进当事人充分陈述或指挥其举证的诉讼指挥权。真实义务的有效运行还离不开法官释明制度的完善。具体来说,法官释明制度对于当事人真实义务的促进与保障至少可以从以下几方面理解:一方面,从加强当事人诉讼权利的保障方面讲,囿于我国目前法治发达程度和公民法律素养水平,加之民事诉讼中未确立普遍意义上的强制代理制度,而法律援助的适用范围尚不够宽,当事人之间的法律资

---

① 德国等国家和地区立法都明确规定了民事审前的准备书状应当记载的详细内容。德国法规定,开庭言词辩论以书状准备之,或者由当事人向书记官陈述后由其作成记录,对于原告的起诉状,法官应要求被告以书状方式提交书面答辩状,应记载必要与适当的防御方法。《德国民事诉讼法》第130条规定:"准备书状内容如下:1.记载当事人及其法定代理人的姓名、身份或职业、住所与当事人的地位;记明法院与诉讼标的;附属文件的件数;2.当事人要在法院开庭时提出的申请;3.作为申请的根据用的事实关系;4.对于对方当事人所主张的事实的陈述;5.当事人用来证明或反驳事实主张的证据方法,以及对于对方当事人提出的证据方法的陈述。"

源占有实则不均衡,特别是一方当事人聘请了专业律师而另一方当事人未聘请任何专业人士的情况下,实际上会令民事诉讼当事人对司法的依赖性增强。此时法官适当行使释明权是保障当事人双方司法力量趋于相对平衡的重要保证,在此基础上双方展开平等的攻击防御,才能保证当事人的真实义务得以落实和具体追究。另一方面,我国目前的释明范围太窄,着重关注在举证要求及法律后果、拟制自认、主张法律关系存在错误等法律事项的释明,对有关事实的释明以及法律观点和证明责任等释明均无明确规定。笔者认为,在下列情况下,法官得行使释明权保障具体案件审理中实现公正与效率的价值目标:当事人双方在争议焦点的认识发生偏离、当事人对其所提供证据是否达到证明标准尚不明确、证明责任转换后当事人应当提供证据举证却没有意识到,以及当事人由于疏忽或没有能力提出法律见解时法官认为该法律见解对当事人利害关系影响重大等情形。法官在如上情形下行使释明权,目的是保障当事人有针对性地展开攻击防御手段,促使其有针对性的举证,为当事人真实义务的发挥提供具有意义和价值的空间。当然,法官释明权的行使必得在一定限度之内,宜在法庭辩论终结前向各方当事人公开释明,并尽量保持中立和抑制,不得对当事人行使处分权和辩论权形成干扰,亦不得代当事人提出诉讼主张及抗辩。

七、类型化案件特别审查制度

规制当事人在诉讼中违反真实义务而实施的虚假陈述、恶意争执等行为,除了在立法上对当事人设置真实义务之外,还应当通过对法官审理案件设置一些特别审查措施来防范当事人违反真实义务。法院在司法实践中,可以通过总结审判经验,将案件予以类型化区分,对于具备典型特征的当事人虚假陈述、虚假诉讼等案件进行特别审查,从而重点防范当事人违反真实义务的不法行为,从外力上保障真实义务规则的具体适用。

2008 年浙江省高级人民法院公布了《关于在民事审判中防范和查处虚假诉讼案件的若干意见》,针对实践中当事人虚假陈述、虚假诉讼泛滥的情形,在意见中列举了几类案件,[①]要求法官在审判中应当特别予以关注。对于当事

---

① 这几类案件分别为:民间借贷案件;离婚案件一方当事人为被告的财产纠纷案件;已经资不抵债的企业、其他组织、自然人为被告的财产纠纷案件;改制中的国有、集体企业为被告的财产纠纷案件;拆迁区划范围内的自然人作为诉讼主体的分家析产、继承、房屋买卖合同纠纷案件;涉及驰名商标认定的案件。

人在诉讼中的一些具体情形,①要求法官应当谨慎审查、防范虚假诉讼。此外,还规定了法官对于有虚假诉讼嫌疑的案件应当采取的具体措施及确立了法官的虚假诉讼案件报告义务。通过对类型化案件的查处与防范来打击虚假诉讼,保障诉讼活动正常运行,维护司法权威。浙江省高级人民法院的这一做法来源于司法审判实践的类型化分析,具有较强的可操作性,并且对于司法实践中当事人的虚假陈述、虚假诉讼等不法行为能够产生有针对性的震慑和制裁,具有良好的示范效应。这一类型化案件的特别审查措施值得学习和借鉴,在构建当事人真实义务的同时,可以考虑吸取此制度的经验并进行完善与细化。在涉及当事人违反真实义务的案件中,对于其中案情重大、社会影响大、具备鲜明特征的案件予以类型化规定,并设置特别审查措施,使得在审判中从规范层面上来保障当事人履行真实义务。

---

① 这些情形包括:原告起诉的事实、理由不合常理,证据存在伪造可能;当事人无正当理由拒不到庭参加诉讼,委托代理人对案件事实陈述不清;原告、被告配合默契,不存在实质性的诉辩对抗;调解协议的达成异常容易;诉讼中有其他异常表现。

结　语

"法学中法律工程的研究主要是对理想的法律工程模型予以思考、设计和理论建构。"①我国当前社会处于社会矛盾集中化的爆发时期。应对这一司法现状并非一朝一夕之事，设置当事人真实义务也仅是规制虚假陈述、恣意诉讼的一个方面，以期能为遏制和预防当事人虚假陈述提供有益的规则尝试。鉴于此，笔者不敢奢求单凭对当事人课以真实义务的要求来遏制司法实践中的虚假陈述现象。我国有关当事人真实义务的理论探讨与实践积淀，在将其以立法形式在民事诉讼法上作出规定还可能需要很长的时间。但在当前，针对民事诉讼中日益严重的当事人虚假陈述的情况，当事人真实义务或可成为应对司法现状的有效手段。因而，在理论研究与实践探索方面对当事人真实义务这一论题进行考察，已显得十分必要。

在本文中，笔者首先论述了当事人真实义务的含义、性质、适用等基本内容，并阐述了真实义务的理论支撑点，从民事诉讼目的、辩论主义的修正和诚实信用原则等视域来进行理论分析。在明晰了当事人真实义务的基础理论之后，立足于我国现状，从我国有关当事人真实义务的司法现状和立法现状两方面进行考察，得出我国存在的问题与不足。此后，文章采取比较研究法，对两大法系有关当事人真实义务的相关理论与具体内容进行了考察。不论是大陆法系国家的明文规定，还是英美法系国家在判例和诉讼规则中的反映，都是依据各自的国情和司法运行机理来体现对当事人真实义务的要求。最后，在借鉴域外经验的基础之上，文章分析了我国当事人真实义务的设立依据与定位，并重点研究了当事人真实义务在我国民事诉讼法中的立法构想。文章立足于"中国问题"，对于当事人真实义务的确立，不但研究其基础理论，而且对于当事人违反真实义务的认定依据与程序事项都作出具有可操作性的规定。

目前，对于当事人真实义务的研究，尚未引起我国民事诉讼法学界的关注。笔者希冀通过本文的浅薄论述，能为理论研究提供一个新的视域，为规制

---

① 姚建宗：《法学研究及其思维方式的思想划界》，载《中国社会科学》2012 年第 1 期。

民事诉讼中的虚假陈述、恣意诉讼开创新的研究领域。囿于参考资料和笔者水平有限,或许本文对于当事人真实义务的探讨还不够深入,但笔者仍期望对于理论研究和司法现状能有所裨益。

参考文献

一、中文类参考文献

(一)著作类

1.常怡主编:《比较民事诉讼法》,中国政法大学出版社 2002 年版。

2.常怡:《外国民事诉讼法新发展》,中国政法大学出版社 2009 年版。

3.田平安:《程序正义初论》,法律出版社 2003 年版。

4.田平安:《民事诉讼法原理》,厦门大学出版社 2005 年版。

5.江伟主编:《民事诉讼法专论》,中国人民大学出版社 2005 年版。

6.肖建国:《民事诉讼程序价值论》,中国人民大学出版社 2000 年版。

7.张卫平:《诉讼构架与程式——民事诉讼的法理分析》,清华大学出版社 2000 年版。

8.唐力:《民事诉讼构造研究——以当事人与法院作用分担为中心》,法律出版社 2006 年版。

9.王锡山:《民事诉讼法研究》,重庆大学出版社 1996 年版。

10.陈桂明主编:《民事诉讼法通论》,中国政法大学出版社 1999 年版。

11.陈桂明:《程序理念与程序规则》,中国法制出版社 1999 年版。

12.谭兵主编:《民事诉讼法学》,法律出版社 1997 年版。

13.谭兵主编:《外国民事诉讼制度研究》,法律出版社 2003 年版。

14.李祖军:《民事诉讼目的论》,法律出版社 2000 年版。

15.李祖军:《契合与超越:民事诉讼若干理论与实践》,厦门大学出版社 2007 年版。

16.廖中洪:《中国民事诉讼程序制度研究》,中国检察出版社 2004 年版。

17.廖中洪:《民事诉讼改革热点问题研究综述》,中国检察出版社 2006 年版。

18.柴发邦主编:《中国民事诉讼法学》,中国人民公安大学出版社 1992 年版。

19.杨荣馨主编:《民事诉讼原理》,法律出版社 2003 年版。

20.赵钢:《民事诉讼法学专题研究》,中国政法大学出版社 2006 年版。

21.王利明:《司法改革研究》,法律出版社 2001 年版。

22.齐树洁主编:《美国司法制度》,厦门大学出版社 2010 年第 2 版。

23.齐树洁主编:《英国证据法》,厦门大学出版社 2002 年版。

24.姜世明:《举证责任与真实义务》,新学林出版股份有限公司 2006 年版。

25.何孝元:《诚实信用原则与衡平法》,三民书局 1992 年版。

26.黄国昌:《民事诉讼理论之新开展》,元照出版有限公司 2010 年版。

27.邱联恭:《程序制度机能论》,三民书局 2007 年版。

28.姜世明:《民事程序法之发展与宪法原则》,元照出版有限公司 2009 年版。

29.姜世明:《民事诉讼法注释书(二)》,新学林出版股份有限公司 2014 年版。

30.姜世明:《民事诉讼法基础论》,元照出版有限公司 2009 年版。

31.刘荣军:《程序保障的理论视角》,法律出版社 1999 年版。

32.章武生:《司法现代化与民事诉讼制度的建构》,法律出版社 2000 年版。

33.肖建国:《民事诉讼程序价值论》,中国人民大学出版社 2000 年版。

34.季卫东:《法治秩序的建构》,中国政法大学出版社 1999 年版。

35.白绿铉:《美国民事诉讼法》,经济日报出版社 1998 年版。

36.[日]谷口安平:《程序的正义与诉讼(增补本)》,王亚新、刘荣军译,中国政法大学出版社 2002 年版。

37.蔡虹:《转型期中国民事纠纷解决初论》,北京大学出版社 2008 年版。

38.叶自强:《民事诉讼制度的变革》,法律出版社 2001 年版。

39.程燎原、王人博:《赢得神圣——权利及其救济通论》,山东人民出版社 1993 年版。

40.[日]新堂幸司:《新民事诉讼法》,林剑锋译,法律出版社 2008 年版。

41.[日]高桥宏志:《重点讲义民事诉讼法》,张卫平、许可译,法律出版社 2007 年版。

42.[美]本杰明·卡多佐:《司法过程的性质》,苏力译,商务印书馆 1998 年版。

43.[意]莫诺·卡佩莱蒂:《比较法视野中的司法程序》,徐昕、王亦译,清华大学出版社 2005 年版。

44.[日]高桥宏志:《民事诉讼法制度与理论的深层分析》,林剑锋译,法律出版社 2003 年版。

45.[日]高木丰三:《日本民事诉讼法论纲》,陈与年译,中国政法大学出版社 2006 年版。

46.[日]松冈义正:《民事证据论(上、下册)》,张知本译,中国政法大学出版社 2004 年版。

47.[日]川岛武宜:《现代化与法》,申政武等译,中国政法大学出版社 1994 年版。

48.[德]罗森贝克、施瓦布、戈特瓦尔特:《德国民事诉讼法(上)(下)》,李大雪译,中国法制出版社 2007 年版。

49.[德]莱奥·罗森贝克:《证明责任论》,庄敬华译,中国法制出版社 2002 年版。

50.[德]汉斯·普维庭:《现代证明责任问题》,吴越译,法律出版社 2006 年版。

51.[英]丹宁勋爵:《家庭故事》,刘庸安译,法律出版社 2000 年版。

52.[美]约翰·罗尔斯:《正义论》,何怀宏、何包钢、廖申白译,中国社会科学出版社 1988 年版。

53.[美]约翰·W.斯特龙主编:《麦考密克论证据》,汤维建等译,中国政法大学出版社 2004 年版。

54.戴东雄:《中世纪意大利法学与德国的继受罗马法》,中国政法大学出版社 1999 年版。

55.[德]奥特马·尧厄尼希:《民事诉讼法(第 27 版)》,周翠译,法律出版社 2003 年版。

56.马登科:《民事强制执行中的人权保障》,中国检察出版社 2011 年版。

57.徐昕:《英国民事诉讼与民事司法改革》,中国政法大学出版社 2001 年版。

58.沈达明:《比较民事诉讼法初论》(上册),中信出版社 1991 年版。

59.张卫平:《转换的逻辑——民事诉讼体制转型分析》,法律出版社 2004 年版。

60.肖建华:《民事诉讼立法研讨与理论探索》,法律出版社 2008 年版。

61.毕玉谦:《民事诉讼证明妨碍研究》,北京大学出版社 2010 年版。

62.刘学在:《民事诉讼辩论原则研究》,武汉大学出版社 2007 年版。

63.蔡彦敏:《民事诉讼主体论》,广东人民出版社2001年版。

64.赵泽君:《民事诉讼快速解决机制的立法研究——以诉讼拖延的成因与治理为视角》,中国检察出版社2011年版。

65.徐国栋:《诚实信用原则研究》,中国人民大学出版社2002年版。

66.王亚新:《社会变革中的民事诉讼》,中国法制出版社2001年版。

67.张永泉:《民事证据采信制度研究》,中国人民大学出版社2003年版。

68.段文波主编:《要件事实理论视角下民事案件证明责任分配实证分析》,厦门大学出版社2014年版。

69.梁彗星:《民法解释学》,中国政法大学出版社1995年版。

70.[法]让·文森、塞尔日·金沙尔:《法国民事诉讼法要义(上)》,罗结珍译,中国法制出版社2001年版。

71.张卫平、陈刚:《法国民事诉讼法导论》,中国政法大学出版社1997年版。

72.张卫平主编:《民事诉讼法教程》,法律出版社1998年版。

73.高忠智:《美国证据法新析》,法律出版社2004年版。

74.李浩:《民事证据立法前沿问题研究》,法律出版社2007年版。

75.杨建华主编:《民事诉讼法论文选辑》,五南图书出版公司1984年版。

76.陈荣宗、林庆苗:《民事诉讼法(上)》,三民书局2005年修订版。

77.江伟、邵明、陈刚:《民事诉权研究》,中国人民大学出版社2003年版。

78.王利明:《司法改革研究》,法律出版社2000年版。

79.张文显:《法理学(第三版)》,高等教育出版社2007年版。

80.邱联恭:《程序选择权论》,三民书局2000年版。

81.邱联恭:《司法现代化与程序法》,三民书局1992年版。

82.汤维建主编:《美国民事诉讼规则》,中国检察出版社2003年版。

83.汤维建:《美国民事司法制度与民事诉讼程序》,中国法制出版社2001年版。

84.张卫平:《转换的逻辑——民事诉讼体质转型分析》(修订版),法律出版社2007年版。

85.叶自强:《民事证据研究》,法律出版社2000年版。

86.蔡彦敏、洪浩:《正当程序法律分析——当代美国民事诉讼制度研究》,中国政法大学出版社2000年版。

87.林剑锋:《民事判决既判力客观范围研究》,厦门大学出版社2006年版。

88.罗筱琦:《民事判决研究:根据与对策》,人民法院出版社 2006 年版。

89.李龙:《民事诉讼标的理论研究》,法律出版社 2003 年版。

90.付子堂:《法律功能论》,中国政法大学出版社 1999 年版。

91.徐国栋:《民法基本原则解释——成文法局限之克服》,中国政法大学出版社 1996 年版。

92.樊崇义主编:《诉讼原理》,法律出版社 2003 年版。

93.奚玮:《民事当事人证明权保障》,中国人民公安大学出版社 2009 年版。

(二)论文类

94.张卫平:《民事诉讼中的诚实信用原则》,载《法律科学》2012 年第 6 期。

95.刘敏:《论诚实信用原则对民事诉讼当事人的适用》,载《河南社会科学》2014 年第 2 期。

96.胡亚球:《论民事诉讼当事人具体化义务的中国路径》,载《清华法学》2013 年第 4 期。

97.翁晓斌:《民事诉讼诚信原则的规则化研究》,载《清华法学》2014 年第 2 期。

98.王福华:《民事诉讼诚信原则的可适用性》,载《中国法学》2013 年第 5 期。

99.纪格非:《民事诉讼禁反言原则的中国语境与困境》,载《华东政法大学学报》2014 年第 5 期。

100.王亚新:《我国新民事诉讼法与诚实信用原则》,载《比较法研究》2012 年第 5 期。

101.任重:《民事诉讼真实义务边界问题研究》,载《比较法研究》2012 年第 5 期。

102.李浩:《当事人陈述:比较、借鉴与重构》,载《现代法学》2005 年第 3 期。

103.齐树洁、王晖晖:《当事人陈述制度若干问题新探》,载《河南省政法管理干部学院学报》2002 年第 2 期。

104.王亚新、陈杭平:《论作为证据的当事人陈述》,载《政法论坛》2006 年第 6 期。

105.熊跃敏、吴泽勇:《民事诉讼中的诚信原则探究》,载《河北法学》2002 年第 4 期。

106.邵明:《我国民事诉讼当事人陈述制度之"治"》,载《中外法学》2009

年第 2 期。

107.纪虎:《为自己作证的权利及其真实义务》,载《现代法学》2011 年第 5 期。

108.柯阳友、吴英旗:《民事诉讼当事人真实义务研究》,载《北京科技大学学报(社会科学版)》2005 年第 3 期。

109.李伯安:《民事诉讼当事人真实义务法律化研究》,载《暨南学报(哲学社会科学版)》2011 年第 4 期。

110.汤维建:《论司法公正的保障机制及其改革》,载《河南省政法管理干部学院学报》2004 年第 6 期。

111.汤维建:《论民事诉讼中的诚信原则》,载《法学家》2003 年第 3 期。

112.杨秀清:《解读民事诉讼中的诚实信用原则》,载《河北法学》2006 年第 3 期。

113.石毅鹏:《当事人真实义务刍议》,载《河南公安高等专科学校学报》2007 年第 6 期。

114.唐力:《主义的嬗变与协同主义的兴起》,载《现代法学》2005 年第 6 期。

115.唐力:《对话与沟通:民事诉讼构造之法理分析》,载《法学研究》2005 年第 1 期。

116.唐力:《论民事诉讼中诚实信用原则之确立》,载《首都师范大学学报(社会科学版)》2006 年第 6 期。

117.蔡虹:《"零口供"与沉默权》,载《法学评论》2001 年第 1 期。

118.陈桂明、李仕春:《诉讼法典要不要规定基本原则——以现行〈民事诉讼法〉为分析对象》,载《现代法学》2005 年第 6 期。

119.陈桂明、李仕春:《诉讼欺诈及其法律控制》,载《法学研究》1998 年第 6 期。

120.李仕春:《案例指导制度的另一条思路——司法能动主义在中国的有限适用》,载《法学》2009 年第 6 期。

121.赵钢:《民诉机制之完善与和谐社会之构建——以合意原则和诚信原则为重心》,载《法商研究》2006 年第 5 期。

122.菅野耕毅:《诚实信用原则与禁止权利滥用法理的功能》,傅静坤译,载《外国法译评》1995 年第 2 期。

123.梁慧星:《诚实信用原则与漏洞补充》,载《法学研究》1994 年第 2 期。

124.刘荣军:《诚实信用原则在民事诉讼中的适用》,载《法学研究》1998

年第 4 期。

125.肖建华:《构建协同主义的民事诉讼模式》,载《政法论坛》2006 年第 5 期。

126.翁晓斌:《职权探知主义转向辩论主义的思考》,载《法学研究》2005 年第 4 期。

127.王甲乙:《辩论主义》,载杨建华主编:《民事诉讼法论文选辑(上)》,五南图书出版公司 1984 年版。

128.沈冠伶:《论民事诉讼法修正条文中法官之阐明义务与当事人之事案解明义务》,载《万国法律》2000 年第 6 期。

129.胡亚球:《从中外比较看我国民事诉讼法基本原则》,载江伟主编:《比较民事诉讼法国际研讨会论文集》,中国政法大学出版社 2004 年版。

130.石志泉:《诚信原则在诉讼上之适用》,载杨建华主编:《民事诉讼法论文选编(上)》,五南图书出版公司 1984 年版。

131.蔡章麟:《民事诉讼法上诚实信用原则》,载杨建华主编:《民事诉讼法论文选编(上)》,五南图书出版公司 1984 年版。

132.祝颖:《试论当事人真实陈述义务》,载《重庆职业技术学院学报》2005 年第 1 期。

133.陈桂明、刘萍:《民事诉讼中的程序滥用及其法律规制》,载《法学》2007 年第 1 期。

134.徐国栋:《客观诚信与主观诚信的对立统一问题》,载《中国社会科学》2002 年第 6 期。

135.王福华:《当事人陈述的制度化处理》,载《当代法学》2004 年第 2 期。

136.江伟、常廷彬:《论已确认事实的预决力》,载《中国法学》2008 年第 3 期。

137.陈桂明、纪格非:《法官自由裁量权的类型化分析——以民事证据法为视角》,载《法学研究》2008 年第 3 期。

138.熊跃敏:《辩论主义:溯源与变迁》,载《现代法学》2007 年第 2 期。

139.张卫平:《民事诉讼"释明"概念的展开》,载《中外法学》2006 年第 2 期。

140.张卫平:《举证时限制度若干问题探讨》,载《人民司法》2003 年第 9 期。

141.张卫平:《论民事诉讼中失权的正义性》,载《法学研究》1999 年第 6 期。

142.张卫平:《民事诉讼处分原则重述》,载《现代法学》2001 年第 6 期。

143.张卫平:《举证时限制度若干问题探讨》,载《人民司法》2003 年第 9 期。

144.李祖军:《自由心证与法官依法独立判断》,载《现代法学》2004 年第 5 期。

145.龙宗智:《欺骗与刑事司法行为的道德界限》,载《法学研究》2002 年第 4 期。

146.蔡泳曦:《论民事诉讼中的诚实信用原则》,载《西南政法大学博士学位论文》2009 年 6 月。

147.杜丹:《论民事诉讼诚实信用原则》,载《中国政法大学博士学位论文》2009 年 6 月。

148.郭小川:《辩论主义下当事人真实义务研究》,载《浙江大学硕士学位论文》2012 年 6 月。

149.李瑞兴:《民事诉讼当事人真实陈述义务研究》,载《广东商学院硕士学位论文》2013 年 5 月。

150.程晨:《论民事诉讼中的当事人真实义务》,载《南京师范大学硕士学位论文》2008 年 6 月。

151.毕玉谦:《如何在民事诉讼中践行诚信原则》,载《人民法院报》2013 年 6 月 20 日。

二、外文类参考文献

（一）著作类

152.[日]村松俊夫:《真实义务》,东京:有信堂,1967 年版。

153.[日]中野贞一郎:《民事诉讼中的信义诚实原则》,东京:弘文堂,1961 年版。

154.[日]松浦馨:《作为当事人行为规制原理的诚信原则》,东京:弘文堂,1985 年版。

155.[日]吉村德重、竹下守夫、谷口安平:《讲义民事诉讼法》,东京:青林书院,2001 年版。

156.[日]谷口安平:《口述民事诉讼法》,东京:成文堂,1987 年版。

157.Graham C.Lilly,*Principle of Evidence*,West Group Publishing 2006.

158.Editor-in-Chief His Honour Judge William Rose,*Blackstone's Civil Practice* 2005,Oxford University Press 2005.

159.Joseph W. Glannon, *Civil Procedure Examples & Explanations*, Aspen Publishers, Inc.2008.

160.Peter L. Murray, Rolf Stürner, *German Civil Justice*, Carolina Academic Press 2004.

161.Steven L. Emanuel, *Emanuel Law Outlines: Civil Procedure*, Aspen Publishers,Inc.2007.

162.William Burnham, *Introduction to the Law and Legal System of the United States*,West Group,2002.

163. Jay Follerg, Dwight Golann, Lisa Kloppenberg, Thomas Stipanowich, *Rosolving Disputes Theory, Practice, and Law*, Aspen Publishers,2005.

164.Allan Ides, Chrisitopher N. May, *Civil Procedure Cases and Problems*,Aspen Law & Business,A Division of Aspen Publishers,Inc.2003.

（二）论文类

165.Ashley Camington Perea,Broda Discretion: A Choice in Applying Offensive Non-Mutual Collateral,40 Ariz *St.L.J*.1145(Fall 2008).

166.David Seidman ,Collateral Estoppel Inapplicable Given Inconsistent Prior Awards,*Dispute Resolution Journal November*,2005-January.

167.Jeff Dosseff ,The Elusive Value: Protecxting Privcy During Class Action Discovery,97 *Geo.L.J*.289 (Nov.2008).

168.Joel M.Ngugi,Promissory Estoppel: The Life History of an Indeal Legal Transplant,*University of Richmond Law Review* (January,2007).

169.Roger Kay, Acting in Good Faith: the Term are still Confusing, *Business Law Review Feb*.(2002).

170. Wade Di Pietro, Legal Report,Superior Court Refuse to Applay Doctrince of Paterine of Paternity by Estoppel,Patrice,*Lawyers Journal March* 17,(2006).

后 记

　　本书是在我博士学位论文的基础之上修改而成的。

　　时间都去哪儿了？转眼之间，我已从一名法科生成长成了法学教师。遥想在这座美丽山城度过的十四年光阴，恰似匆匆那年，才下眉头，却上心头。十四年的法律研习，在老师的教导与同学朋友们的关怀中，我逐渐发现了法律的真谛，并成长为一名法律人。我要感谢陪我度过这些年的老师、同学和朋友们，谢谢你们！

　　感谢我的博士生导师李仕春教授，虽然您远在北京，但在平时的学习与论文写作过程中，您通过邮件、短信、电话等方式给予我点拨与指导，为我提供了宝贵的资料与写作思路。感谢我的硕士生导师唐力教授，您对学术精益求精的态度、对工作一丝不苟的精神、对运动无比热爱的情绪，都深深感染和影响着我。在博士学习和论文写作期间，唐老师给予了我很大教益，我的博士论文从选题到提纲再到成文，每一步都凝聚着唐老师的心血。我还要感谢田平安教授、廖中洪教授、李祖军教授、汪祖兴教授、马登科教授、赵泽君教授、段文波教授、李龙教授，对我论文写作提供的建议与帮助，使我受益匪浅。

　　感谢我的父母、爱人对我的支持，是你们的爱支撑着我前行的脚步。千言万语汇成一句：感谢所有爱我及我爱的人，谢谢你们！

王　玲

2019 年 11 月于重庆